1876 — 1906

L'ÉCOLE

D'ANTHROPOLOGIE

DE PARIS

PORTRAIT-FRONTISPICE DE PAUL BROCA

PARIS
FÉLIX ALCAN, ÉDITEUR
108, BOULEVARD SAINT-GERMAIN, 108

1907

L'ÉCOLE D'ANTHROPOLOGIE

DE PARIS

1876 — 1906

L'ÉCOLE

D'ANTHROPOLOGIE

DE PARIS

PORTRAIT-FRONTISPICE DE PAUL BROCA

PARIS

FÉLIX ALCAN, ÉDITEUR

108, BOULEVARD SAINT-GERMAIN, 108

—

1907

Loi *ayant pour objet la reconnaissance d'utilité publique de l'Association pour l'enseignement des Sciences Anthropologiques,* (promulguée le 22 mai 1889).

Le Sénat et la Chambre des députés ont adopté,
Le Président de la République promulgue la loi dont la teneur suit :

Article unique. — L'Association pour l'enseignement des Sciences Anthropologiques est reconnue d'utilité publique.

La présente loi, délibérée et adoptée par le Sénat et par la Chambre des députés, sera exécutée comme loi de l'État.

Fait à Paris le 22 mai 1889,

Par le Président de la République,

CARNOT.

*Le Ministre de l'Instruction publique
et des Beaux-Arts :*

A. FALLIÈRES.

MEMBRES FONDATEURS-DONATEURS

Madame Bianchi

† Monsieur Cheux

Madame Abel Hovelacque

Mademoiselle Geneviève Hovelacque

Mademoiselle Valentine Hovelacque

Monsieur Amédée Hovelacque

Monsieur André Hovelacque

† Monsieur le Dr Jourdanet

† Monsieur André Lefèvre

† Monsieur le Dr Charles Letourneau

† Monsieur Philippe Salmon

Madame Édouard Weisgerber

BUREAU DE L'ASSOCIATION
ET DIRECTION DE L'ÉCOLE

Présidents d'honneur de l'Association : MM. YVES GUYOT, SAMUEL POZZI, JULES ROCHE, HENRI THULIÉ ;

Président de l'Association : M. D'ECHÉRAC ;

Vice-président : M. D'AULT DU MESNIL ;

Directeur de l'Ecole : M. le Dr THULIÉ ;

Sous-directeur : M. DAVELUY ;

Secrétaire des séances : M. A. DE MORTILLET ;

Trésorier : M. D'AULT DU MESNIL ;

Trésorier honoraire : M. RONDEAU ;

Archiviste : M. D'ECHÉRAC ;

Bibliothécaire : M. G. HERVÉ ;

Conservateur du musée : M. D'AULT DU MESNIL ;

Administrateurs délégués près la Sorbonne : MM. DAVELUY, DUVAL, THULIÉ.

Secrétaire de l'École : Mlle FLESCHELLE.

MEMBRES DE L'ASSOCIATION

POUR L'ENSEIGNEMENT DES SCIENCES ANTHROPOLOGIQUES

(**E,** membre élu; **F,** membre fondateur; **F. D.,** membre fondateur-donateur.)

MM.

Ault du Mesnil (d'), **E.**, président de la Commission des monuments mégalithiques, ancien président de la Société d'anthropologie.

† Bardoux, **E.**, sénateur, ancien ministre de l'Instruction publique.

† Béclard (D^r), **E.**, doyen et ancien professeur à la Faculté de médecine de Paris.

† Bertillon (D^r), **F.**, professeur à l'École d'anthropologie, chef des travaux de la statistique municipale de la ville de Paris.

Bianchi (Mme), (**F. D.**

Bordier (D^r), **F.**, directeur de l'École de médecine de Grenoble, ancien président de la Société d'anthropologie.

† Boutin, **E.**, conseiller d'État.

† Broca (Paul), **F.**, fondateur de la Société d'anthropologie de Paris, professeur à la Faculté de médecine de Paris, chirurgien des hôpitaux.

† Brouardel (D^r), **F.**, doyen et professeur à la Faculté de médecine de Paris.

Capitan (D^r), **F.**, professeur à l'École d'anthropologie, ancien président de la Société d'anthropologie.

† Cernuschi, **F.**

† Collineau (D^r), **F.**, médecin de la Préfecture de police.

Cornil (D^r), **F.**, de l'Académie de médecine, professeur à la Faculté de médecine de Paris, ancien sénateur, médecin des hôpitaux.

Daveluy, **E.**, directeur général honoraire des Contributions directes et du cadastre, sous-directeur de l'Ecole d'anthropologie.

† Dally (D^r), **F.**, professeur à l'École d'anthropologie.

† Donnat, **E.**, ancien membre du Conseil municipal de Paris.

Mortillet (Adrien de), **F.**, professeur à l'École d'anthropologie.

† Mortillet (Gabriel de), **F.**, professeur à l'École d'anthropologie, ancien député, ancien président de la Société d'anthropologie.

† Ménier, **F.**, ancien député.

Papillault (D^r), **F.**, professeur à l'École d'anthropologie, secrétaire général adjoint de la Société d'anthropologie, directeur adjoint du Laboratoire d'anthropologie à l'École des Hautes-Études.

† Parrot (D^r), **E.**, professeur à la Faculté de médecine de Paris, médecin des hôpitaux, ancien président de la Société d'anthropologie.

Pozzi (Dr Samuel), **E.**, de l'Académie de médecine, ancien sénateur, professeur à la Faculté de médecine de Paris, chirurgien des hôpitaux, ancien président de la Société d'anthropologie.

Roche (Jules), **E.**, député, ancien ministre du Commerce, de l'Industrie et des Colonies.

Rondeau (D^r), **E.**

† Rosiers (des), **F.**

† Rothschild (A. de), **F.**

Rothschild (E. de), **F.**

Rothschild (G. de), **F.**

† Rothschild (J. de), **F.**

† Salmon, **F. D.**, sous-directeur de l'École d'anthropologie, président de la Commission des monuments mégalithiques, ancien président de la Société d'anthropologie.

† Sanson (André), **E.**, professeur honoraire à l'Institut national agronomique et à l'École nationale d'agriculture de Grignon, ancien inspecteur général des services sanitaires, ancien président de la Société d'anthropologie.

Schrader, **F.**, professeur à l'École d'anthropologie.

Société d'anthropologie de Paris, **F.** Délégués au Comité : MM. le Dr Verneau et Vinson.

Thulié (D^r), **F.**, ancien président du Conseil municipal de Paris, directeur de l'École d'anthropologie, ancien président de la Société d'anthropologie.

† Weisgerber (Edouard), **F.**, ancien ingénieur et inspecteur général des ponts et chaussées.

Weisgerber (Mme Édouard), **F. D.**

Wilson, **F.**, ancien député.

Zaborowski, **F.**, professeur à l'École d'anthropologie, président de la Société d'anthropologie.

PERSONNEL ENSEIGNANT

Professeurs titulaires :

MM. Capitan. — Anthropologie préhistorique.

Duval (Mathias). — Anthropogénie et embryologie.

Hervé (Georges). — Ethnologie.

Mahoudeau. — Anthropologie zoologique.

Manouvrier. — Anthropologie physiologique.

Mortillet (Adrien de). — Technologie ethnographique.

Papillault. — Sociologie.

Schrader. — Géographie anthropologique.

Zaborowski. — Ethnographie.

Professeur honoraire : M. Bordier.

Professeurs adjoints { MM. Huguet.
Rabaud.

Professeur temporaire : M. Verneau.

Conférenciers pour l'année scolaire 1906-1907 { MM. Anthony.
René Dussaud.
Armand Marie.

CORRESPONDANTS DE L'ÉCOLE D'ANTHROPOLOGIE

MM.

BALLIOT, instituteur, à Crenay par Chaumont (Haute-Marne).

BARABANT, ancien directeur de la Compagnie de l'Est, à Paris.

BELLE, ancien député, à Paris.

BELLUCCI, professeur à l'Université, à Pérouse (Italie).

BLIN, archéologue, à Asnières (Seine).

BOILLEY, propriétaire, à Arbois (Jura).

BOSTEAUX, archéologue, à Cernay-lès-Reims (Marne).

BOUSREZ, imprimeur, à Tours (Indre-et-Loire).

BREUIL (abbé), archéologue, professeur à la Faculté des sciences de Fribourg (Suisse).

† BULLIOT, président de la Société éduenne, à Autun (Saône-et-Loire).

CASTELFRANCO, professeur d'archéologie, à Milan (Italie).

COLLIN, archéologue, à Paris.

COROT, archéologue, à Savoisy (Côte-d'Or).

COSTARD, archéologue, à Verson (Calvados).

DANJOU (Dr), à Limoux (Aude).

DELEVOY, bibliothécaire de la Société d'anthropologie, à Bruxelles (Belgique).

DEVOIR, lieutenant de vaisseau, à Brest (Finistère).

DUBOIS (Dr Eugène), à La Haye (Hollande).

† DUBOZ, bibliothécaire de la ville, à Tours (Indre-et-Loire).

DUBUS, économe des hospices, au Havre (Seine-Inférieure).

FOURNIER (Dr), ancien maire de Tours (Indre-et-Loire).

FRAIPONT, professeur de paléontologie à l'Université, à Liège (Belgique).

GIRAUX, chimiste, à Saint-Mandé (Seine).

GOBY, archéologue, à Grasse (Alpes-Maritimes).

Goy (de), conservateur du Musée, à Bourges (Cher).

Henry, administrateur colonial, à Obock (Afrique orientale).

Holbé, pharmacien, à Saïgon (Cochinchine).

Imbert, archéologue, à Paris.

Jacques (Dr), professeur à l'Université de Bruxelles (Belgique).

Ledouble (Dr), professeur d'anatomie à l'Ecole de médecine de Tours (Indre-et-Loire).

Loë (de), archéologue, à Bruxelles (Belgique).

Lombard, capitaine de vaisseau, à Paris.

Lombard-Dumas, archéologue, à Sommières (Gard).

Mac Curdy, professeur d'anthropologie, à New-Haven (États-Unis).

Magni, archéologue, à Milan (Italie).

Marlot, archéologue, à Cernois-Semur (Côte-d'Or).

Meyer, archéologue, à Gagny (Seine-et-Marne).

† Moreau père, archéologue, à Paris.

† Naue, professeur, à Munich (Bavière).

† Pariset, publiciste, à Tirgù-Jiù (Roumanie).

Pauw (de), conservateur au Musée d'Histoire naturelle, à Bruxelles (Belgique).

Peyrony, instituteur, aux Eyzies (Dordogne).

Pierpont (de), archéologue, à Profondeville (Belgique).

Pigorini, conservateur du Musée préhistorique, à Rome (Italie).

Pittard, privat docent à l'Université de Genève (Suisse).

Reber, archéologue, à Genève (Suisse).

Romain, archéologue, au Havre (Seine-Inférieure).

Santelli, médecin de marine, à Brest (Finistère).

Schenk, professeur d'anthropologie à l'Université de Lausanne (Suisse).

Schmidt, pharmacien, à Châlons-sur-Marne (Marne).

Siegler, ingénieur de la Compagnie de l'Est, à Paris.

† Simoneau, archéologue, à Paris.

Taté, archéologue, à Paris.

Testut (Dr), professeur à la Faculté de médecine de Lyon (Rhône).

† Tommasini, archéologue, à Oran (Algérie).

Truchet, pharmacien, maire de Saint-Jean de Maurienne (Savoie).

Van den Brœck, conservateur au Musée d'histoire naturelle, à Bruxelles (Belgique).

L'ÉCOLE D'ANTHROPOLOGIE

DEPUIS SA FONDATION

Par le Docteur Henri THULIÉ, directeur de l'École.

L'École d'anthropologie est dans la trentième année de son existence. Elle a le devoir moral de faire, pour ceux qui l'ont aidée et encouragée, l'histoire de son développement, le tableau de sa situation présente, et d'indiquer l'idéal qu'elle voudrait atteindre, à ce moment surtout où se posent pour l'homme, avec plus d'acuité que jamais, les problèmes de son évolution morale et sociale.

I

La fondation de l'École d'anthropologie a été la dernière étape de l'action créatrice de Paul Broca. En instituant la Société d'anthropologie, il avait organisé le milieu nécessaire à la formation de la science complexe de l'homme ; par l'École d'anthropologie il établit l'instrument de diffusion de cette science dont la coordination méthodique, et par conséquent l'existence, est venue de lui, est son œuvre.

On ne peut donc parler de la création de l'École d'anthropologie sans indiquer comment fut formée la Société d'anthropologie d'où l'École est sortie tout armée scientifiquement pour remplir sa mission d'enseignement ; toutes les deux, d'ailleurs, nées de la même inspiration et fondées par le même savant.

Au moment de la création de cette société, le mot d'anthropologie n'était pas lui-même, dans le sens que nous lui donnons, d'une très grande ancienneté ; à ma connaissance il a été prononcé pour la première fois en 1800 au banquet d'organisation de la *Société des observateurs de l'homme*, où un toast fut porté aux progrès de l'anthropologie. A cette époque, l'anatomie et la physiologie, au point de vue de l'histoire naturelle de l'homme, ne s'appuyaient que sur quelques notions de valeur relative, celles par exemple de l'angle facial ou de la dynamométrie. Les communications ethnographiques faisaient le fond des travaux de cette société qui disparut en 1803, ces travaux devenant de plus en plus rares. Ce n'est que près de trente ans plus tard, et sous l'influence du remarquable mémoire du physiologiste linguiste William Edwards sur les *caractères physiologiques des races humaines dans leurs rapports avec l'histoire*, que ces études reprirent. En 1832, le Muséum transforma sa chaire d'anatomie en chaire d'histoire naturelle de l'homme, et pendant que la Société d'ethnologie se fondait, en 1839, toujours sous l'influence de William Edwards, le professeur Serres ajoutait au nom de sa chaire d'histoire naturelle de l'homme, celui de chaire d'anthropologie. En 1859, la Société d'ethnologie n'existait plus, elle s'était éteinte au moment de la révolution de 1848 ; l'étude de l'homme n'avait d'autre foyer que la chaire d'anthropologie du Muséum occupée par de Quatrefages qui avait succédé à Serres en 1855, chaire d'ailleurs qui n'eut un enseignement pratique que lorsque M. Hamy devint l'aide naturaliste du professeur éminent. Mais aucune société spéciale n'existait pour permettre aux savants d'éclaircir, sinon de résoudre, par la discussion, certains problèmes anthropologiques qui se posaient.

C'est la timidité et la pusillanimité d'une société scientifique de l'époque, qui engagea Broca à fonder une société nouvelle où les inductions et les déductions scientifiques établies sur l'observation et sur l'expérimentation, mais contrecarrant quelquefois les données traditionnelles et les préjugés courants, pourraient être exposées et discutées en toute liberté. Un mémoire de lui sur l'hybridité animale en général, et sur l'hybridité humaine en particulier, avait épouvanté cette société au point de s'être refusée à entendre la lecture de ce remarquable travail. C'est alors que les amis de Broca, mettant la vérité scientifique au-dessus des doctrines d'école, survivance quelquefois d'aveugles préjugés, décidèrent la fondation de la Société d'anthropologie.

Elle tint sa première séance le 19 mai 1859, après avoir rencontré des difficultés qui paraissent aujourd'hui absolument incroyables. Malgré les titres et les qualités des hommes dont les noms accompagnaient celui de Broca sur la demande adressée au ministre de l'Instruction publique, médecins et chirurgiens des hôpitaux, agrégés de la Faculté de médecine, naturalistes, docteurs en médecine, etc., le ministre Rouland refusa l'autorisation ou plutôt, ce qu'il croyait équivalent, renvoya la demande au préfet de police qui, de son côté, la retourna au ministre sans rien accorder. Ce fut grâce à l'intervention du professeur Ambroise Tardieu qu'un chef de division de la préfecture de police, estimant que ces savants étaient moins dangereux pour le salut de l'empire que ne l'avaient cru le ministre et le préfet, considérant d'ailleurs qu'aucune loi n'interdisait les associations de moins de vingt personnes, fit connaître à Broca que la réunion des dix-huit demandeurs serait tolérée, le rendant responsable d'ailleurs de tout ce qui pourrait être dit contre le gouvernement ou contre la religion, et chacune des réunions devant être surveillée par un agent de police en bourgeois.

Il fallut à cette société savante deux ans de travaux scientifiques de grande valeur, dont les conclusions sont devenues des vérités incontestées, pour convaincre l'autorité que cette compagnie ne s'était pas formée dans le but de faire sauter le gouvernement et que, par conséquent, la présence d'un agent de police à ses réunions n'était pas indispensable.

Le 10 janvier 1861 seulement, la Société d'anthropologie fut officiellement autorisée à se réunir.

Non seulement Broca avait été le fondateur de la Société, mais encore il en était l'âme : il ne se contentait pas d'en entretenir la vie par de nombreux et considérables travaux, il s'appliquait aussi à inspirer des recherches à ses collaborateurs, il poussait à produire les curieux de cette science, les conseillait et les dirigeait dans leurs études. Avec quel entrain joyeux, quelle bienveillance encourageante, et aussi avec quelle fertilité d'idées improvisées dans le courant de son prodigieux travail de laboratoire ! Son culte pour la nouvelle science était si vif, l'ardeur communicative de son activité était si pénétrante, que, pendant tout le temps qu'il a vécu, une noble fièvre scientifique animait cette active et féconde société. Aucune branche des connaissances humaines n'était restée étrangère à cet esprit ouvert, à cette intelligence vaillante qui s'appliquait à scruter les faits nouveaux, à pénétrer et analyser les idées et les doctrines ; il rattachait tout ce qu'il avait appris et tout ce qu'il apprenait à l'anthropologie qui était pour lui l'arbre de la science dont les connaissances humaines formaient les nombreux rameaux. Aussi rien ne se produisait en anthropologie sans qu'il y prît part, faisant bénéficier la discussion de son savoir étendu, que sa ferveur enthousiaste rendait plus pénétrant.

Dès la première année de l'existence de la Société, des communications qui entraînèrent de brillants débats fixèrent certains points de la science ; entre autres celles qui touchèrent aux questions préhistoriques qui commençaient à peine à préoccuper le monde savant. C'est en 1859 que s'y produisit la discussion sur la découverte de l'homme du quaternaire par Boucher de Perthes, découverte traitée pendant vingt ans de pure imagination et presque d'insanité; l'opinion formelle de savants tels que Joseph Prestwich, Huxley, John Evans, Gaudry, Geoffroy Saint-Hilaire, etc., affirmant sa réalité, y fut exposée, discutée et imposée enfin par l'autorité scientifique de ces savants.

Les nombreux et sensationnels travaux de la jeune société lui donnèrent une telle importance que, en 1864, elle fut reconnue d'utilité publique par un décret provoqué par le ministre Duruy et rendu sur l'avis du Conseil d'État.

La Société d'anthropologie fondée, la constitution de la science anthropologique préparée par ses travaux et par ses discussions fut tracée de main de maître dans un remarquable travail de son fondateur dont la pensée intime devint dès lors la divulgation de cette science nouvelle[1].

D'après la définition même de Broca, l'anthropologie est l'histoire naturelle du genre humain. Elle comprend toutes les études qui peuvent donner quelques notions sur la place de l'homme dans la nature, sur son passé comme sur son présent, sur sa constitution physique et morale; elle recherche la détermination des races d'après leurs caractères anatomiques, physiologiques et intellectuels, étudiées dans leur situation géographique, dans leurs migrations et croisements, dans leur pathologie particulière et dans leur état social. Mais comme la base de toutes ces études est la connaissance approfondie de l'homme dans ce qu'il a de plus stable et de plus accessible matériellement, son anatomie et sa physiologie, Broca créa le Laboratoire d'anthropologie dont MM. Hamy et Pozzi furent parmi les premiers aides, faisant dans ces modestes fonctions le premier pas vers la haute situation qu'ils occupent.

Cette fondation était d'autant plus nécessaire que, pas plus à Paris que dans les autres pays, ne se trouvait un endroit muni

1. Broca. *Mémoires d'anthropologie*, t. I, p. 1.

des instruments nécessaires (dont le plus grand nombre d'ailleurs étaient inventés par le maître éminent qui en enseignait l'emploi) pour s'initier aux travaux pratiques de l'anthropologie. Quand Duruy, en 1868, constitua l'École pratique des Hautes-Études, le laboratoire de Broca fut compris parmi les *laboratoires de recherches* et M. Hamy reçut le titre de préparateur. Grâce à l'activité qui s'y déployait, ce laboratoire ne tarda pas à prendre une grande autorité ; en peu de temps il parvint à réunir un outillage scientifique considérable : squelettes et crânes anciens ou modernes, provenant d'habitats préhistoriques, de dons de voyageurs, de fouilles parisiennes ou provinciales ; moulages des circonvolutions cérébrales de la plupart des singes, de cerveaux humains de différentes races, normaux ou anormaux ; pièces d'anatomie zoologique ; livres et atlas d'anatomie comparée ; instruments craniométriques de toutes sortes, etc., etc., le tout mis à la disposition des élèves et des visiteurs. C'est là que le maître et son préparateur organisèrent les premiers cours et donnèrent le premier enseignement pratique ; c'est dans ce modeste laboratoire, grand par sa puissance de travail, que purent acquérir leur instruction spéciale, d'une part les jeunes savants qui allèrent porter à l'étranger la bonne parole et répandre cette science nouvelle, et d'autre part les hommes distingués qui furent appelés plus tard à devenir les professeurs de notre École.

II

C'était un premier pas ; mais Broca voulait mieux, et il faut reconnaître que c'est entièrement à son initiative et à son ardeur passionnée que l'École doit son existence.

En 1875, il réalisa son projet. Réalisation difficile en raison de l'épouvantable réaction régnante qui, comptant sur la disparition prochaine de la République, persécutait tout ce qui lui paraissait entaché de libre examen. Assuré de l'appui du Conseil municipal, dont les membres étaient en majorité des républicains éclairés, il organisa une société composée d'amis des progrès scientifiques qui réunirent les fonds nécessaires aux premières installations ; cette société prit le nom d'*Association pour l'enseignement des sciences anthropologiques*. Voici les noms des hommes qui en firent partie : Bertillon père, Broca, Cernuschi, Collineau, Dally, Desroziers, d'Eichtal, Fumouze, Yves Guyot, Abel Hovelacque, Jourdanet, Lannelongue, Marmottan, Ménier, Gabriel de Mortillet, Laurent-Pichat, Arthur de Rothschild, Edmond de Rothschild, Gustave de Rothschild, James de Rothschild, Thulié, Topinard, Wilson, la Société d'anthropologie de Paris.

Je dois citer les termes de cette fondation :

ARTICLE PREMIER. — Il est créé à Paris, dans un but purement scientifique, une École d'anthropologie.

Le capital nécessaire est formé par les libéralités des personnes dont les noms suivent et de celles qui pourront être admises à se joindre à elles.

Chaque souscription est de mille francs ; le nombre de souscriptions que peut prendre le même donateur n'est pas limité.

ART. 2. — Les premiers fondateurs sont, par ordre alphabétique (Voir ci-dessus).

Soit 24 fondateurs ayant souscrit 34 parts.

ART. 3. — En échange des souscriptions dont il vient d'être parlé, chaque fondateur a droit, sa vie durant, à un exemplaire des rapports du conseil de l'École et de toutes les publications faites par ce Conseil.

ART. 4. — La Société d'anthropologie est représentée dans l'assemblée des fondateurs par un de ses membres qu'elle désigne chaque année.

ART. 5. — Quel que soit le nombre des parts souscrites par

lui, chaque fondateur n'a droit qu'à une voix. Toutefois, si la Société d'anthropologie souscrivait ultérieurement d'autres parts, elle aurait dans l'assemblée autant de représentants que de parts souscrites par elle, et chacun d'eux aurait une voix.

Art. 6. — L'Assemblée générale des fondateurs se réunit au moins une fois chaque année pour entendre le rapport du Conseil de l'École et pour nommer un comité de 24 membres chargé de la représenter. Le représentant ou le premier des représentants de la Société d'anthropologie fait de droit partie de ce comité.

Art. 7. — Le Comité, sur la proposition de deux fondateurs au moins, prononce l'admission des nouveaux fondateurs à la majorité des deux tiers des voix des membres présents. Il ne peut délibérer valablement que si neuf de ses membres au moins sont présents.

D'autre part, sur les démarches de Broca, le doyen de l'École de médecine, Wurtz, livra l'étage supérieur du réfectoire des Cordeliers appartenant à la Ville de Paris et dont l'École de médecine a la jouissance, pour l'installation des trois sections de l'anthropologie : Laboratoire, École, Société. Grâce au petit capital fourni par les fondateurs de l'École, et avec l'aide de la Ville de Paris, on put organiser les divers services : salle des cours devant servir aussi aux réunions de la Société d'anthropologie, laboratoire, musée, bibliothèque, etc., et malgré les méfiances et les restrictions du gouvernement réactionnaire d'alors, malgré les objurgations de la presse cléricale, l'École d'anthropologie ouvrit ses cours le 15 novembre 1876. Son existence a été assurée par des subventions de l'État, du département de la Seine et de la Ville de Paris.

Dans sa première leçon, véritable discours d'ouverture, Broca traça avec sa précision ordinaire, sa clarté et son éloquence, soutenues par ses connaissances encyclopédiques, le plan de ce que devait être l'enseignement de l'anthropologie. Après avoir démontré que tout le domaine de l'anthropologie tient dans sa définition : l'anthropologie est l'histoire naturelle du genre humain, il mentionne les sciences qui doivent contribuer à la formation de cette science. Et d'abord la médecine ; mais il a soin d'établir en quoi elle diffère de l'anthropologie. Toutes les deux ont pour point de départ l'individu ; elles étudient l'homme dans sa structure et dans ses fonctions, ayant une base commune : l'anatomie et la physiologie. Mais la médecine étudie l'homme par rapport à lui-même dans le but de lui être directement utile en maintenant sa santé, en guérissant ses maux et en prolongeant sa vie ; tandis que l'anthropologie l'étudie au point de vue de sa place zoologique, de ses différences de race, de ses aptitudes, de son évolution, etc. Non seulement l'anatomie et la physiologie sont indispensables en anthropologie, mais encore la pathologie comparative elle-même, qui fait connaître les aptitudes à la réceptivité des différentes races, expliquant certaines de leurs modifications sociales ou de leurs migrations. Quant à la genèse de l'homme, c'est l'anatomie comparée qui l'établit et indique sa parenté zoologique par la comparaison de ses organes avec ceux des animaux, et l'étude des organes vestigiaires que l'on trouve en pleine existence et en fonctionnement dans des espèces inférieures.

Le genre humain classé dans l'échelle des êtres, l'homme doit être analysé dans son individu, étudié dans son espèce pour être divisé dans ses groupes naturels ; et ici, pour rendre son programme clair, le maître s'applique à bien définir les termes et les mots qui doivent servir de titres à certaines parties de son enseignement, car quelquefois le sens de ces mots a été confondu ou tout au moins mal déterminé. L'ethnologie est la science des races ; la race est marquée par un ensemble de caractères qui se transmettent par hérédité et ont un degré de fixité assez grand pour être retrouvés dans les temps actuels, après avoir été constatés dans le passé. Elle ne doit pas être seulement étudiée dans ses caractères physiques, mais aussi dans sa caractéristique intellectuelle et dans sa perfectibilité, car il y a des races qui sont restées dans une immobilité presque bestiale et ont été incapables de s'organiser en société.

L'ethnographie est l'étude descriptive des peuples ; c'est une des sources où l'ethnologie puise ses renseignements. Les races sont les divisions naturelles du genre humain ; les peuples sont les groupements accidentels provenant de la communauté des intérêts, des croyances, du langage.

La linguistique est donc appelée aussi à rendre à l'anthropologie les services les plus signalés ; en constituant les familles de langues elle révèle les anciennes communications et juxtapositions des peuples entre eux. Les familles de langues ne démontrent pas la filiation par le sang, mais le contact intime soit par conquête, soit par fusion d'intérêt, mêlant la civilisation et le langage de certains peuples dont les caractères anatomiques démontrent la diversité de race.

Sont encore indispensables à l'enseignement anthropologique la géographie, la géographie médicale, la climatologie, qui font connaître l'influence des milieux sur les races humaines et leur répartition. Enfin la connaissance de l'homme serait incomplète sans la démographie qui inscrit et enseigne les phénomènes de natalité, de mortalité, de fécondité qui se produisent chez les peuples, et donne ainsi les courbes de leur force numérique, de leur prospérité ou de leur décadence.

Ces sciences font connaître l'état présent de l'humanité ; mais l'état actuel des sociétés humaines ne peut être expliqué que par l'étude du passé. L'histoire fait évidemment partie de l'anthropologie, surtout au point de vue de l'évolution des races, de leurs mélanges et, par ce fait, de leurs modifications, des pérégrinations des peuples et des différentes transformations de leur état social. Et il en est de même, quand l'histoire commence à nous manquer, pour la mythologie, qui n'est souvent, comme le dit Broca, qu'un reflet des histoires oubliées.

Mais quand il n'y a pas encore d'histoire, lorsque les traditions mythologiques elles-mêmes n'existent pas, l'archéologie préhistorique vient nous révéler la longue existence antérieure de l'homme, nous faire connaître quelques-uns de ses moyens de s'alimenter et de se défendre, et nous indiquer par la géologie et la paléontologie, sciences indispensables à ses recherches, l'époque de sa lointaine apparition.

Enfin l'anthropologie zoologique, c'est-à-dire l'étude du groupe humain considéré dans ses rapports avec le reste de la nature organisée, nous donne la place de l'homme dans l'échelle des êtres. Cette science démontre qu'il est, comme l'a dit Broca, le premier des primates, le premier des premiers.

Voilà le résumé très succinct des indications données par Broca sur les nécessités scientifiques de l'enseignement de l'anthropologie. Le nombre des sciences dont cet enseignement se compose ne permet pas à un seul homme, quelque érudit et encyclopédique qu'il soit, de le professer avec fruit, et s'il se trouvait un génie capable d'une pareille érudition, que de temps il faudrait à un seul cours pour parcourir cet énorme cycle de connaissances !

Les ressources restreintes attribuées à l'Ecole ne permirent pas de fonder toutes les chaires nécessaires ; voici celles qui commencèrent l'enseignement de notre institution.

Au mois de juillet 1876 tout était prêt pour le fonctionnement de l'École ; le 30 octobre arriva du ministère l'autorisation d'ouvrir les cours, qui commencèrent le 15 novembre 1876, inaugurant ainsi l'enseignement à peu près complet d'une science toute française.

Après tant de persévérance, de travaux et de démarches, ce n'est pas sans une certaine anxiété que Broca ouvrit l'École : « Nous essayons aujourd'hui pour la première fois, dit-il en terminant sa magistrale première leçon, d'exposer cette vaste science dans un ensemble de cours simultanés ; le succès couronnera-t-il nos efforts ? »

Dès la première année le succès le rassura, mais ne diminua pas sa prodigieuse activité.

Six chaires seulement avaient été fondées : Broca, directeur de l'École, occupait la chaire d'anthropologie anatomique ; l'anthropologie biologique fut professée par Topinard ; l'ethnologie par Dally ; l'anthropologie préhistorique par Gabriel de Mortillet ; l'anthropologie linguistique par Abel Hovelacque ; la démographie et la géographie médicale par Bertillon père.

Dès l'ouverture des cours le succès fut donc complet ; dès la seconde année où, pour la première fois, l'on compta les auditeurs présents, leur nombre s'éleva à 8.384 pour 128 leçons, chiffre qui ne fit que s'accroître d'année en année. Ce succès fut d'ailleurs officiellement constaté au Sénat. Le 20 mai 1878, au moment de la discussion du budget, le rapporteur justifia dans les termes suivants la subvention déjà votée par la Chambre :

« L'École d'anthropologie a été fondée par le dévouement désintéressé de M. le docteur Broca et des membres de la Société d'anthropologie ; unie à cette société et à un Laboratoire des Hautes-Études dû à la même initiative, elle constitue avec eux une sorte d'institut anthropologique, annexe précieuse de l'École de médecine, dont les cours, le musée, la bibliothèque et les cartes attirent non seulement la jeunesse médicale, mais des savants étrangers, quelques-uns délégués officiellement ».

L'année suivante, le 12 juin 1879, le rapport présenté à l'assemblée générale des professeurs de la Faculté de médecine, s'exprimait ainsi au sujet de notre École :

« Rien n'est mieux justifié que le bon vouloir et l'hospitalité que nous offrons à l'anthropologie ; car si notre patronage lui donne de la force et du prestige, elle nous apporte un précieux concours en complétant notre enseignement.

« Il ne faut pas l'oublier, en effet, c'est l'anthropologie qui s'occupe aujourd'hui de l'histoire des races humaines qui naguère était étudiée dans nos traités de physiologie ; c'est elle qui nous renseigne d'une manière si complète et si efficace sur la géographie médicale et sur la pathologie ethnographique, matières directement afférentes à notre instruction et qu'il est si regrettable de ne pas voir enseignées dans nos facultés et surtout dans les écoles de médecine navale.

« C'est encore elle qui nous apprend à reconnaître, d'après l'examen du squelette et en particulier du crâne, l'âge, le sexe, la race d'un individu, et nous donne ainsi des éléments d'une grande valeur pour la détermination de l'identité ».

Des lettres de nombreux savants de France et de l'étranger vinrent joindre à ces approbations officielles l'expression de leur haute estime.

Le succès s'affirma de plus en plus. L'immense malheur qui frappa l'Ecole en 1880, la mort de Paul Broca, ne la fit pas disparaître, ni même sensiblement décroître. Gavarret, professeur à l'École de médecine, inspecteur général de l'instruction publique, accepta la direction de notre jeune institution. Frappé par l'importance que la création de Broca avait prise, convaincu de son utilité, désireux de la voir perpétuer son action utile, il demanda avec le comité la reconnaissance d'utilité publique. D'après la loi du 18 mars 1880, relative à la liberté de l'enseignement supérieur, aucun établissement d'enseignement libre, aucune association formée en vue de l'enseignement supérieur, ne peut être reconnu d'utilité publique que par une loi. Les documents réunis, les statuts rédigés conformément au modèle du Conseil d'État, le comité chargea

M. Yves Guyot, alors député, un des fondateurs de l'École de poursuivre le vote de cette loi. Usant de son droit d'initiative parlementaire, M. Yves Guyot déposait, le 26 octobre 1888, la proposition de loi soutenue par les signatures de 67 députés [1]. La Chambre, sur déclaration d'urgence, vota le 26 décembre 1888 la loi ayant pour objet la reconnaissance d'utilité publique de l'Association pour l'enseignement des sciences anthropologiques. Transmise au Sénat, la loi fut votée sur le rapport de M. le professeur Cornil, et promulguée le 22 mai 1889.

Depuis la création de l'École son enseignement a été donné par 22 professeurs. On trouvera plus loin les noms des professeurs, ainsi que les titres des cours professés dans chacune des chaires, les noms des conférenciers qui sont venus bénévolement ajouter à notre enseignement, et l'énumération des différentes excursions faites sous la conduite de quelques-uns de nos maîtres.

Nous avons eu la douleur de perdre plusieurs d'entre eux. Et d'abord le premier, Broca, le grand Broca, mort en 1880, qui n'a pu jouir que pendant trois années du succès de sa création.

Puis en 1883 Bertillon, le statisticien émérite, l'initiateur qui inaugura l'enseignement de la démographie répandu depuis dans un grand nombre de pays.

En 1888 Dally, l'orateur spirituel et attachant qui, un des premiers il y a plus de 40 ans, eut le mérite de comprendre toute la valeur du transformisme dont la doctrine lui doit ce nom sous lequel on la connaît aujourd'hui. Il s'en était fait le défen-

---

1. MM. de Mortillet, Bourneville, Javal, Clemenceau, Dupuy (Aisne), de Lanessan, Viger, Compayré. Spuller, Jules Roche, Dutailly, Hervieu, de Jouvencel, Chavoix, Gomot, Millerand, Reybert, Blatin, Maurice Faure, Jules Carré, Thiessé, Antonin Dubost, Brelay, Colfavru, de Mahy, Georges Périn, Gustave Rivet, Boysset, Cernesson, Frébault, Maillard, Jacquemart, Félix Mathé (Allier), Frédéric Humbert, Burdeau, Camille Pelletan, Dellestable, Dethou, Achard, Monis, Fernand Faure, Pajot, Emile Jamais, Steeg, Casimir-Perrier, Montaut, Ducoudray, Tony-Revillon, Lasbaysses, Jullien, Lesage, Labrousse, Anatole de la Forge, Lefebvre, Henri Mathé (Seine), Gadaud, Siegfried, Brugeilles, Bauquier, Lafont (Seine), Roret, Cousset, Vacher, Remoiville, Bovier-Lapierre, Gaillard (Isère), Sigismond Lacroix

seur contre des adversaires qui s'appelaient Giraldès, Pruner-Bey, Broca, de Quatrefages.

En 1896, Abel Hovelacque, professeur de linguistique en 1876, professeur honoraire en 1889, directeur de l'École en 1890, fondateur de la *Revue de l'École d'anthropologie*. Il a eu l'honneur d'affirmer, avec Gabriel de Mortillet, s'appuyant sur une induction scientifique serrée, l'existence du précurseur de l'homme qu'ils dénommèrent *Anthropopithèque*, existence qui a été confirmée par la découverte du *Pithecanthropus erectus*.

En 1898, c'est Gabriel de Mortillet, l'organisateur de la science préhistorique, le créateur des Congrès internationaux d'archéologie et d'anthropologie préhistoriques, le député au Parlement, aussi vaillant dans ses luttes politiques que dans ses combats scientifiques.

En 1902 le savant et universel Charles Letourneau, le philosophe de haute portée, l'évolutionniste génial ; il laisse une œuvre considérable qui a répandu glorieusement son nom dans tout le monde savant.

En 1903 Laborde, l'orateur disert, le physiologiste du plus haut mérite qui, par l'induction scientifique seule, a fait la découverte des tractions rythmées de la langue ayant fait revivre tant de malheureux. A cette gloire il joint celle d'avoir été l'ardent ennemi de l'alcoolisme ; il a poursuivi la lutte contre cette déchéance de l'homme jusqu'à la veille de sa mort.

Enfin en 1903 André Lefèvre, le savant linguiste, l'historien érudit, le poète délicat, le philosophe profond. Lui aussi, comme Letourneau, avait commencé, dans les dernières années de l'empire, la lutte philosophique qui a entraîné le triomphe de la science et la libération des esprits.

Ces maîtres ont laissé des œuvres considérables dont l'énumération sera faite plus loin.

D'autre part l'École a perdu plusieurs de ses directeurs : le premier, Broca ; puis son successeur, le savant professeur de l'École de médecine, Gavarret ; en troisième lieu l'ancien président du conseil municipal de Paris, l'ancien député de la Seine, Abel Hovelacque ; enfin le sous-directeur Salmon, le préhistorien éclairé, le dévoué administrateur de l'École qui, après lui avoir consacré son temps et son travail, en a fait sa légataire universelle.

C'est avec une émotion profonde que nous nous rappelons tous ces dévouements qui ne poursuivaient d'autre but que la science et, par elle, la libération de la pensée.

L'École a continué de vivre des subventions fournies par l'État, le département de la Seine et par la Ville de Paris. Ces subventions sont entièrement consacrées à l'enseignement ; ni le directeur, ni le sous-directeur, ni le trésorier, ni le conservateur des collections, ni l'archiviste, ni le secrétaire du comité administratif ne reçoivent ni appointements, ni indemnités. L'École n'a pas d'autres ressources qui lui permettent d'exister, car son enseignement est absolument gratuit ; aucune rétribution n'est demandée, la science est mise à la portée de tous ; qui veut apprendre n'a qu'à entrer dans nos salles.

Cet enseignement gratuit a servi, non seulement à fournir des documents scientifiques aux esprits libres qui veulent étudier la science de l'homme, mais encore il a répandu, au grand honneur de notre pays, cette science toute française dans le monde éclairé. L'École donne des certificats d'assiduité. Depuis 1891, époque à laquelle on a seulement commencé à inscrire ces certificats, leur nombre a été de 226 :

1891-92	25	99-00	18
92-93	14	1900-01	19
93-94	26	01-02	6
94-95	14	02-03	10
95-96	11	03-04	10
96-97	12	04-05	23
97-98	10	05-06	16
98-99	14		

III

Un certain nombre des hommes de science qui ont obtenu ce certificat sont devenus des professeurs à l'étranger. L'École d'anthropologie a cette gloire d'avoir été la première instituée au monde et d'avoir servi de modèle, comme je l'ai déjà dit, à de nombreuses nations qui ont compris l'intérêt, non seulement scientifique, mais encore pratique, de la science de l'homme. Voici d'après les docteurs Waldeyer de Berlin, et Verneau du Muséum de Paris, l'état de l'enseignement de l'anthropologie chez un grand nombre de peuples.

En Europe, les pays où cette science est complètement négligée sont rares ; en Grèce et en Hollande aucun cours n'existe ; il en est de même en Danemark, quoique l'Université de Copenhague possède un riche musée et des savants de marque.

En Bulgarie, l'enseignement de l'anthropologie est rudimentaire ; on fait quelques conférences à l'Université de Sofia, mais aucun cours régulier n'est institué.

En Norvège, l'anthropologie anatomique est dédaignée, mais une chaire de géographie et d'ethnologie a été créée à Christiania.

En Suède, l'anthropologie anatomique est dédaignée comme en Norvège, mais l'archéologie préhistorique est comprise dans le programme de l'enseignement universitaire ; elle est enseignée dans les Universités d'Upsal, de Lund et de Stockholm, où les professeurs attachés au Musée d'anthropologie et d'ethnologie, notamment M. Montelius, font des cours.

En Belgique, aucune chaire officielle d'anthropologie n'existe. Cette science est professée par le Dr Houzé à l'Université de Bruxelles, à titre d'agrégé ; le cours est facultatif pour les étudiants. Une chaire a été créée à l'École des sciences sociales et confiée aussi au Dr Houzé. Enfin des conférences d'anthropologie criminelle sont faites à l'Université nouvelle.

En Portugal, une chaire d'anthropologie existe à l'Université de Coimbre.

En Espagne, l'enseignement officiel de l'anthropologie existe au Musée des sciences naturelles de Madrid. Il est déclaré obligatoire pour les candidats au doctorat ès sciences naturelles. Cette science est en outre obligatoire à la Faculté des sciences sociales et dans la section de philosophie de la Faculté de philosophie, belles-lettres et histoire. Enfin une chaire d'anthropologie criminelle a été créée à la Faculté de droit de Madrid.

En Russie, sur les dix Universités, une seule possède un Institut anthropologique, c'est celle de Moscou ; il n'y a pas de chaire officielle spéciale. Ce sont les professeurs de géographie qui, comme à Saint-Pétersbourg, sont chargés d'enseigner l'anthropologie et l'ethnographie. L'Institut anatomique de l'Académie de médecine militaire a donné de nombreux travaux anthropologiques.

Sur les neuf Universités de l'Autriche-Hongrie, quatre sont pourvues de l'enseignement anthropologique. Aux Universités de Vienne et de Prague, des professeurs extraordinaires sont officiellement nommés pour enseigner l'archéologie préhistorique. A l'Université de Vienne, des *privat-docent* font des cours d'ethnographie et de craniologie. A l'Université de Buda-Pest existe une chaire officielle d'anthropologie physique ; une chaire d'archéologie préhistorique a été créée il y a quelques années à l'Université de Kolozsvar.

La Grande-Bretagne, sur ses dix-huit Universités, douze en Europe, trois en Australie, deux au Canada, et une dans l'Inde, n'a qu'une chaire officielle d'anthropologie, celle d'Oxford qu'occupe l'éminent professeur Tylor. Mais à Cambridge, Edimbourg, Birmingham, Dublin, des professeurs sont chargés, à titre de *lecturers*, de faire des cours d'anthropologie ; Dublin possède en outre un laboratoire spécial.

La Suisse, sur ses cinq Universités, ne possède qu'une chaire officielle d'anthropologie ; une chaire existe aussi à l'École polytechnique fédérale. Dans les Universités de Genève et de Berne sont faits, dans les Facultés des sciences, des cours facultatifs pour les étudiants. A Lausanne, le Dr A. Schenk professe, à la Faculté des sciences et à l'École de médecine, l'anthropologie et l'archéologie préhistorique. Tout fait prévoir que cet enseignement deviendra officiel dans les cinq Universités.

En Allemagne, la Bavière a institué l'enseignement officiel de l'anthropologie ; Munich est la seule Université qui possède un institut spécial, avec les instruments, les collections nécessaires à l'enseignement ; les cours sont suivis par les étudiants de toutes les Facultés. Cette science est enseignée dans les lycées, dans les écoles moyennes, dans les écoles normales d'instituteurs, dans les écoles primaires supérieures de jeunes filles ; les éléments en sont même appris aux élèves des écoles primaires.

Sur les vingt Universités de l'Allemagne, celle de Munich est la seule où l'enseignement de l'anthropologie ait pris cette importance. Toutefois Berlin est en première ligne pour le nombre et la diversité des cours, mais n'a pas d'institut spécial. Heildelberg a aussi des cours d'anthropologie pendant les deux semestres de l'année scolaire, comprenant sous ce nom l'ethnologie et la préhistoire. Dans dix autres Universités, cet enseignement est rudimentaire, et enfin, dans sept il n'existe pas du tout.

En Italie, sur vingt Universités l'enseignement de l'anthropologie existe dans huit : il y a des chaires officielles à Rome, Florence, Naples, Padoue ; M. Giuffrida Ruggeri vient, tout récemment, d'être nommé professeur à la Faculté des sciences de Pavie. L'archéologie préhistorique est enseignée officiellement à Bologne, Pavie, Pise et Turin. L'anthropologie est encore enseignée à l'académie scientifique et littéraire de Milan et à l'école normale d'institutrices de Rome. En outre, de nombreux cours libres sont autorisés dans les Universités. Enfin l'anthropologie criminelle est officiellement reconnue et enseignée.

Voilà à peu près le bilan de l'enseignement anthropologique dans les États d'Europe.

En Amérique, il est peu répandu dans le Sud; Lima est la seule Université où il ait été institué ; il y est donné par deux professeurs.

Cuba, dans l'Amérique centrale, possède une chaire d'anthropologie à la Faculté des sciences de la Havane ; elle est occupée par le Dr Luis Montané qui est en outre officiellement chargé de faire des conférences sur cette science aux instituteurs qui sortent de l'école normale.

Dans l'Amérique du Nord, aux États-Unis, l'anthropologie tend de plus en plus à être reconnue comme une branche de l'enseignement universitaire. Toutefois, sur les trente-six Universités, cet enseignement n'est donné qu'à New-York, Cambridge, New-Haven, Chicago, Rochester, Philadelphie, Worcester ; c'est à Washington que le plus grand effort est fait ; la grande section anthropologique de la Smithsonian Institution a chargé plusieurs professeurs d'enseigner l'anthropologie.

Enfin, en Asie, le Japon seul a suivi ce mouvement scientifique ; à Tokio, l'unique Université de l'État a un professeur titulaire d'anthropologie, M. Shôgorô Tsuboi.

En France, l'enseignement de l'anthropologie est négligé par les pouvoirs publics ; il est navrant de constater une fois de plus qu'une création toute française rencontre plus d'estime à l'étranger que dans notre propre pays. Sur les douze Universités de France, cet enseignement n'est donné qu'à Lyon, à Toulouse et à Paris. En 1869, l'éminent anthropologiste M. Chantre organisa des conférences d'anthropologie au Muséum d'histoire naturelle de Lyon ; en 1881, cet enseignement fut inauguré à l'Université et MM. Chantre et Testut en ont été les professeurs.

En 1883, le savant préhistorien, M. E. Cartailhac, a fait un cours libre à la Faculté des sciences de Toulouse; un cours complémentaire d'archéologie préhistorique, fondé à la Faculté des lettres de cette ville, vient de lui être confié récemment. L'enseignement anthropologique dans ces deux Universités est dû à l'initiative de ces professeurs du plus haut mérite et de la plus louable initiative, l'instruction publique n'y est pour rien. Nous sommes loin des tentatives faites par l'État en Allemagne, en Italie et aux États-Unis. Sans l'École d'anthropologie de Paris, créée par l'initiative privée et qui ne garde sa suprématie que grâce aux efforts désintéressés de ses professeurs, la France serait au dernier rang des grandes nations pour cet enseignement.

IV

Cependant, et de plus en plus, cette science paraît aux esprits réfléchis d'une importance capitale. Et cela non seulement au point de vue scientifique, mais encore au point de vue sociologique pratique.

Dans son beau discours d'ouverture du Congrès d'anthropologie de Monaco, S. A. S. le prince Albert Ier disait pour ce qui touche à la science pure : « L'anthropologie mérite une part de plus en plus grande dans nos préoccupations, si l'on songe combien il est irritant pour l'homme d'avoir fait produire à son cerveau tant de progrès intellectuels et d'être devenu le maître du monde, sans rien savoir encore de ses origines, de sa descendance ni de ses parentés au milieu de la foule vivante. Il est désirable qu'une vérité scientifique remplace la légende qui raconte aux hommes sous tant d'aspects différents et pour satisfaire une mentalité obscure, la genèse de leur formation.

« Devant les œuvres de l'évolution, de cette puissance qui, dans le cours des âges, a modifié les organismes en les adaptant aux milieux divers et aux conditions successives de notre planète, l'anthropologie gagne un intérêt capital puisqu'elle cherche à démêler notre propre fil dans un écheveau compliqué de générations ».

Grâce à l'anthropologie la voie est aujourd'hui grande ouverte ; l'origine animale et même simienne de l'homme, du premier des primates comme disait Broca, est établie, et la large lacune qui séparait les deux degrés supérieurs de l'échelle zoologique a été en partie comblée par la découverte du Pithecanthropus erectus, cet être très au-dessus du singe le plus élevé, et très au-dessous de l'homme le plus bas placé dans la série humaine. La science ne s'arrête pas ; elle apportera de nouvelles preuves pour démontrer cette vérité qui a été longtemps une hypothèse établie sur une induction scientifique par nos regrettés maîtres Gabriel de Mortillet et Abel Hovelacque. C'est ainsi qu'est rétablie la chaîne zoologique interrompue par la vanité humaine, qui écartait l'homme du reste de la nature.

C'est encore l'anthropologie qui tendrait à faire triompher le polygénisme sur le monogénisme, à la suite du combat scientifique acharné qui s'est livré sur cette question dans le courant du xixᵉ siècle.

Par l'ethnographie comparée des religions nous constatons qu'elles ne sont que la survivance des superstitions des premiers âges. Lubbock, Tylor, Letourneau, etc., nous en ont apporté les preuves. Si l'enseignement de l'anthropologie avait été répandu, si la science de l'homme avait été largement enseignée, combien d'esprits sincères eussent été dégagés. Mais l'anthropologie n'est pas encore inscrite dans les programmes universitaires.

Il est beau de savoir que l'homme n'est pas un être à part dans la nature ; il est admirable d'avoir découvert scientifiquement son origine ; il est précieux de le connaître dans sa préhistoire et dans sa protohistoire. C'est de la science pure. Mais si les joies de cette science pure ont poussé les savants à s'efforcer de diviser le groupe humain dans ses différentes races, à rechercher leurs caractères propres, leur mentalité, leurs aptitudes ethniques, leur perfectibilité, et à fixer anatomiquement les types du plus grand nombre d'entre elles, il faut reconnaître qu'une utilité pratique au point de vue social se dégage de ces recherches. Suivre ces races dans leur évolution, dans leurs mélanges, dans leur pénétration réciproque, dans leurs luttes, dans leur prépondérance ou dans leur déchéance, contribue à expliquer certaines particularités des nations qu'elles constituent et auxquelles elles sont mêlées. Les travaux anthropologiques ne sont pas seulement la joie des savants, ils ont aussi un côté utile pour la vie pratique des peuples. Et d'abord ces études des races, par exemple, n'ont-elles pas démontré que la race et la nationalité sont deux groupes différents; n'ont-elle s pas enlevé par ce fait le prétexte des haines de race qui n'y sont pour rien, les nations, même en Europe, étant composées le plus souvent de races fort diverses.

Combien les hommes d'action auraient leur tâche facilitée par ces connaissances, car savoir c'est avoir un solide point d'appui pour agir; malheureusement le plus grand nombre des personnes qui savent n'agissent pas, alors que celles qui agissent négligent de savoir, se croyant assez armées par leur esprit d'initiative. Que d'échecs seraient évités par un peu d'étude ; mais moins on sait, moins on sent l'utilité de la science : tout est simple pour les simples ; or cette simplicité n'existe pas plus dans l'organisation des peuples que dans l'organisme de l'homme.

Aujourd'hui les visées de l'anthropologie doivent s'étendre ; à côté des satisfactions élevées de la science, elle en doit tirer les conséquences pratiques au point de vue sociologique, recherches qui rendront sa tâche plus féconde.

« L'anthropologie, a dit encore le prince Albert dans son discours du Congrès de Monaco, maîtresse de faits reconnus et de formules exactes, guidera, un jour, vers des lois meilleures la morale des sociétés humaines, encore flottante parmi les variétés des religions et les suggestions d'une barbarie atavique. Elle renferme un peu de la lumière qui démontrera l'inanité des haines entre les races, des compétitions territoriales et des guerres suscitées par l'ignorance; un peu de la raison qui fera substituer, dans le gouvernement des peuples, un esprit plus sain aux mirages stérilisants de l'ambition politique ».

S'il est utile pour la satisfaction de l'homme de savoir d'où il vient et quelles ont été ses erreurs, il est utile encore de s'appuyer sur ces connaissances pour s'efforcer de savoir où il va ; c'est l'anthropologie qui peut l'indiquer. De même que l'étude de l'homme dans son anatomie et dans sa physiologie apporte des notions pour son hygiène et pour le traitement de ses maladies, de même l'étude des peuples dans les races qui les composent, dans leurs besoins sociaux, dans leur perfectibilité, dans leurs grandeurs comme dans leurs défaillances, peut indiquer vers quel destin telle nation doit évoluer ; en tenant compte, bien entendu, des nécessités zoologiques de tout ce qui vit et qui forment, dans le fond, la cause première de toutes les luttes, de toutes les ambitions, l'alimentation et la reproduction, la défense de la vie et l'orgasme de la fécondation. Mieux on connaîtra les facteurs qui président aux groupements sociaux, plus facilement les erreurs d'organisation pourront être évitées : « Toute erreur d'organisation sociale, a dit Darwin, a une sanction naturelle ». Quand une nation s'atrophie et disparaît, il y a dans son organisme des tares que la science anthropologique permet de découvrir.

Dans des questions sociologiques particulières, l'anthropologie n'apporte-t-elle pas des notions utiles ? Pour les études de colonisation, par exemple, les questions d'acclimatement, de croisement des colons avec les indigènes, la valeur et la persistance des métis sont du domaine de l'ethnologie, de même que les aptitudes des races et leur perfectibilité. Ici l'anthropologie apporte un point d'appui solide pour aider à la diffusion de la civilisation.

D'autre part, dans les pays où des races différentes, ayant en outre appartenu à d'autres nationalités que celle au milieu de laquelle elles se rencontrent, comme cela s'observe en Australie, dans le sud de l'Afrique où noirs, jaunes et blancs sont mêlés et en lutte pour la vie, c'est l'anthropologie seule qui, connaissant les aptitudes héréditaires, les traditions religieuses et l'éducation de ces différentes races, peut indiquer la façon de vivre de ces êtres si divers, dans un même milieu.

Dans des questions d'organisation et de protection sociales, l'anthropologie criminelle n'apporte-t-elle pas des solutions utiles ? La question du criminel-né, qui a soulevé tant d'éloquentes discussions, n'est qu'une querelle de mots puisqu'on n'est criminel que lorsqu'on a commis un crime. Mais si on ne naît pas criminel on naît avec des aptitudes à le devenir. N'avons-nous pas le tableau des tares, des stigmates de tous ces dégénérés, de tous ces héréditaires dont on peut d'avance tracer l'existence, les délits et les crimes ? C'est l'anthropologie criminelle qui, au point de vue sociologique, doit étudier ces défectuosités humaines et le moyen de les redresser ou de les améliorer.

L'Amérique a essayé d'organiser cette amélioration sociale à la prison d'Elmira dans l'Etat de New-York ; là on s'efforce de guérir par un traitement médico-pédagogique les criminels de seize à trente ans ; le succès a couronné la tentative, on compte plus de 70 p. 100 de succès. En Europe, c'est l'anthropologie criminelle qui poursuit l'application plus facile de l'orthophrénopédie ou dressage des jeunes dégénérés. Cette chaire manque à notre École ; elle serait vite occupée par des spécialistes de talent si nous avions les fonds nécessaires pour la soutenir.

Dans la question plus vaste de l'organisation de la famille, base de l'organisation sociale, c'est encore l'anthropologie qui peut donner une solution scientifique, en dehors des rêves, et conforme aux lois naturelles, sur le rôle social de la femme, centre de la famille et garantie de sa conservation. Cette solution est fournie par la comparaison anatomique et physiologique des deux groupes sexuels, analyse qui détermine leurs caractères distinctifs d'où découlent leurs aptitudes sociales, l'organisation de la famille, et comme corollaire celle de la société. La nature indique qu'il n'y a ni supériorité, ni infériorité, ni égalité entre les sexes. L'homme et la femme, indispensables l'un à l'autre, n'étant rien et ne pouvant rien l'un sans l'autre, ne sont ni égaux ni inégaux, ils sont complémentaires, aussi bien au point de vue de l'individu qu'au point de vue de l'espèce. La copulation représente l'unité humaine par rapport à l'espèce ; le mariage représente l'unité humaine par rapport à la société. Le couple c'est l'être humain entier. C'est la famille qui est la base de toute société ; organisée selon les lois naturelles, elle lui donnera la force et la vitalité. En étudiant l'évolution sociologique, en observant d'ailleurs que la marche de l'humanité est partie du communisme brutal des sociétés animales pour se dégager peu à peu vers l'individualité qui élève l'homme et lui permet de se grandir en intelligence et d'user de son activité, en constatant la force qui se dégage de l'entente, de l'union et de la synergie des efforts, on induit sûrement que la société qui prendra la tête de la civilisation sera celle qui sauvegardera l'autonomie de l'individu dans l'association, et qui marchera de plus en plus vers la spécialisation du travail dans la communion des intérêts et des forces. Et cela dans l'union matrimoniale comme dans l'organisation sociale.

Ces quelques exemples démontrent que l'anthropologie est une science dont l'enseignement répond aux besoins les plus essentiels de l'homme vivant en société. On peut affirmer que les notions qu'elle fournit sont des points d'appui solides pour toutes les recherches où l'homme et ses groupements sont en question.

La diffusion de cette science est donc indispensable, non seulement pour détruire les erreurs de tradition, mais encore pour indiquer à l'homme la route qu'il doit suivre pour être heureux, ou tout au moins pour diminuer les misères qui naissent d'une organisation défectueuse, ou de tentatives hasardées et sans point d'appui scientifique.

Mais, pour atteindre complètement ce but, bien des choses nous manquent ; notre local est insuffisant pour notre bibliothèque et nos collections ; nos fonds d'études, de laboratoire et de recherches sont d'une exiguïté qui entrave nos travaux ; nos faibles moyens d'action étonnent les étrangers qui nous font l'honneur de nous visiter.

Quoique plus complet que tous les enseignements donnés à l'étranger, plusieurs chaires manquent à notre École, par exemple les chaires de linguistique, de démographie, d'anthropologie criminelle, de géographie médicale, etc...

Malgré cette pénurie, notre École a su se faire à l'étranger un renom dont elle peut être fière. C'est la juste récompense des efforts des professeurs et de la qualité de leur enseignement, dont l'action sociale, pendant les trente années de son existence, peut se constater par l'évolution des croyances et des aspirations. Mais si l'École a beaucoup fait, il lui reste beaucoup à faire pour enseigner à un peuple libre désireux de s'améliorer, les conditions scientifiques d'une organisation solide et féconde.

Dr H. THULIÉ,

Directeur de l'École d'anthropologie

CHAIRES ET ENSEIGNEMENT

ANTHROPOGÉNIE ET EMBRYOLOGIE

Chaire fondée en 1886 pour M. le Dr Mathias Duval, qui l'occupa effectivement jusqu'en 1891 ; ce professeur, qui a momentanément suspendu son enseignement pour raisons de santé, n'a pas cessé cependant d'en être le titulaire[1].

Duval (Mathias), né à Grasse (Alpes-Maritimes) le 7 février 1844 ; prosecteur de la Faculté de médecine de Strasbourg (1870) ; agrégé à la Faculté de médecine de Paris (1873) ; professeur à la même Faculté (depuis 1886) ; professeur à l'Ecole des Beaux-Arts ; directeur du Laboratoire d'anthropologie de l'Ecole des Hautes-Etudes (de 1880 à 1890) ; membre de l'Académie de médecine (1881).

SUJETS TRAITÉS

1880-81. — Embryologie comparée des Vertébrés. Origines embryonnaires du cerveau.

1881-82. — *Id.* Développement et morphologie comparée de la face et du crâne. Mécanisme des muscles de la face dans l'expression des passions.

1882-83, 1883-84. — Darwinisme. — Circonvolutions cérébrales.

1884-85, 1885-86. — Le blastoderme et les premières phases du développement.

1886-87 à 1888-89. — L'œuf et la fécondation. Les lois de l'hérédité.

1889-90. — Le blastoderme des vertébrés et la théorie de la gastrula.

1890-91, 1891-92. — Evolution ontogénique et phylogénique des organes des sens.

[1] Pendant l'impression de ce volume, l'Ecole a eu la douleur de perdre M. Mathias Duval, décédé à Paris le 1er mars 1907.

ANTHROPOLOGIE ANATOMIQUE

Cette chaire date de la fondation de l'École. Paul Broca en fut le titulaire jusqu'à sa mort.

Broca (Paul), né à Sainte-Foy-la-Grande (Gironde), le 28 juin 1824 ;
Professeur de clinique chirurgicale à la Faculté de médecine de Paris ;
Chirurgien des hôpitaux ;
Membre de l'Académie de médecine ; .
Fondateur de la Société, du Laboratoire et de l'Ecole d'anthropologie de Paris ;
Secrétaire général de la Société d'anthropologie ;
Sénateur inamovible ;
Décédé à Paris le 6 juillet 1880.

SUJETS TRAITÉS

1876-77, 1877-78. — Parallèle anatomique de l'homme et des animaux supérieurs. Anatomie comparée des races humaines. Craniologie.
1878-79, 1879-80. — *Id.* — Craniologie et anatomie comparée du cerveau.

Après Broca, la chaire a été occupée, sous le titre d'Anthropologie zoologique, par M. le Dr Mathias Duval.

De 1900 à 1903, le Dr Papillault, actuellement titulaire de la chaire de Sociologie, a donné à l'École des conférences d'Anthropologie anatomique.

SUJETS TRAITÉS

1899-1900. — La genèse du type humain d'après la craniologie, basée sur l'étude et la comparaison : des races préhistoriques, des races inférieures actuelles, des anomalies pathologiques ou réversives.

1900-01. — Formes extérieures et proportions du corps humain. Variations normales et pathologiques. Interprétation scientifique et artistique.

1901-02. — *Id.* Étude particulière des variations dues au milieu social.

1902-93. — Le cerveau.

ANTHROPOLOGIE BIOLOGIQUE

Cette chaire, occupée depuis la fondation de l'École jusqu'en 1882 par M. le Dr Topinard, fut reprise en 1891 par M. le Dr Laborde qui en fut le titulaire jusqu'à sa mort.

(Pour les sujets traités par M. Topinard, voir *Anthropologie générale.*)

Laborde (Jean-Vincent), né à Buzet (Lot-et-Garonne) le 4 décembre 1830; ancien interne des hôpitaux (1858), docteur en médecine (1864), directeur des travaux physiologiques à la Faculté de médecine de Paris (1880), membre de l'Académie de médecine (1887), ancien vice-président de la Société de biologie (1881), ancien président de la Société d'anthropologie (1891), président de l'Association pour l'enseignement des sciences anthropologiques (1898), directeur du Laboratoire d'anthropologie à l'École des Hautes-Etudes (1891); mort à Paris le 5 avril 1903.

SUJETS TRAITÉS

1891-92. — Les fonctions intellectuelles et instinctives. La fonction générale du langage et de l'expression ou mimique ; le langage articulé.

1892-93. — Les sensations et les organes des sens. Évolution organique et fonctionnelle. Rôle physiologique et anthropologique.

1893-94. — *Id.* Les organes des sens considérés en particulier et dans leurs relations avec les fonctions intellectuelles et instinctives.

1894-95. — *Id.* Le sens de l'olfaction et le bulbe olfactif. Le sens du goût et la gustation.

1895-96, 1896-97. — *Id.* Les sens de l'audition et de la vue.

1897-98. — La transformation et l'équivalence des forces en anthropologie biologique. La cellule nerveuse ou neurone selon la conception moderne. Les sens spéciaux de l'ouïe et de la vue.

1898-99. — Les fonctions de défense et de lutte pour la vie à travers les âges, et l'évolution anthropogénique. Les armes, les flèches et leurs poisons.

1899-1900. — Le sens de l'audition, de l'espace et de l'orientation. Les canaux semi-circulaires et leur fonction; anthropogénie et évolution.

1900-01. — Introduction biologique à l'anthropologie criminelle. La prédisposition à la criminalité dans l'évolution organique et fonctionnelle de l'homme.

1901-02. — *Id*. L'évolution cérébrale de la criminalité.

ANTHROPOLOGIE GÉNÉRALE

Créée en 1882, cette chaire fut occupée par M. le Dr Topinard jusqu'en 1890.

Topinard (Paul), né le 4 novembre 1830 à l'Isle-Adam (Seine-et-Oise), docteur en médecine, directeur adjoint du Laboratoire d'anthropologie à l'Ecole des Hautes-Etudes (de 1877 à 1900), secrétaire général de la Société d'anthropologie de Paris (de 1881 à 1886), professa à l'Ecole dès 1876 ; la liste complète de ses cours est donnée ci-dessous :

SUJETS TRAITÉS

1876-77 à 1878-79. — Histoire de l'anthropologie. Caractères physiques extérieurs et caractères physiologiques de l'homme vivant. Anthropométrie.

1879-80. — Types et races ; étude analytique de leurs caractères morphologiques et biologiques.

1880-81. — L'anthropologie sur le vivant.

1881-82. — Caractères anthropologiques fournis par le visage, le crâne et le cerveau. Vices de développement du crâne, poids du cerveau, rapports topographiques du crâne et du cerveau, système cranioscopique de Gall.

1882-83. — Historique de l'anthropologie. Anthropométrie.

1883-84. — Étude analytique de l'homme. Méthodes anthropologiques. Répartition géographique des caractères des races.

1884-85. — Caractères des races humaines. Différences entre la race et le peuple. Évolution des races dans le temps.

1885-86. — Des races de l'Europe depuis les temps préhistoriques jusqu'à nos jours. Succession et transformation des races dans le temps ; leur passé et leur avenir.

1886-87. — Parallèle des caractères de supériorité et d'infériorité des races humaines.

1887-88. — *Id.* Évolution du crâne dans la série animale. Caractères régressifs, caractères progressifs.
1888-89. — *Id.* Généalogie de ces caractères dans la série animale.
1889-90. — Progrès accomplis en anthropologie depuis 1876.

De 1900 à 1905, M. Rabaud donna à l'École des conférences d'Anthropologie générale (Voir *Cours adjoints*).

ANTHROPOLOGIE LINGUISTIQUE

Cette chaire, créée dès 1876, eut pour premier titulaire M. Abel Hovelacque, qui professa jusqu'en 1885.

Hovelacque (Abel), né à Paris le 14 novembre 1843 ; professeur (1876), puis professeur honoraire (1889) à l'Ecole d'anthropologie dont il devint le directeur (1890), ancien président de la Société d'anthropologie (1890), ancien président du Conseil municipal de Paris (1886, 1887), ancien député de la Seine (1889-1894); décédé à Paris le 22 février 1896.

SUJETS TRAITÉS

1876-77, 1877-78, 1878-79. — Caractères généraux, classification et répartition des différentes langues.

1879-80. — Les langues et les races.

1880-81. — Origine et répartition géographique des races.

1884-85. — Langues, races, peuples.

En 1888, la chaire fut dénommée chaire d'*Ethnographie et Linguistique*, et confiée à M. André Lefèvre.

ANTHROPOLOGIE PATHOLOGIQUE

La chaire d'anthropologie pathologique fut constituée en 1896, remplaçant la chaire de géographie médicale. Elle fut confiée à M. le Dr Capitan qui, déjà depuis 1892, donnait des conférences sur ces matières. Elle a été supprimée en 1899, M. le Dr Capitan ayant été transféré dans la chaire d'anthropologie préhistorique. (Voir *Anthropologie préhistorique.*)

SUJETS TRAITÉS

1892-93. — Les causes des maladies. L'auto-intoxication. L'infection. Les intoxications alimentaires, professionnelles. L'influence du milieu social.

1893-94. — L'anthropologie pathologique est l'étude des collectivités dans l'état de maladie. Les maladies infectieuses dans la société. Les causes sociales des maladies. L'alcoolisme dans la société.

1894-95. — *Géographie médicale :* Le milieu extérieur, généralités, milieux cosmique, individuel, social, ethnique. Milieu cosmique (pression, température, lumière, hygrométrie, atmosphère, poussières, vents, électricité, foudre).

1895-96. — *Id.* Milieu cosmique (*suite*). Le sol et les eaux.

1896-97. — La nutrition ; ses viciations ; l'arthritisme, le rachitisme, l'obésité, la goutte, les lithiases, les diabètes, les rhumatismes.

1897-98. — La cellule. L'auto-intoxication, les viscères toxiques, les antitoxines.

ANTHROPOLOGIE PHYSIOLOGIQUE

La chaire d'Anthropologie physiologique, encore occupée par son premier titulaire, date de 1887.

La fonction de cette chaire dans l'enseignement de l'École se déduit de la position et de la fonction de l'ensemble de l'Anthropologie telles qu'elles ont été exposées et démontrées dans les deux premiers ouvrages de la liste publiée plus loin.

L'étude de la nature a donné lieu à la formation de deux séries de sciences : 1° les sciences générales qui visent la connaissance des divers ordres de *phénomènes* de l'univers ; 2° les sciences particulières qui visent la connaissance des *êtres*.

Les sciences générales envisagent les phénomènes en eux-mêmes pour en découvrir la nature, les rapports, l'enchaînement et les lois. Ce sont les Mathématiques, la Physique, la Chimie, la Biologie (Anatomie + Physiologie) et la Sociologie (A. Comte). Chacune d'elles étudie un certain ordre de phénomènes partout où il se rencontre.

Les sciences particulières, ou sciences d'êtres, reprennent l'étude de la nature en considérant dans chaque être les phénomènes de toute sorte combinés en lui et d'où résultent sa nature propre, ses propriétés et qualités spéciales.

Les êtres agissant les uns sur les autres à l'état indivis, selon leur complexité plus ou moins grande, l'étude particulière de chacun d'eux est indispensable. Elle exige le concours d'autant de sciences générales qu'il y a de sortes de phénomènes à considérer dans l'être étudié.

Bien qu'il n'y ait pas à considérer dans les êtres autre chose que des phénomènes et que tous les phénomènes aient pour substratum nécessaire des êtres, on voit que les deux séries de sciences ne font point pour cela double emploi. Aucune science générale envisagée isolément ne saurait suffire pour l'étude complète d'un être, puisque le plus simple de tous est le substratum indivis de plusieurs sortes associées et combinées de phénomènes.

Nous sommes obligés d'étudier les différents êtres tels qu'ils sont, dans toute leur complexité phénoménologique, c'est pourquoi la série des sciences d'êtres est aussi la série des sciences dites *naturelles* ou l'Histoire naturelle.

Les sciences particulières d'êtres visent donc la connaissance complète des astres, de l'atmosphère, de la terre, des minéraux, des végétaux et des animaux : Astronomie, Météorologie, Géographie et Géologie, Minéralogie, Botanique, Zoologie.

L'Anthropologie, division de la Zoologie, est l'Histoire naturelle de l'Homme. Elle a pour objet l'étude particulière et spéciale des êtres humains.

De même que l'étude particulière et spéciale des différents êtres contribue, avec les sciences générales, au progrès des divers arts qui ont pour but l'action sur ces êtres et leur utilisation, la connaissance des êtres humains est indispensable au perfectionnement des divers arts qui ont pour objet l'action sur les êtres humains, la direction des hommes, en un mot l'Anthropotechnie. La Médecine et l'Hygiène, la Morale, le Droit, l'Éducation et la Politique ont besoin de la science anthropologique.

La haute portée de l'Anthropologie donne une très grande importance à la compréhension intégrale de son programme, qui découle lui-même de l'exacte notion de la position de l'Anthropologie parmi les sciences.

L'Anthropologie peut être divisée d'après les êtres étudiés : Ensemble de l'espèce humaine (**A.** générale), Races, variétés ethniques, peuples (Ethnographie et Ethnologie), Races primitives (Paléontologie humaine, Paléoethnologie, Préhistoire), Sexes, âges, catégories quelconques d'individus : hommes distingués, criminels, etc. ; enfin les individus.

Dans chacune de ces divisions *naturelles*, l'étude, pour être complète, doit envisager les divers ordres de phénomènes que présentent les êtres considérés. Elle doit donc être faite au quadruple point de vue anatomique, physiologique, psychologique et sociologique. La disjonction de ces quatre points de vue donne lieu à autant de divisions *techniques* de l'Anthropologie.

Suivant la conception de Broca, l'étude des caractères humains anatomiques, physiologiques, psychologiques et sociologiques, ne faisait partie de l'Anthropologie que s'il s'agissait de la comparaison des races entre elles ou de l'espèce humaine avec les espèces voisines. La comparaison des catégories d'individus de même race et l'étude des différences individuelles appartenait, disait-il, à l'Anatomie, à la Physiologie, etc.

Mais cette restriction n'est ni commandée, ni même justifiée, selon l'Histoire générale des sciences. Les êtres humains fussent-ils tous d'une seule et même race, les raisons d'exister de l'Anthropologie n'en persisteraient pas moins sans aucune atténuation, telles qu'elles ont été exposées ci-dessus.

L'étude comparative des catégories humaines ou des individus présente un intérêt énorme. Or, nous venons de donner en résumé la preuve que l'Anthropologie est la seule science ayant pour objet l'étude particulière des êtres humains quels qu'ils soient.

Cette connaissance ne peut être obtenue que par une étude spéciale où entrent en jeu l'Anatomie, la Physiologie, la Psychologie et la Sociologie. Ces quatre sciences sont nécessairement mises à contribution dans l'étude anthropologique des catégories humaines quelconques et des individus, exactement de la même manière et pas plus que dans l'étude des catégories ethniques. L'étude d'un individu comporte ainsi les mêmes subdivisions techniques que celle d'une race.

Chacune des divisions techniques de l'Anthropologie ne représente que l'un des points de vue auxquels doit être envisagée chaque catégorie d'êtres humains.

L'étude complète d'une catégorie d'êtres humains comporte, au contraire, la réunion des quatre points de vue techniques. Elle n'embrasse qu'une portion de l'humanité, mais elle atteint, quant à cette portion, un résultat entier autant qu'il peut l'être en l'état existant de la science.

L'étude restreinte à l'un seulement des quatre points de vue techniques est plus limitée en ce sens, mais elle est plus large en ce qu'elle peut envisager un même ordre de caractères dans l'ensemble de l'humanité ou dans des portions quelconques. Par ce côté elle possède une portée plus considérable dans l'étude des questions générales. Elle constitue ainsi une partie de l'Anthropologie générale.

Nous pouvons maintenant préciser davantage ce qui concerne spécialement l'Anthropologie physiologique.

Chaque division technique possède, avons-nous dit, une portée favorable à l'étude des questions générales.

Sous ce rapport l'Anthropologie physiologique se trouve placée à un point de vue d'une largeur exceptionnelle, en vertu des connexions profondes de la Physiologie avec l'Anatomie, d'une part et, d'autre part, avec la Psychologie qui pénètre la Sociologie.

Dans l'étude comparative des êtres humains, la description des variations des différences des caractères anatomiques appelle leur interprétation physiologique, tant pour expliquer la genèse de ces différences que pour sonder leurs conséquences dynamiques.

L'A. physiologique possède ainsi, du côté anatomique, un rôle explicatif prépondérant dans l'étude des variations évolutives de l'espèce, des races et des individus, en raison de l'interdépendance existant entre la fonction et l'organe.

Il lui appartient plus exclusivement de considérer en elles-mêmes les innombrables variations et particularités fonctionnelles, depuis celles qui concernent les plus humbles fonctions de la vie végétative jusqu'aux différences concernant les plus hautes fonctions intellectuelles.

Le programme de la chaire d'A. physiologique, n'étant pas limité dans l'École par celui de chaires spéciales pour l'Anatomie et la Psychologie, comprend en totalité l'étude de la nature humaine au « physique » et au « moral » envisagés dans leurs innombrables variations. C'est donc un programme extrêmement vaste. Mais il faut ajouter que son exécution est éminemment propre à faire ressortir l'état rudimentaire de la Physiologie. Elle étale une multitude de différences dont l'interprétation ne peut être, souvent, qu'ébauchée à grand'peine et non sans susciter des efforts dans la direction purement phénoménologique des sciences générales.

Il ne faudrait pas voir en ceci un empiétement. La constatation de différences dans la conformation, les fonctions, les aptitudes, les besoins, les tendances, le caractère, entraîne nécessairement l'étude du lien phénoménologique existant entre toutes ces choses, de leurs rapports avec les conditions extérieures, de la manière dont elles interviennent, combinées avec les circonstances, dans le déterminisme des actes humains.

Du reste, la distinction des sciences générales et des sciences d'êtres ne constitue pas un cloisonnement de leur terrain commun. Toujours la connaissance des êtres est subordonnée à l'état des sciences générales qui s'occupent des phénomènes présentés par ces êtres. Réciproquement, la considération des êtres naturels est l'un des moyens d'avancement des sciences générales. S'il s'agit du *caractère*, par exemple, qui dépend de différences anatomiques, physiologiques, psychologiques et sociologiques, la nécessité de comparer des êtres humains et les différences variées qu'ils présentent au milieu de conditions extérieures non moins variées, est identique pour l'Anthropologie et pour l'étude phénoménologique.

Il s'agit d'états complexes dont l'analyse demande l'intervention simultanée de plusieurs sciences générales, et, par suite, d'une compétence s'étendant sur ces diverses sciences, telle que la comporte toujours l'étude particulière des êtres.

La distinction nécessaire des deux séries de sciences ne saurait donc en aucun cas imposer une gêne, soit au travail d'investigation, soit au travail d'enseignement.

Tel est l'esprit suivant lequel a été occupée jusqu'à présent la chaire d'Anthropologie physiologique. Dans le choix des questions traitées, le professeur a été naturellement guidé par des connexions d'ordre scientifique, mais non sans tenir grand compte des préoccupations philosophiques et sociales du temps présent. Celles-ci trouvent d'ailleurs dans toutes les parties du programme esquissé ci-dessus des indications topiques et capitales. La critique du travail de transformation qui s'opère dans le domaine entier de l'Anthropotechnie doit être basée en grande partie sur la connaissance des êtres humains, et l'on remarquera que les catégories d'êtres en jeu sont surtout celles dont l'étude particulière et comparative avait été indûment écartée de l'Anthropologie.

L. Manouvrier.

Manouvrier (Léonce-Pierre), né à Guéret (Creuse), le 28 juin 1850.

TITRES ET FONCTIONS

Docteur en médecine, lauréat de la Faculté de médecine de Paris (Prix des thèses, 1881).

Préparateur bénévole de Broca au Laboratoire d'Anthropologie de l'École pratique des Hautes-Études (de 1878 à 1880). — Préparateur titulaire en 1880. — Directeur adjoint en 1900. — Directeur (1903).

Sous-directeur de la station physiologique du Collège de France (1902).

Professeur libre à l'École d'anthropologie, de 1881 à 1883. — Professeur suppléant de la chaire d'Ethnologie en 1883-84 et professeur-adjoint. — Professeur titulaire de la chaire d'anthropologie physiologique (1887).

Membre de commissions officielles aux Expositions universelles de 1889 (Comité des Congrès scientifiques) et de 1900 (Commission d'Hygiène et de Physiologie pour les Concours d'exercices physiques et des sports).

Membre de la Commission internationale permanente pour l'étude du cerveau, à l'Association internationale des Académies (élu en 1903).

Membre de la représentation européenne élue aux Etats-Unis pour le Congress of Arts and Science de l'Exposition de Saint-Louis, 1904.

SOCIÉTÉS SCIENTIFIQUES

— Société d'histologie, membre fondateur (1876).

— Société zoologique de France, de 1881 à 1884 ; secrétaire en 1882.

— Société d'anthropologie de Paris, 1882 ; secrétaire en 1886 ; secrétaire général adjoint en 1891 ; secrétaire général depuis 1902.

— Association française pour l'avancement des sciences, depuis 1882 ; vice-président de la section d'Anthropologie en 1886 (Nancy) et 1887 (Toulouse) ; président en 1888 (Oran).

— Société de Psychologie physiologique, membre titulaire, 1886.

— Institut international de Sociologie, membre titulaire, 1894.

— Association des Anatomistes, 1899.

— Société de Psychologie : membre d'honneur (1900) ; vice-président en 1903 ; président en 1904.

— Société de Biologie, membre titulaire, 1904.

— Société d'anthropologie de Bordeaux et du Sud-Ouest, membre honoraire, 1885.

— Société d'anthropologie de Lyon, correspondant, 1886.

— Société des sciences naturelles de la Creuse, membre correspondant, 1887.

— Société d'études historiques et scientifiques de l'Oise, membre correspondant, 1905.

— *Sociétés étrangères.* Membre honoraire ou correspondant : de la Société d'anthropologie de Berlin, de la Société médico-chirurgicale de Bologne, de la Société d'anthropologie de Bruxelles, de l'Institut de Coïmbre, de la Société italienne d'anthropologie et Psychologie comparée de Florence, de l'Institut anthropologique de la Grande-Bretagne et d'Irlande (Londres), de la Société impériale des Amis des sciences de Moscou, de la Société d'anthropologie de Saint-Pétersbourg, de la Société romaine d'anthropologie (Rome), des Sociétés d'anthropologie de Stockholm, de Vienne et de Washington.

SUJETS TRAITÉS

1881-82. — Sur les caractères du crâne et leur interprétation.

1882-83. — Rapports du poids et de la forme du cerveau avec l'intelligence.

1883-84. — Étude comparative des caractères sexuels dans les races humaines.

1884-85. — Sur les hommes de génie et les criminels.

1885-86. — Craniologie ethnique. Description et interprétation des formes normales et anormales du crâne.

1886-87. — Différenciation des races humaines au point de vue de la description et de la mensuration du corps. Anthropologie artistique.

1887-88. — Des caractères physiologiques et particulièrement des caractères intellectuels dans les races humaines.

1888-89. — L'évolution de la psychologie ; parallèle des doctrines générales métaphysiques et des doctrines scientifiques.

1889-90. — L'anatomie humaine dans ses rapports avec la psychologie.

1890-91. — *Id.* Étude critique des doctrines et des travaux récents sur les criminels.

1891-92. — *Id.* Etude de diverses catégories humaines et de l'hérédité psychologique.

1892-93. — Physiologie générale du cerveau. La fonction psycho-motrice.

1893-94. — L'intelligence et les sentiments.

1894-95. — L'expression mimique des émotions.

1895-96, 1896-97. — Le caractère.

1897-98. — Les composantes anatomo-physiologiques du caractère.

1898-99. — *Id.* Anthropologie comparée des sexes.

1899-1900. — Anthropologie sexuelle (anatomie et physiologie).

1900-01. — Étude comparative des sexes ; point de vue sociologique.

1901-02. — *Id.* Applications à la critique du mouvement féministe.

1902-03. — Physiologie des variétés de conformation. Applications anthropotechniques, notamment à l'éducation physique et intellectuelle.

1903-04. — Relations de la biologie avec la sociologie.

1904-05. — Relations mutuelles de l'anthropologie, de la psychologie et de la sociologie.

1905-06. — Physiologie psychologique.

ANTHROPOLOGIE PRÉHISTORIQUE

Lorsqu'en 1898, j'eus l'honneur de succéder à mon cher et éminent maître, le professeur Gabriel de Mortillet, j'exposai, dans une leçon-programme ultérieurement publiée dans la Revue de l'École d'anthropologie (15 novembre 1899), la façon dont je comprenais l'étude et l'enseignement de la préhistoire.

Depuis lors, je me suis efforcé d'appliquer les méthodes générales formulées dans cette leçon. C'est à l'exposé de leur mise en œuvre détaillée que j'ai consacré mon enseignement.

Voici d'ailleurs, résumé en quelques mots, l'exposé de ces méthodes.

Il est tout d'abord une première notion préjudicielle, c'est celle de l'évolution très particulière et actuelle de toutes les connaissances humaines. Elle se caractérise par une analyse bien plus pénétrante, une critique rigoureuse des faits, déduite de la conception que l'on a aujourd'hui de l'extrême complexité de tous les phénomènes naturels, surtout biologiques.

Il en résulte également une systématisation autrement complexe que ne pouvaient le comporter les classifications très simples de jadis.

La science préhistorique, *pour être,* doit donc se constituer par ces moyens d'investigation tout modernes, appliqués à la critique des très importants matériaux réunis par nos illustres prédécesseurs, aussi bien qu'à l'analyse des faits et objets nouveaux.

Tout d'abord les documents écrits doivent être l'objet d'une critique sévère, et hiérarchisés suivant leur valeur. Les documents objectifs, qui constituent les principaux matériaux sur lesquels puisse travailler le préhistorien, doivent être divisés en des groupes variés et d'ailleurs analysés sous leurs aspects multiples en mettant en œuvre des compétences fort distinctes, nécessitant chacune des méthodes particulières.

C'est ainsi que, prenant un fait simple ou un objet à analyser, le préhistorien devra d'abord en faire une étude technologique en l'étudiant en soi, abstraction faite des autres considérations. (Quel est cet objet ? est-il naturel ou façonné ? comment a-t-il été fabriqué ? etc.).

Ensuite doit intervenir l'étude minéralogique. (Quelle est la matière dont il est constitué ? qu'en déduire ?)

C'est alors que la pièce doit être étudiée géologiquement (C'est un fossile humain. Où a-t-il été trouvé ? dans quel terrain ? à quel niveau stratigraphique ? etc.). Du même coup on devra rechercher quelles sont la faune et la flore concomitantes, de façon à en déduire de précieuses données paléontologiques permettant d'établir l'âge de l'objet étudié. Celles-ci d'ailleurs donneront aussi des indications intéressantes sur la météorologie conditionnant ces faunes et ces flores.

L'objet étant ainsi identifié, si l'on veut essayer de comprendre ce à quoi il devait servir, c'est à l'ethnographie qu'il faudra s'adresser, en le comparant à ses similaires encore existants chez les sauvages modernes et dont on peut connaître le mode d'emploi.

C'est au contraire l'archéologie qui permettra de caractériser l'usage d'un objet, surtout métallique, dont les descendants ont survécu dans l'archéologie classique.

Enfin, il est aussi toute une série de compétences qu'il faudra mettre en œuvre pour bien comprendre la signification et le mode de fabrication de nombre d'objets préhistoriques sur lesquels nous basons nos études.

Les données fournies par l'architecture, la gravure et la peinture, la céramique, la métallurgie, la chimie même et l'histologie pourront nous être fort utiles. L'expérimentation enfin pourra être aussi employée dans bien des cas.

Grâce à ces méthodes très diverses, l'objet pourra être ainsi identifié. Il s'agit maintenant de le mettre en œuvre.

La première opération consiste à grouper les documents ainsi amassés, et, pourrait-on dire, expertisés sous tous leurs aspects. Un premier triage permettra de les ranger en incertains, possibles, probables ou certains, et c'est en se basant sur cette catégorisation qu'il les faudra mettre en œuvre.

La méthode à employer pour ce travail devra varier suivant les sujets étudiés. Par exemple, pour les époques les plus anciennes, la méthode géologique devra surtout être utilisée. Pour les époques moins anciennes, la méthode ethnographique conviendra mieux, tandis que la méthode archéologique pourra être réservée pour les époques plus récentes.

Ces méthodes pourront être mises en œuvre en procédant soit par induction, soit par déduction, étant entendu que souvent il sera nécessaire d'avoir recours à des hypothèses préalables en suivant les conseils de Claude Bernard. Mais il ne faudra pas perdre de vue ce qu'a de provisoire ce procédé, utile seulement pour lier certaines observations, en interpréter d'autres et s'en servir comme d'un fil conducteur pour la recherche des faits réels.

L'étude de ceux-ci amènera souvent à une série d'enchaînements fort complexes, déduits les uns des autres, et permettant finalement de remonter peu à peu du fait simple à un usage, de celui-ci à une coutume et plus loin encore à une manifestation sociale complexe. Et c'est ainsi qu'il est possible de réaliser une synthèse provisoire permettant tout au moins d'ébaucher l'histoire, l'ethnographie, la biologie même de nos ancêtres primitifs.

Pour ce qui est de la classification, nous continuons à nous servir de celle de G. de Mortillet, universellement admise, en la modifiant, la complétant suivant les découvertes récentes.

En tout cas — et c'est notre règle absolue — nous considérons que, la science évoluant constamment, nos conclusions ne sont le plus souvent que provisoires, sans cesse revisables et perfectibles.

On voit donc que le préhistorien doit être capable de mettre en œuvre les compétences les plus variées : géologique, minéralogique, paléontologique, ethnographique, archéologique et accessoirement une série d'autres encore. Lorsque, grâce à elles, il a réuni un faisceau important de documents, il doit, par sa compétence spéciale, en faire un tout logique et constituer ainsi un corps de doctrine. C'est ce que je cherche à démontrer dans mes cours, c'est la caractéristique de mon enseignement. Je pense, en effet, que c'est la façon moderne dont doivent être étudiées et professées aujourd'hui l'anthropologie et l'archéologie préhistoriques.

L. Capitan.

La chaire d'anthropologie préhistorique prit naissance avec l'École et fut occupée sans interruption par Gabriel de Mortillet jusqu'à sa mort.

Mortillet (Gabriel de), né à Meylan (Isère) le 29 août 1821 ; professeur à l'Ecole d'anthropologie (1876), sous-directeur de cette Ecole (1880) ; président de l'Association pour l'enseignement des sciences anthropologiques (1896) ; ancien président de la Société d'anthropologie de Paris (1876) ; président de la Commission des monuments mégalithiques (1884-1898) ; ancien maire de Saint-Germain-en-Laye ; ancien député de Seine-et-Oise ; chevalier de la Légion d'honneur ; attaché au Musée des antiquités nationales (1866-1885) ; fondateur (1866) des Congrès internationaux d'archéologie préhistorique ; décédé à Saint-Germain le 25 septembre 1898.

1876-77 à 1879-80. — Paléontologie humaine. Archéologie préhistorique. Détermination des débris humains au moyen de l'archéologie.

1880-81. — Origines de l'humanité. Question de l'homme tertiaire. L'homme fossile ou quaternaire.

1881-82. — Développement de l'humanité. Pierre polie. Age du bronze. Protohistorique.

1882-83. — Le protohistorique. Religiosité au point de vue ethnique. Développement des arts. Origine de l'industrie et de l'agriculture.

1883-84. — Origine de l'homme et des diverses populations européennes. Prédominance des données préhistoriques et protohistoriques sur les données historiques.

1884-85. — Les temps protohistoriques.

1885-86. — L'homme tertiaire. Origine de l'homme.

1886-87. — Origine des arts.

1887-88. — Origines de l'industrie et de l'agriculture.

1888-89. — Origines de la chasse, de la pêche et de l'agriculture.

1889-90. — Origines, développement et constitution de la nation française. Autochtones. Ligures et Ibères. Celtes ou Gaulois, Burgondes et Francs, éléments divers.

1890-91. — Origines de l'agriculture.

1891-92. — Question de l'homme tertiaire. L'homme quaternaire.

1892-93. — Le protohistorique. Survivance de la pierre. Ages du bronze et du fer. Camps et souterrains.

1893-94. — Ages du bronze et du fer.

1894-95. — Problèmes de la palethnologie et de l'histoire. Sépultures, tumulus, camps, souterrains-refuges.

1895-96. — Origines de l'humanité. Précurseur de l'homme. Homme quaternaire. Chronologie. (Conclusions de vingt ans d'enseignement.)

1896-97. — Synthèse palethnologique ou Histoire des temps préhistoriques et protohistoriques.

1897-98. — La palethnologie par régions. Préhistorique et protohistorique des divers pays.

A la mort de Gabriel de Mortillet, en 1898, l'enseignement du préhistorique fut confié à M. le Dr Capitan, qui occupe actuellement la chaire.

Capitan (Louis-Joseph), né à Paris le 19 avril 1854.
— Interne des hôpitaux (1878).
— Docteur en médecine (1883).

— Chef du laboratoire de pathologie et de thérapeutique générales de la Faculté de médecine de Paris (1883-1888).

— Chef de clinique médicale de la Faculté (1885-1887).

— Médecin de la Consultation de la Pitié (1894-1899).

— Chargé de conférences d'anthropologie pathologique à l'École d'anthropologie en 1892; professeur titulaire de géographie médicale (1894-1897), transféré dans la chaire d'anthropologie préhistorique (1898).

— Président de la Société d'anthropologie de Paris (1899).

— Vice-président de la Société de biologie (1902).

— Vice-président de la sous-commission des monuments mégalithiques (Monuments historiques) (depuis 1904).

— Membre du Comité des travaux historiques et scientifiques, section d'archéologie (depuis 1903).

— Vice-président de la 2e sous-commission (fouilles) de la Commission municipale du Vieux-Paris (depuis 1904).

— Membre de la Société de thérapeutique, de la Société géologique de France, des Antiquaires de France, des Antiquaires de Copenhague, des Sociétés d'anthropologie de Berlin et de Vienne, etc.

— Officier de l'instruction publique (1901).

SUJETS TRAITÉS

1898-99. — Plan d'études et exposé général de l'enseignement. — Historique des études préhistoriques.

1899-1900. — Exposé détaillé des méthodes générales à mettre en œuvre pour l'étude de la préhistoire. — Stratigraphie.

1900-01. — *Id.* : — Géographie physique.

1901-02. — *Id.* : — Minéralogie. Pétrographie.

1902-03. — Actualités préhistoriques : l'œuvre de Piette ; les grottes à parois ornées. — Paléontologie.

1903-04. — Actualités préhistoriques : origines de l'industrie ; dernières fouilles des grottes de Menton ; figurations humaines paléolithiques. — Paléontologie (*suite*).

1903-04. — *Conférences.* Essais de reconstitution de la vie des préhistoriques : comparaisons ethnographiques; le symbolisme des Peaux-Rouges, des Australiens, des Mexicains, etc., comparé à celui des préhistoriques ; les cupules, etc.

1904-05. — Actualités préhistoriques : grottes à parois ornées (nouvelles découvertes); gravures paléolithiques récemment publiées, etc. — Paléontologie (*fin*).

1905-06. — Actualités préhistoriques : le préhistorique algérien ; les pseudo-éolithes de Mantes, etc.; la question des éolithes. — Le travail de la pierre.

ANTHROPOLOGIE ZOOLOGIQUE

Histoire naturelle de l'Homme, « l'Anthropologie, — dit Broca, dans son discours d'inauguration des cours de l'École d'anthropologie, — comprend tous les faits qui sont de nature à jeter quelque jour sur le présent et le passé du genre humain ». L'étude des populations actuelles permet de s'enquérir du présent; pour le passé il faut s'adresser à d'autres documents.

Au milieu des êtres vivants, l'Homme n'est point, comme le narraient les plus anciennes légendes des peuples de l'Asie occidentale, une forme spéciale entièrement différente de celle des animaux, émanation d'entités métaphysiques créatrices des êtres et des choses ; l'anatomie comparée et la zoologie, permettant de connaître les organes de l'homme et ceux des animaux, sont venues apprendre que si, par la forme extérieure de son corps, l'homme se distingue de la majorité des êtres vivants, l'ensemble de son organisme et le fonctionnement des diverses parties qui le composent, loin de faire de lui un être à part, montrent qu'il est un type zoologique caractérisé principalement par un grand développement cérébral.

Simple différenciation de formes animales, l'Homme doit donc être étudié comme tel; c'est pourquoi, d'après la division établie par Broca, la partie de l'Anthropologie générale qui a pour but de connaître « les caractères morphologiques aussi bien que les caractères anatomiques a reçu le nom d'*Anthropologie zoologique* ».

Précisant cette définition, Hovelacque et Hervé définissent « l'*Anthropologie zoologique* l'ensemble des faits, des théories et des doctrines dont l'étude ressortit à l'Histoire naturelle générale de l'homme ».

L'Homme comparé aux animaux ; l'Homme considéré non plus comme un être à part, privilégié, mais comme une forme zoologique particulière, telle est donc l'orientation qui désormais guide les recherches scientifiques relatives à l'humanité.

Dès ce moment, la première question qui se pose est la recherche de la place qu'il convient d'attribuer à l'homme parmi les nombreuses formes qui constituent la faune actuelle.

Déjà, au xviiie siècle, les ressemblances existant entre l'Homme et divers autres animaux avaient tellement frappé les naturalistes de cette époque que, bien qu'influencé à un très haut degré par le récit de la genèse biblique, Linné n'avait pas hésité cependant à placer l'Homme parmi les Mammifères.

Linné mit l'Homme à la tête des divers groupes Mammaliens, au sommet de l'ordre des Primates.

C'est bien là sa véritable place ; Broca, se basant sur l'anatomie comparée, n'hésita pas à le confirmer.

« Il est, dit-il, le premier des Primates, le premier des premiers. Cela peut bien suffire à son ambition et à sa gloire. »

Ainsi, de par les faits de l'anatomie comparée, l'Homme constitue le degré suprême de la série des êtres vivants ; car c'est un animal, un simple Mammifère.

L'Homme ne pouvant plus être considéré comme l'image d'une divinité, une seconde question s'est posée :

D'où vient l'Homme ?

A cette question, seules les recherches de l'Anthropologie zoologique peuvent essayer de répondre. L'Homme, simple Mammifère, ne peut avoir une origine différente de celle des autres animaux.

Indiqué par Buffon, posé par Lamarck, le grand problème de l'Origine des Êtres vivants a été résolu dans le sens de la Mutation incessante des formes spécifiques.

Un être vivant provient d'un autre être vivant duquel il diffère plus ou moins.

La similitude des formes hominiennes avec celles des Singes, et principalement avec celles des Anthropoïdes, fit qu'on devait logiquement attribuer l'origine du type humain au perfectionnement de quelque type pithécoïde.

Dès 1809, Lamarck avait risqué l'hypothèse de la descendance simienne. Trop opposée aux idées qui dominaient alors la science, cette hypothèse ne servit qu'à discréditer son auteur ; mais, reprise cinquante ans plus tard par Charles Darwin, la question de l'Origine des Espèces a définitivement triomphé de la coalition de tous les intérêts qu'elle venait léser.

L'Homme est issu d'une forme pithécoïde très voisine de la sienne, tel est le fait désormais bien établi.

Immédiatement se présente une question complémentaire : cette forme simienne, type ancestral direct de l'homme, doit de même, elle aussi, provenir d'une forme antérieure plus pithécoïde que la sienne. Sans doute, on ne saurait le nier à moins d'admettre la génération spontanée des organismes complexes, ce qui au fond ne serait qu'une résurrection du concept créationiste.

L'ancêtre immédiat de l'Homme a donc eu pour progéniteur un type animal peu différent du sien, mais qui, morphologiquement, devait lui être inférieur.

Dès lors, descendant graduellement d'échelon en échelon la longue série des formes zoologiques, on arrive forcément, sans aucune interruption possible, aux êtres vivants les moins compliqués, à ceux dont tout l'organisme se compose seulement

d'une seule et unique cellule, aux Protozoaires les plus rudimentaires.

L'homme provient d'un organisme monocellulaire.

Et comme on ne saurait s'arrêter en ce point, on est amené à
reconnaître que les ancêtres les plus primordiaux du type
hominien durent se confondre avec les grumeaux albuminoïdes
qui inaugurèrent la vie organique à la surface de notre planète.

C'est à essayer de retrouver cette si longue ascendance que
l'Anthropologie zoologique consacre ses efforts.

Difficile est la recherche. Est-elle impossible ?

Le dire serait méconnaître les immenses progrès qui s'accom-
plissent chaque jour dans les diverses branches des sciences
naturelles.

Corroborant les faits mis en évidence par l'étude des animaux
vivants et par celle des animaux fossiles, l'Anthropologie zoologique possède une source certaine de renseignements précieux
dans les données fournies par l'évolution de l'embryon humain,
et surtout dans la présence transitoire ou permanente, dans
notre propre corps, de débris plus ou moins importants, plus
ou moins bien conservés, d'anciens organes, aujourd'hui devenus inutiles, mais ayant fonctionné chez des formes zoologiques
desquelles nous sommes issus.

Témoins incontestables du passé atavique, ces organes vestigiaires viennent, comme des restes archéologiques, attester
qu'antérieurement à l'acquisition de la forme humaine nos
divers ascendants ont possédé une morphologie très différente
de la nôtre.

En un mot les organes vestigiaires, ultimes survivances de
notre passé, constituent les preuves irréfutables des multiples
transformations qu'eurent à subir nos ancêtres avant d'arriver
à la forme d'animal Mammalien à station verticale, à marche
bipède et à mains ne servant plus à la locomotion.

Lorsque le redressement du corps et l'adaptation qui en est la conséquence furent réalisés, le type hominien doit être considéré comme définitivement acquis, l'Homme est formé, il est né.

L'organe auquel l'homme doit son incontestable prééminence, le cerveau, restait à perfectionner.

L'utilisation des mains, comme instrument de travail, inaugurant l'évolution ascendante des centres nerveux, fut la principale cause qui fit du type homininien le premier des Primates, le premier des premiers.

Tel est, sommairement, l'ensemble des faits que nous avons à étudier.

L'Anthropologie zoologique est donc la branche de l'Histoire naturelle de l'Homme qui, par la comparaison de nos organes avec ceux des animaux, permet de déterminer la place exacte du type hominien dans la série des êtres, et rend possible la découverte des indications nécessaires pour reconnaître, parmi les formes zoologiques antérieures à l'homme, celles qui sont susceptibles d'être considérées comme ayant pu fournir des représentants à notre lignée ancestrale.

P.-G. Mahoudeau.

Occupée de 1880 à 1886 par **M.** le Dr Mathias Duval (Voir *Anthropogénie*), puis de 1888 à 1891 par **M.** le Dr G. Hervé (Voir *Ethnologie*), cette chaire a aujourd'hui pour titulaire **M.** Mahoudeau.

Mahoudeau (Pierre-Georges), né à Vendôme (Loir-et-Cher) le 27 mai 1852.
— Préparateur particulier de M. Mathias Duval, directeur du Laboratoire d'anthropologie à l'Ecole des Hautes-Études (1887 à 1890).
— Secrétaire annuel de la Société d'anthropologie de Paris (1889-1890).
— Chargé de cours à l'Ecole d'anthropologie de Paris en 1889.
— Professeur suppléant, puis professeur adjoint (1891-1892). — Professeur titulaire, cours d'anthropologie zoologique (1892).
— Secrétaire de la Commission de la Société, de l'Ecole et du Laboratoire d'anthropologie de Paris à l'Exposition universelle de 1889.
— Membre de la sous-commission des Monuments mégalithiques au ministère de l'Instruction publique et des Beaux-Arts (1899).

SUJETS TRAITÉS

1888-89. — Les principales phases de l'évolution du cerveau.

1889-90. — Histologie du système nerveux ; principales relations avec les autres systèmes de l'organisme.

1890-91. — Histologie de la peau, de ses annexes et des organes des sens.

1891-92. — Les ancêtres de l'homme.

1892-93. — L'ordre des primates.

1893-94, 1894-95. — Parallèle anatomique de l'homme et des anthropoïdes.

1895-96. — L'adaptation des primates à la marche bipède.

1896-97. — Les rapports du transformisme avec l'hérédité.

1897-98, 1898-1899. — L'origine de l'homme.

1899-1900, 1900-01, 1901-02. — *Id.* La généalogie des hominiens.

1902-03, 1903-04, 1904-05. — *Id.* Les mammifères.

1905-06. — *Id.* Les primates.

DÉMOGRAPHIE

M. Adolphe Bertillon occupa jusqu'à sa mort cette chaire créée pour lui en 1876 et qui disparut avec son titulaire.

Bertillon (Louis-Adolphe), né à Paris le 2 avril 1821 ; docteur en médecine (1852); maire du V° arrondissement (1871) ; professeur à l'Ecole d'anthropologie (1876) ; président du Congrès international de démographie (1878); président de la Société d'anthropologie (1873) ; chef des travaux de la statistique municipale de la Ville de Paris (1880) ; décédé à Paris le 1er mars 1883.

SUJETS TRAITÉS

1876-77, 1877-78. — Statistique des peuples et des races. Influence des climats et des altitudes. Pathologie comparée des races humaines.

1878-79. — *Id.* Géographie médicale.

1879-80. — Statistique des peuples. Composition et mouvement des populations. Qualités intellectuelles et morales des groupes sociaux.

1881-82. — *Id.* Natalité, nuptialité, mortalité.

1882-83. — Statistique du mariage, du divorce, des naissances et des décès en Europe.

ETHNOGRAPHIE

On pourrait dire de l'ethnographie qu'elle existait aussitôt que dans des textes ou des peintures et sculptures, les différences dans les caractères extérieurs, les mœurs, le langage des peuples étaient notées. Par ses éléments premiers, elle remonte donc très loin, jusqu'à l'époque de la rédaction de la Genèse, bien plus, jusqu'à celle des anciens monuments de l'Égypte. Elle n'a pu être une science que lorsqu'elle a été éclairée par une vue d'ensemble sur l'humanité et ses divisions.

Comme science elle est donc moderne. Elle n'en est pas moins tenue de ranger parmi ses matériaux indispensables, des monuments de tous les âges, depuis les plus reculés, et les observations des plus vieux auteurs. Elle s'est constituée avant l'anthropologie et en dehors d'elle. On fait souvent dater sa fondation de la publication par le géographe Balbi, en 1826, de l'*Atlas ethnographique du globe*. Dans cet ouvrage d'ailleurs, et partout, jusqu'après l'essor encore récent de l'anthropologie, aucune distinction ne fut faite entre les peuples et les races. Et comme l'unité ou la disparité des premiers était fondée avant tout sur la langue, on admit que, suivant une expression d'Oppert (1879), *la langue était toujours le critérium de la race*. L'ethnographie, comme le disait un de mes prédécesseurs, Dally, « était l'étude des races fondée sur celle des langues : telle langue, telle nation ; telle nation, telle race » (1881). Cette manière de voir et de procéder est encore aujourd'hui, plus ou moins explicitement, celle de tous les ethnographes qui restent étrangers à l'anthropologie. Mais les anthropologistes ont fait depuis longtemps la démonstration, aujourd'hui bien facile, que la communauté de langue elle-même n'implique pas toujours une commune origine ni même une parenté réelle, non seulement pour des peuples voisins, mais encore pour tous les éléments d'un seul peuple.

Et cela signifie que lorsque l'ethnographe est en possession des différences et des rapports des langues et de ceux moins profonds des mœurs, il ne possède qu'une partie des connaissances nécessaires pour rétablir le passé, refaire l'histoire de la formation des peuples, de leurs relations, de leurs distinctions. Pour les classer, en un mot, il ne peut pas se passer des données de l'ethnologie, qui s'occupe spécialement des races. Un des maîtres de l'ethnographie contemporaine, Friedrich Müller (*Allgemeine Ethnographie*, 1873) a écrit : « Pendant que l'anthropologie envisage l'homme comme un exemplaire de l'espèce zoologique *Homo*, dans ses aptitudes physiques et psychiques, l'ethnographie prend l'homme comme un individu appartenant à une société particulière, fondée sur des mœurs et des usages, *unie par une langue commune*. C'est la tâche de l'anthropologie de classer les hommes en races, tandis que la tâche de l'ethnographie est de les classer en peuples, groupements secondaires, sinon en quelque mesure artificiels. »

Sans rien changer à ce qui est son objet, tel que le définit Friedrich Müller, nous n'érigeons pas, comme celui-ci, l'ethnographie en science indépendante de l'anthropologie. Elle n'en est qu'une division au même titre que l'ethnologie à laquelle elle se rattache particulièrement ; car elle ne peut pas se passer des données de cette dernière, sans la consécration de laquelle ses résultats sont incomplets et souvent même incertains. « L'ethnographie, qui s'occupe des peuples, disait Dally dans son programme de 1881, ne doit pas être étrangère à l'anthro-

pologie, puisque c'est sous les peuples qu'on démêle les races. »
Le préhistorique, qui a rompu son cadre, en raison de l'importance de ses recherches plus spéciales et des sciences indépendantes, la géologie, la paléontologie, auxquelles il a recours,
ne lui est guère moins indispensable. « Lorsqu'on a étudié
l'homme comme formant un groupe animal, écrivais-je en 1882,
dans une étude du classement des branches de l'anthropologie,
lorsque ensuite on l'a analysé dans ses variétés, la formation,
les mélanges, la distribution de celles-ci, ce qui est la tâche de
l'ethnologie, il faut le suivre *dans l'acquisition graduelle et lente
de ses éléments de civilisation ou de culture*. Tel est l'objet particulier de l'ethnographie. Nulle part, aujourd'hui, l'homme ne
se présente à nos regards sans certains instruments, certaines
armes, des habitations, des ornements ou des vêtements, sans
une langue, des croyances, des superstitions, etc. Nous ne pouvons plus le concevoir en dehors de ces éléments essentiels de
culture. Il n'y a donc pas de science de l'homme complète
indépendamment d'une étude de ces éléments. » L'ethnographie
fait donc partie intégrante de l'anthropologie, occupant une place
intermédiaire entre l'étude physique de l'homme et son étude
sociologique.

Toute classification de peuples faite par ses seuls moyens est
une chose de surface, d'une valeur purement conventionnelle
et qui reste précaire. Ainsi, dès que l'archéologie préhistorique
et l'ethnologie ont été assez avancées, elles ont renversé l'œuvre
des ethnographes du siècle dernier et des philologues, en ce qui
concerne les origines, la filiation et la parenté des peuples de
langue aryenne. Car ils avaient dépassé ou altéré la portée
des faits d'ordre linguistique, en fondant sur eux seuls la reconstitution du passé et les migrations de ces peuples.

Les rapports des croyances, du matériel industriel, des
mœurs, envisagés isolément, conduisent à des conclusions au
moins aussi précaires.

« Conclure d'une industrie analogue, de la taille du silex, du mode d'alimentation même, à une identité ethnique, c'est dépasser les limites de la déduction, disait Dally. » Une classification naturelle des peuples *tient compte* avant tout de leurs liens de sang et de leur composition ethnique, l'explication de leurs relations de langue n'étant valable qu'autant que celles-ci se concilient avec ce que nous savons de leur parenté ou de leur disparité physique.

J'oserai presque répéter encore ce que je disais dans une de mes études sur nos origines (*Bullet. Soc. d'Anthr.*, 1899, p. 585) : « L'étude des crânes est au premier rang des éléments de la connaissance des peuples. L'industrie de ceux-ci, leurs sépultures, les armes, les bijoux, les vêtements qui y sont inclus, ou qu'ils portent encore, nous renseignent sur leur âge, leur rôle passé, leur rang actuel dans les voies de la culture, leurs mœurs, leurs croyances, leurs relations commerciales, leurs affinités morales et intellectuelles. La craniologie, complétant leur étude, peut seule nous fixer sur leurs origines, sur les liens du sang qui les unissent, quelque grand compte qu'il faille tenir des rapports de langues comme témoins d'une pénétration réciproque ou d'une intimité ancienne. » Comprise de la sorte et maintenue dans un état de subordination relative à l'égard de la connaissance des caractères physiques des peuples et de leurs industries préhistoriques, l'ethnographie nous fait remonter avec une sécurité entière jusqu'à l'origine même de la formation de ces peuples ; elle nous retrace leurs déplacements, leurs mélanges, tout leur passé ; elle les suit jusqu'à leur naissance à l'histoire ; elle nous donne la raison et la clef de leur propre histoire en nous faisant connaître leur genre de vie, les éléments matériels et moraux de leur civilisation ; elle explique les inégalités, les discordances qu'ils offrent encore partout et là même où ils se présentent sous les apparences d'une culture et d'habitudes communes, là même où par la langue ils jouissent d'une homogénéité véritable. Et c'est ainsi qu'elle aboutit à déterminer leur place, leur rang, *généalogiquement* et *hiérarchiquement*.

S. Zaborowski.

La création de cette chaire fut décidée en 1904, lors de la nomination comme professeur titulaire de M. Zaborowski qui, depuis 1894 et à intervalles, donnait sur ce sujet des conférences à l'École.

Zaborowski (Sigismond), né à La Crèche, commune de Breloux (Deux-Sèvres), le 11 novembre 1851.

Chroniqueur scientifique de grands journaux à partir de 1871. A collaboré à de nombreux recueils : la *Revue scientifique*, la *Revue d'anthropologie*, la *Revue internationale des Sciences*, la *Nouvelle Revue*, le *Dictionnaire Larousse*, la *Grande Encyclopédie*, etc.

Société d'anthropologie de Paris : membre titulaire (1874) ; secrétaire des séances (1882) ; archiviste bibliothécaire (1892-1906) ; vice-président (1906) ; président (1907).

Association française pour l'avancement des sciences : secrétaire de section (1878-1881), président de section (1903).

Officier de l'Instruction publique (1901).

École d'anthropologie de Paris : chargé de conférences (1893-1901) ; professeur-adjoint (1902) ; professeur titulaire (1905).

SUJETS TRAITÉS

1894-95. — Ethnologie des colonies françaises.

1898-99. — L'Algérie, la Tunisie et les indigènes de l'Afrique du Nord.

1900-01. — Du Sénégal au Soudan et au Congo.

1902-03. — Le Centre-Asie et les migrations aryennes.

1903-04. — Origines des Aryens de l'Europe.

1904-05. — Origines aryennes, Slaves, Lithuaniens, Finnois.

1905-06. — L'Europe : origine des nations, langues, mœurs. Norvège, Suède, Danemark, Allemagne, Angleterre.

5

ETHNOGRAPHIE COMPARÉE

Chaire créée en 1891 et confiée à M. Adrien de Mortillet ; elle est devenue en 1899 chaire de *Technologie comparée* (Voir ce mot).

ETHNOGRAPHIE ET LINGUISTIQUE

M. André Lefèvre a été le titulaire de cette chaire depuis 1888 jusqu'à sa mort.

Lefèvre (André-Paul-Emile), né à Provins (Seine-et-Marne), le 9 novembre 1834 ; licencié ès lettres et en droit, élève diplômé de l'Ecole des Chartes (1857) ; président de la Société d'anthropologie de Paris (1896) ; décédé à Paris, le 16 novembre 1904.

SUJETS TRAITÉS

1888-89. — L'ethnographie mythologique et linguistique dans ses rapports avec la mythologie.

1889-90. — Des mythes et des dieux atmosphériques, sidéraux et célestes, chez tous les peuples, depuis les temps les plus reculés-jusqu'à nos jours.

1890-91. — L'évolution linguistique. Origines du langage articulé. Formation des familles de langues.

1891-92. — Les religions indo-européennes.

1892-93. — Les races et les dieux de la Grèce antique.

1893-94. — Les peuples et les croyances de l'Italie antique.

1894-95. — Les Indo-Européens du Nord (Gaulois, Germains, Slaves) ; origines et croyances.

1895-96. — L'évolution historique.

1896-97. — *Id.* Moyen âge et temps modernes.

1897-98. — Origines et développement de la langue française.

1898-99. — Développement de la langue et de l'esprit français (régime intellectuel et social) aux XIIe et XIII° siècles.

1899-1900. — Formation et développement de la langue et de la nation françaises aux XIII° et XIVe siècles.

1900-01. — La France au XIV° siècle. La guerre de Cent ans. Philippe VI, Jean le Bon, Charles V, Étienne Marcel, Duguesclin, Froissart.

1901-02. — La France au XIV° siècle. Charles V et Charles VI. La guerre de Cent ans. Les lettres, les arts, la langue.

ETHNOLOGIE

Lorsque s'ouvrirent, il y a trente ans, les cours de l'École d'anthropologie, l'une des six chaires professorales qu'elle comptait dans le principe fut assignée, dès l'abord, à l'Ethnologie. C'était marquer de façon frappante, avec la force d'une démonstration pratique sans cesse renouvelée, l'importance de cette branche maîtresse de l'Histoire naturelle de l'homme, rappeler sa large part aux progrès de l'Anthropologie, prévoir et proclamer les services qu'elle lui devait rendre encore, et qu'en effet elle lui a rendus.

Si quelque doute eût pu s'élever sur la justesse des vues qui avaient dicté la décision des fondateurs, le discours prononcé par Broca, à l'inauguration de l'École, le 15 novembre 1876, l'eût aussitôt dissipé. Exposant dans cette leçon introductive les notions préliminaires, les définitions et les programmes, Broca faisait ressortir que le genre humain se décompose en un certain nombre de groupes secondaires, groupes naturels auxquels des caractères héréditaires et fixes servent respectivement de limites, et que l'on est convenu de désigner sous le nom de *races* [1]. L'étude scientifique de ces groupes naturels, tel est l'objet de l'Ethnologie.

Dénier à celle-ci le nom, la dignité de science semble bien impossible, à quelque point de vue que l'on se place et pour peu

[1]. *Le Programme de l'Anthropologie* (Paris, 1876).

que l'on réfléchisse. Il n'y a de science que du général, vérité maintes fois répétée, que nul ne conteste : or si, de la masse des faits isolés, particuliers, que l'ethnologiste décrit et compare, se dégagent, comme il est positif, des règles stables et, par des inductions de plus en plus larges, des principes généraux ; telles lois communes soit à l'humanité entière, soit à certaines des collectivités qu'elle embrasse ; en un mot, « de ces rapports nécessaires qui dérivent de la nature des choses », qui donc et au nom de quoi refuserait à l'Ethnologie son titre, sa place légitime et distincte dans le cadre scientifique ?...

Nous ne la voyons pas, d'autre part, tomber sous l'objection souvent dirigée contre l'Anthropologie dans son ensemble, dont on prétend qu'elle n'est pas science parce que ne s'appliquant point — comme la physique, comme la chimie, par exemple — à des phénomènes de même ordre, reliés entre eux par l'identité ou l'analogie de leur nature. Il est permis de dire qu'une objection à laquelle n'ont pas succombé la science géologique, la science botanique, la science zoologique, non plus que d'autres branches du savoir qui s'appliquent, ainsi que l'Anthropologie, aux phénomènes divers et multiformes présentés par une catégorie spéciale d'êtres ou de corps, est sans grande portée ; mais, fût-elle fondée, l'Ethnologie, quant à elle, y échapperait. Les races humaines, leurs caractères, les manifestations dépendantes de la race ou se rattachant à ce facteur, nous avons là des connaissances qui réalisent visiblement et de toute manière l'unité d'objet, puisque, d'un côté, les êtres étudiés sont similaires de leur nature, et que, de l'autre, les phénomènes considérés en eux sont de même ordre.

En réalité, les problèmes que soulève l'Ethnologie, toutes les investigations qu'elle exige, depuis la recherche des origines premières de l'humanité, jusqu'à l'examen des causes d'où résultent, ou la disparition, ou la transformation, ou le maintien des groupes ethniques, gravitent autour d'un sujet principal : l'existence même des races dans le genre humain. Cette existence ne semble pas contestable ; elle a cependant été contestée : d'ingénieux paradoxes ont vu le jour dénonçant le soi-disant préjugé des races ; ils ont trouvé, auprès d'une opinion sans critique, un accueil complaisant ; et rien, disons-le, ne saurait mieux établir l'indispensable nécessité de répandre plus largement dans le public des notions justes, sérieuses, conformes aux faits vérifiés, sur des matières très délicates, très complexes, dont presque tout le monde croit pouvoir parler, encore que si peu de personnes en parlent avec compétence.

A l'endroit des diversités de l'homme, notre curiosité s'est, il est vrai, depuis longtemps émoussée ; mais, en vain, la pénétration continue des contrées de la terre les plus inaccessibles nous défend peut-être d'espérer découvrir à cette heure une seule race nouvelle : toujours il suffira de s'arrêter un moment, avec attention, au spectacle de ces diversités, pour qu'aussitôt se retrouve en sa vérité le mot de Voltaire : « Nous avons vu combien ce globe porte de races d'hommes différentes, et à quel point le premier nègre et le premier blanc qui se rencontrèrent durent être étonnés l'un de l'autre [1] ! »

Ç'a été l'œuvre des ethnologistes depuis Buffon et le *Traité des Variétés dans l'Espèce humaine* (1749), leur œuvre surtout au XIXe siècle, avec Blumenbach, Anders Retzius, Morton, A. de Quatrefages, Paul Broca, R. Virchow (pour ne citer que quelques grands noms), de constituer un immense fonds documentaire où se sont accumulés les renseignements les plus variés sur les caractères de tout genre, et particulièrement sur les caractères somatiques de presque toutes les races de l'humanité. Aux descriptions sommaires et forcément superficielles, dues aux premiers observateurs, sont ainsi venues s'ajouter, dans la période moderne, grâce au perfectionnement des méthodes d'observation et de mesure, ces déterminations plus pré-

---

1. *Dictionnaire philosophique* (Article Homme).

cises, exprimables numériquement pour la plupart, qui constituent le domaine propre de la craniologie, de la craniométrie, de l'anthropométrie. A ces méthodes d'étude ont souvent été reprochées la multiplicité excessive de leurs procédés, leur variabilité de pays à pays, voire d'observateur à observateur, qui rend impossible la comparaison des résultats : reproches qui, pour être fondés en partie, perdent cependant beaucoup de leur valeur, devant la tendance de plus en plus marquée à la simplification des mesures et à l'unification de la technique.

Quoi qu'il en soit, travaillant sur ce vaste matériel, qui s'accroît chaque jour, l'Ethnologie a rempli sous nos yeux, plus ou moins complètement, une double tâche :

1° Elle a (c'est la partie la plus avancée de son entreprise) délimité les groupes ethniques, défini chacun d'eux par le relevé de ses principaux caractères spécifiques, permettant ainsi de comparer les races, de les grouper, de les distribuer selon leurs ressemblances et selon leurs différences ;

2° Elle s'est attaquée à l'étude, en quelque sorte monographique, des différents caractères considérés isolément, puis comparés de race à race ; et non pas seulement des caractères extérieurs, accessibles à la simple vue, mais des caractères organiques et intellectuels, qui requièrent l'emploi des procédés de l'anatomie ou de minutieuses enquêtes ethnographiques.

L'anatomie comparative des races humaines a beau n'être aujourd'hui qu'ébauchée : du moins ce qui est acquis autorise-t-il déjà des conclusions générales, de très large portée. Ainsi nous reconnaissons, tout d'abord, que les caractères extérieurs, facilement comparables, choisis pour distinguer les races, et dont la constance de transmission héréditaire est prouvée par de nombreuses observations, ne sont — comme l'a fort bien remarqué le Dr G. Papillault — que des étiquettes, le contenu de chaque race restant à connaître. « Autrement dit, poursuit M. Papillault, les *caractères spécifiques* sont liés à un grand

nombre de *caractères organiques concomitants* dont la signification génétique et la valeur fonctionnelle sont parfois considérables, tels que poids et structure du cerveau, différenciation du
système musculaire, développement de la face, adaptation à
la station droite, etc. Or, l'observation nous a révélé d'une façon
indiscutable, que cet ensemble de caractères fonctionnels et
sériaires n'est pas le même chez toutes les races. Tous les
groupes humains n'ont pas évolué avec la même rapidité, de
sorte qu'ils ont atteint, à l'heure présente, des niveaux organiques différents, des aptitudes fonctionnelles inégales. En faisant la somme de toutes ces potentialités, on pourrait établir
le bilan de chaque race et, par suite, ordonner toutes les races
humaines suivant une série ascendante, dont la première place
appartiendrait au groupe le plus évolué, c'est-à-dire le plus dis-
tant du point de départ simiesque et le plus apte aux fonctions
intellectuelles, sociales, etc. Or, il est possible de faire un
examen semblable des différentes organisations sociales qu'on
peut rencontrer, et d'établir entre elles une hiérarchie, depuis
les sociétés rudimentaires et barbares jusqu'aux plus complexes
et aux plus perfectionnées... Si l'on met en regard l'une de
l'autre ces deux séries, on constate entre elles, au premier coup
d'œil, un parallélisme général : les peuples morphologiquement
inférieurs ont formé des sociétés inférieures, tandis que les
formes sociales les plus élevées appartiennent aux races les
plus évoluées. Le fait ne peut être mis en doute sans parti pris ;
ce parallélisme prouve qu'il y a un rapport entre la valeur organique et la valeur sociale d'un peuple, rapport d'interdépendance, où chacune est à la fois cause et effet : la race crée son
milieu social, et le milieu social, en se perfectionnant, améliore
la race par la sélection des individus qui sont le mieux adaptés à
ses exigences [1]. » En somme, donc, visibles sont dès à présent
les grandes lignes d'une hiérarchie ethnique, évidemment su-

1. *Revue internationale de Sociologie*, 1902, p. 388.

jette à perfectionnement quant à l'ensemble, à revision constante quant au détail.

Poursuivant l'analyse des caractères, l'ethnologiste se con-
vaincra, en second lieu, que les multiples attributs associés
chez un même groupe ethnique, et qui en forment le contenu,
ne sont pas tous en relation nécessaire avec la position dudit
groupe dans la série des races. Autant que l'analyse a prononcé,
elle conduit en effet à ce résultat, de montrer qu'aux différents
caractères d'un type humain donné ne s'attache pas le moins du
monde une signification équivalente. La différence de signification tient à la différence d'étiologie. Il y a des caractères nette-
ment sériaires et hiérarchiques, impliquant sans réserve supériorité ou infériorité organique et fonctionnelle ; il y a des
caractères d'évolution qui ne sont point sériaires ; il y a, enfin,
de très nombreux caractères indifférents. L'association des uns
et des autres ne saurait s'opposer à la possibilité de classer les
races hiérarchiquement, sous prétexte, comme on l'a avancé,
que sur la place à donner à chacune leurs témoignages seraient
contradictoires. Une telle objection n'a pu se produire que par
ignorance de l'inégale valeur des caractères anthropologiques,
et en partant de la supposition, absolument gratuite, d'une origine commune et unique pour toutes les variations, quelles
qu'elles soient, qui distinguent les humains.

Attribuer ces variations uniquement au climat, au genre de
vie, en un mot, aux contingences du milieu ambiant, est une
hypothèse facile, mais qui attend encore sa démonstration. Pour
que fût expliquée la genèse des variétés ethniques, pour que
cette explication se traduisît en théorie fondée scientifiquement,
il faudrait qu'au préalable le départ, pour chaque race, pût être
fait entre : 1° l'apport de son hérédité poursuivie sans brisure
en remontant les âges ; 2° les transformations que l'action des
milieux aurait déterminées en elle ; 3° les résultats de sélection,
de ségrégation, de mélanges, etc., dus aux innombrables formes

de la vie sociale exerçant leurs effets sur les populations. Nous n'en sommes pas là, il s'en faut ; et, dès lors, ne paraît-il pas tout au moins prématuré de prétendre trancher cette autre grande question se rattachant à l'étude des caractères ethniques : celle de leur degré de permanence et, partant, celle de la stabilité même des limites interraciales ?

Nul, sans doute, n'a pu ni ne peut nier l'existence, à tous les moments connus de la durée, d'un nombre considérable de groupes humains ne se ressemblant point entre eux ; mais il s'est trouvé des théoriciens hardis pour affirmer que les races n'ont pas toujours été, ne seront pas toujours également dissemblables ; que, sous l'influence des milieux changeants, elles varient sans cesse ; et que, par conséquent, leurs limites sont sujettes à oscillations, susceptibles de rapprochement et d'écart, voire d'effacement, de fusion. Le problème est assez grave pour que l'Ethnologie n'en ait jamais perdu de vue la haute importance. Cependant tout son effort n'a pas réussi à découvrir jusqu'ici un seul fait décisif, apportant à l'hypothèse de la transformation des races sous l'action des milieux la preuve attendue, l'argument irréfutable et péremptoire.

Aussi bien, d'autres influences se rencontrent-elles, auxquelles sont liés d'autres sujets d'étude où un enseignement suivi de l'Ethnologie trouvera longtemps ample matière, mais que nous ne pouvons qu'indiquer d'un mot. Que savons-nous de l'unité ou de la pluralité des souches ancestrales qui ont donné naissance et au genre humain, et à chacun de ses types particuliers ? Quel rôle ont joué les mélanges, les croisements, dans la formation des races et sous-races dérivées de ces types ? Les observations palethnologiques apportent dès à présent un commencement de réponse : nous leur devons la découverte de quatre ou cinq types fossiles, la connaissance de nombre de races préhistoriques, par lesquels sont reportées jusque dans un passé extraordinairement lointain nos origines ; mais le problème fondamental, celui de la phylogénie des groupes humains, reste toujours en suspens.

Qu'il nous soit permis, en terminant ce rapide exposé général, forcément incomplet, d'appeler l'attention sur un dernier point : il est de ceux dont nous avons saisi toutes les occasions, dans nos cours, d'entretenir nos auditeurs ; il est de ceux, surtout, qui ont provoqué les erreurs les plus nombreuses et les plus graves.

Broca rappelait avec infiniment de raison, dans la leçon inaugurale déjà citée, que « ce que nous cherchons à connaître, comme naturalistes, ce sont les groupes naturels, c'est-à-dire les races. Mais — ajoutait-il — elles ne se présentent à nous que bien rarement dans leur état de pureté. Elles sont presque partout mêlées, déguisées sous des croisements, disséminées, diluées par des migrations sans limites. L'ordre de choses naturel se trouve ainsi tellement bouleversé, qu'il est devenu très difficile de le retrouver. Les seuls groupes qui se présentent à notre observation, ce sont les peuples. C'est donc seulement de l'étude des peuples que peut découler la connaissance des races. Réunissant toutes les notions que l'on peut recueillir sur les caractères physiques des peuples, sur leurs origines, leurs mélanges, leurs langues, leurs religions, leurs mœurs et leurs industries, nous pouvons, en les comparant entre eux, en constatant leurs analogies ou leurs différences, retrouver leur filiation, remonter aux sources diverses d'où ils sont issus, et, après ce travail d'analyse, nous pouvons procéder à une synthèse, d'où nous ferons ressortir la détermination des races. C'est ainsi que l'étude des groupes accidentels, qui sont les peuples, nous conduit à l'étude des groupes naturels, qui sont les races [1]... »

Le premier titulaire de la chaire d'Ethnologie, le professeur Eugène Dally, avait cru devoir s'attacher, avec une particulière

1. *Op. cit.*, pp. 11, 12.

insistance, aux principes généraux tirés de la comparaison des races, de celle des types (souches, troncs ou groupes fondamentaux du genre humain), de l'évolution des sociétés, ainsi qu'aux rapports de ce qu'il nommait *anthropologie comparative* (Ethnologie) et *anthropologie collective* (Sociologie) [1]. A son successeur la marche inverse a paru préférable. Il a considéré principalement les groupes ethnographiques, les populations, par conséquent des complexes ethniques ; et, les étudiant sous leurs multiples aspects, il s'est efforcé de les ramener par l'analyse à leurs éléments constituants. La tâche qu'il s'est donnée a été, en d'autres termes, de démêler l'*ethnogénie* d'un certain nombre de peuples tant anciens qu'actuels.

D'ailleurs, les deux méthodes sont connexes et se complètent mutuellement : toutes deux aboutissent à tracer la limite, parfois singulièrement difficile à apercevoir, entre le peuple et la race ; à montrer qu'à côté du lien de filiation qui les unit, existe entre l'un et l'autre une double et profonde différence, différence d'origine et différence de composition. S'il n'est pas possible toujours de dégager la race, jamais il n'est permis de la confondre avec les peuples qu'elle a formés. Là pourtant est l'erreur commise à tout instant par des personnes mal préparées qui, faute de savoir reconnaître les caractères ethniques, y substituent, dans leurs argumentations sans discernement, les faits historiques et les faits linguistiques. C'est une confusion de cette nature qui a donné naissance à ces groupes dépourvus de réalité, ou, du moins, d'unité ethnologique, — Aryens, Sémites, races dites latines, race anglo-saxonne, etc., etc., — véritables entités aussitôt que sortant du domaine de la pure ethnographie, ou que quittant le terrain de la science du langage, on tente de les serrer d'un peu près. Ainsi encore ont vu le jour, engendrées par une confusion toute semblable, et souvent plus ou moins voulue, ces idées sur l'inégalité naturelle

1. *Programme du cours d'ethnologie* de M. le Dr E. Dally, 1882-83.

des peuples, où la notion de race apparaît si singulièrement
défigurée, poussée à l'outrance dans des vues d'exclusivisme
regrettable, avec le dessein de faire prévaloir une thèse affirmant et la supériorité et le droit de régence de certaines souches
humaines, dont elle condamne, au contraire, certaines autres
à une irrémédiable infirmité sociale, morale et physique...

Thèse aussi fausse, en son genre, que la thèse inverse de la
parité complète des races et de leur absolue équivalence sous
le rapport bio-social ! L'Ethnologie scientifique ne saurait leur
accorder créance. Notre science repousse également l'*impéria-
lisme ethnique* de l'école gobinienne, et l'*anarchie ethnique* des
négateurs systématiques de la race. Elle démontre, non par des
affirmations et des raisonnements *a priori*, mais par des observations et par des faits, que suivant la formule si juste d'A. de
Quatrefages, « toute répartition politique, fondée sur l'ethnologie, conduit immédiatement à l'absurde [1] ». Certes, on a bien
le droit d'éprouver pour elle quelque fierté, de proclamer son
rôle social et sa portée utilitaire, lorsqu'on la voit contribuer
à détruire ces courants dangereux qui, sous différents noms
(pangermanisme, panlatinisme, panslavisme, etc.), ont toujours
menacé la liberté des peuples ; lorsqu'on la voit établir que
tous ces États qui prétendent appuyer sur une soi-disant supériorité ethnique leurs aspirations à l'hégémonie, ne sont en
réalité qu'un amas confus de races disparates, momentanément
réunies par un lien politique ou linguistique plus ou moins
éphémère. Science, et par conséquent indépendante, l'Ethnologie peut donc, à l'occasion, éclairer la marche des politiques :
elle n'a à se faire ni leur auxiliaire, ni surtout leur servante.

Dénombrer les unités ethniques, les définir, les classer ; déterminer leurs affinités ou leurs dissemblances ; reconnaître leurs
aptitudes ; démêler leurs rapports avec la nature et leur rôle

---

1. *Bull. de la Société d'Anthrop.*, 1871, p. 183. — Cf. notre article : *La Question
d'Alsace et l'argument ethnologique.*

dans l'histoire ; par là, peut-être, avancer le moment où l'esprit humain, échappant aux servitudes séculaires, voudra ne plus entendre que la vérité, telle est sa tâche. Elle est assez haute pour suffire à son ambition, assez vaste pour remplir ses heures.

Georges Hervé.

Le Dr Eugène Dally enseigna jusqu'en 1885 dans cette chaire, créée pour lui en 1876.

Dally (Eugène-Alexandre-Félix), né à Bruxelles, de parents français, en 1833 ; médecin requis à l'hôpital militaire de Versailles (1857) ; docteur en médecine (1859) ; professeur libre de thérapeutique générale à l'Ecole pratique de l'Ecole de médecine de Paris (1861) ; membre de la Société médico-psychologique (1863) ; correspondant de la Sociedad antropologica espanola (1865) ; membre honoraire de l'Anthropological Society de Londres (1868) ; médecin des hôpitaux temporaires de Penthièvre et d'Ivry (1870) ; chirurgien de l'ambulance volante n° 8 (1871) ; membre associé national (1861) et président de la Société d'anthropologie de Paris (1874) ; professeur à l'Ecole d'anthropologie (1875) ; membre de la Société de médecine publique et d'hygiène professionnelle (1877) ; membre honoraire de l'Association philotechnique (1877); chevalier de la Légion d'honneur (1878) ; membre du jury d'examen pour les candidats au grade de maître de gymnastique (1878) ; membre de la Commission centrale de gymnastique et d'exercices militaires (1879); commandeur de l'ordre royal d'Isabelle la Catholique (1881) ; officier d'académie.

SUJETS TRAITÉS

1876-77 à 1882-83. — Description et répartition géographique des races humaines. Origines, filiation, évolution. Croisements, milieux, dégénérescences.

1883-84. — Caractères différentiels des races. Place des femmes dans les diverses sociétés.

1884-85. — Races supposées pures. Croisements. Groupes ethniques en particulier. La Sociologie, d'après Comte et Spencer.

Le Dr Dally fut suppléé en 1885 par le Dr Manouvrier, qui professa un cours libre jusqu'en 1888 (Voir *Anthropologie physiologique*).

Le titulaire actuel de la chaire est, depuis 1891, M. le D' Georges Hervé, auparavant professeur d'anthropologie zoologique.

Hervé (Henri-Georges), né à Strasbourg (Bas-Rhin), le 19 février 1855 :

1876-78. — Externe des hôpitaux de Paris ; médaille de bronze de l'Assistance publique.

1888. — Docteur en médecine ; lauréat de la Faculté de médecine de Paris.

Laboratoire d'anthropologie de l'Ecole des Hautes-Etudes : Préparateur particulier du directeur, M. Mathias Duval (1880-86).

Ecole d'Anthropologie de Paris : préparateur du cours d'anthropologie zoologique (1880); chargé de cours (1884); professeur suppléant (1885) ; professeur titulaire (1888).

1896. — Directeur de la *Revue de l'Ecole d'anthropologie.*

Société d'anthropologie de Paris : Membre titulaire (1880) ; membre du comité central (1884) ; secrétaire des séances (1885-86); secrétaire général adjoint (1887-91) ; conservateur des collections (1893-95); président (1898).

Sociétés françaises : Membre perpétuel de la Société de statistique de Paris (1892); membre de l'Association française pour l'avancement des sciences, ancien président de la section d'anthropologie (*Congrès de Nantes*, 1898).

Sociétés étrangères : Membre correspondant des Sociétés d'anthropologie de Bruxelles (1893); de Rome (1896); de Vienne (1905); de l'Institut de Coïmbre (1898) ; associé de la Société archéologique Santos-Rocha (1900).

1895. — Mention honorable de l'Académie des sciences (prix Montyon, Statistique).

1890-92. — Secrétaire adjoint du Conseil supérieur de statistique.

1898. — Membre de la sous-commission des Monuments mégalithiques (Ministère des Beaux-Arts, monuments historiques).

Membre du comité d'organisation du congrès international d'anthropologie criminelle (1889) ; des comités d'admission et d'installation de la Section française à l'Exposition universelle de Chicago (1893) ; du comité d'organisation des xii° et xiii° congrès internationaux d'anthropologie et d'archéologie préhistoriques (Paris, 1900 ; Monaco, 1906).

Membre de la commission internationale d'unification des mesures anthropométriques (Congrès de Monaco).

Membre du jury chargé de décerner le prix Angrand (1903).

Fondateur et membre du comité de direction de la *Bibliothèque Anthropologique* (19 volumes publiés ; Lecrosnier, Babé et Vigot, éditeurs ; 1885-1898).

Membre du comité de publication de la *Bibliothèque des sciences contemporaines* (Reinwald et Schleicher, éditeurs).

SUJETS TRAITÉS

1884. — Parallèle anatomique de l'homme et des animaux supérieurs : le squelette.

1884-85. — *Id*. Muscles et viscères.

1885-86. — *Id*. Le crâne.

1886-87. — *Id*. Le cerveau.

1887-88. — Histoire naturelle et anatomie comparée des primates.

1888-89. — Anatomie comparée de l'homme et des vertébrés : les membres.

1889-90. — Même sujet (*suite*).

1890-91. — Histoire naturelle générale de l'homme et des races humaines.

1891-92. — Ethnologie de la France. Populations quaternaires.

1892-93. — *Id*. Populations quaternaires, mésolithiques et néolithiques.

1893-94. — *Id*. Populations néolithiques; populations de l'âge du bronze et du premier âge du fer.

1894-95. — *Id*. Les Ligures et les Celtes.

1895-96. — *Id*. Les populations dites kimriques.

1896-97. — *Id*. Éléments ethniques accessoires.

1897-98. — Ethnologie de l'Europe. Les Ibères.

1898-99. — *Id*. Basques et Aquitains.

1899-1900. — *Id*. La question basque.

1900-04. — *Id*. L'Alsace.

1904-05. — L'œuvre anthropologique d'Abel Hovelacque.

1905-06. — Le problème nègre aux États-Unis; examen de quelques points d'ethnologie générale.

GÉOGRAPHIE ANTHROPOLOGIQUE

Dans le cours de Géographie anthropologique que je professe depuis 1892, je considère la Terre et l'Humanité comme formant des parties d'un même ensemble fonctionnel, où l'Homme intervient non plus comme un être créé à part, distinct de la nature extérieure, maître de cette nature et capable de la transformer suivant sa volonté, mais comme la manifestation la plus élevée (parce qu'elle est la plus consciente jusqu'à l'heure actuelle) des forces qui ont agi dans la formation et l'évolution du système solaire et de la planète terrestre.

Pour peu qu'on réfléchisse à la conception de la nature et de l'homme qui a dirigé la marche de nos civilisations, on voit que l'humanité y a été considérée comme échappant à la nature, comme étrangère et souvent hostile à cette nature, sorte de monde inférieur qu'elle avait pour mission de diriger à sa guise, et dont elle avait le droit d'user et d'abuser comme d'une chose passive, d'une propriété à elle attribuée par les pouvoirs supérieurs. Aujourd'hui encore, il est habituel de considérer l'action de la volonté humaine (même dans certains ouvrages d'anthropogéographie), comme normalement en lutte contre les forces naturelles, et la nature comme le simple véhicule matériel de l'activité morale et intellectuelle de l'homme. Ainsi les rapports de la Terre et de l'Humanité prennent ou gardent le caractère de relations de supérieur à inférieur, d'actif à passif, d'esprit dirigeant à matière dirigée.

Tout autre est le point de vue auquel je me place dans le cours d'Anthropologie géographique.

La conception que je viens de résumer et d'après laquelle l'étude de la nature est faite dans un esprit de propriété, d'exploitation, de rendement immédiat, est en arrière du progrès des autres sciences et doit disparaître pour être remplacée par un ensemble de notions plus élevées. Elle constitue même un danger d'autant plus grand que la civilisation est plus active et plus exigeante. Je me suis efforcé d'y substituer la notion bien différente de rapports nécessaires et réciproques entre l'évolution de la Terre et l'évolution de l'humanité, chacune demeurant inévitablement solidaire de l'autre, de sorte que toutes les manifestations d'activité de l'homme ou de la terre sont liées et réagissantes par une série indéfinie de réactions, à la fois planétaires et humaines.

Si maintenant nous tenons compte de ces deux faits : 1° que le fonctionnement planétaire n'est quelque peu étudié que depuis un demi-siècle tout au plus, et que sa conception scientifique n'a pas encore eu le temps de pénétrer dans la mentalité acquise de l'homme civilisé ; 2° que cet homme civilisé a dû recevoir de toutes les étapes antérieures de l'humanité une accumulation d'hypothèses, de religions, de philosophies, d'habitudes, relatives à la nature ; qu'il a composé de cet amas incohérent de données diverses ou incomplètes son état mental ou moral à l'égard de la nature ; on pourra mesurer la distance qui sépare l'idée fondamentale du cours professé ici de celle qui préside à l'enseignement habituel de la géographie humaine, et comment notre notion du *milieu* se différencie de la notion étroite qui porte ce nom dans le langage courant, ou même souvent dans le langage scientifique.

F. SCHRADER.

Cet enseignement fut créé, sous la forme de cours complémentaire, et attribué en 1891 à M. Schrader, auquel il fut conservé lorsque, en 1895, la chaire devint définitive.

Schrader (Franz), né à Bordeaux (Gironde), le 11 janvier 1844.

A partir de 1867, voyages annuels (sauf 1870-1871) dans les Pyrénées ; études topographiques dans le massif du Mont Perdu.

1873. — Secrétaire de la Société des Sciences physiques et naturelles de Bordeaux.

1874. — Publication par cette Société de la première carte levée par M. Schrader sur le versant espagnol des Pyrénées, alors *Terra incognita*.

1876. — Collaborateur (à Paris) d'Adolphe Joanne pour ses publications géographiques.

1880. — Continuation du grand *Atlas Universel* commencé par M. Vivien de Saint-Martin.

De 1878 à 1884. — Chargé de missions du ministère de l'Instruction publique sur le versant méridional des Pyrénées.

1881. — Voyages d'études en Algérie.

1889. — Deux médailles d'or à l'Exposition universelle de Paris.

1890. — Grande médaille d'or de la Société de topographie de France.

1890. — Chevalier de la Légion d'honneur.

1890. — Lauréat de l'Académie des sciences.

1891. — Voyage en Algérie et Tunisie, à la demande du Gouverneur général de l'Algérie, pour études topographiques.

1891. — Professeur à l'Ecole d'anthropologie.

1900. — Hors concours, membre du Jury de Géographie, exposition de 1900.

1900. — Officier de la Légion d'honneur.

1901. — Président du Club alpin français.

1904. — Voyages en Orient, en Amérique du Nord, en Amérique du Sud, etc.

SUJETS TRAITÉS

1891-92. — La terre et l'homme. Principes généraux, évolution de la terre (milieu) et de l'homme (produit).

1893-94. — Géographie anthropologique de l'Europe.

1895-96. — La terre et les hommes.

1896-97. — *Id.* L'Asie.

1897-98. — *Id.* L'Océanie et l'Afrique.

1898-99. — *Id.* L'Amérique.

1899-1900. — L'humanité devant les grands phénomènes terrestres.

1900-01. — Les facteurs géographiques de la préhistoire et de l'histoire.

1901-02. — Les lois terrestres et les coutumes humaines.

1902-03. — Causes géographiques, résultats humains.

1904-05. — L'évolution dans le milieu. Critique et définition de l'action du milieu planétaire.

GÉOGRAPHIE MÉDICALE

Le Dr Bordier conserva jusqu'en 1895 cette chaire, créée pour lui en 1878.

Bordier (Arthur), né à Saint-Calais (Sarthe), le 3 mars 1841. Docteur en médecine, ancien chef de clinique à la Faculté de médecine de Paris ; président de la Société d'anthropologie de Paris (1892) ; directeur (depuis 1895) de l'Ecole de médecine et de pharmacie de Grenoble ; professeur honoraire à l'Ecole d'anthropologie (1895).

SUJETS TRAITÉS

1879-80. — Pathologie comparée des races humaines. Aptitudes et immunités pathologiques. Influence de la race sur la marche, la production et la répartition des maladies. Acclimatement.

1880-81. — *Id*. Hérédité. Consanguinité.

1881-82. — Milieux. Formation des races et des espèces. Hérédité. Tératologie. Dégénérescence et disparition des races. .

1882-83. — Influence comparée du milieu social sur les maladies.

1883-84. — Application de la géographie médicale à l'étude des colonies françaises.

1884-85. — (Même cours qu'en 1882-83.)

1885-86. — Action générale des milieux.

1886-87. — Le milieu intérieur.

1887-88. — *Id*. Pathologie comparée. Le transformisme en pathologie.

1888-89. — Pathologie comparée des genres, des espèces et des races ; maladies parasitaires.

1889-90. — Action des milieux. Transformisme. Acclimatation de l'homme et des êtres organisés.

1890-91. — *Id*. Rôle du milieu intérieur dans l'acclimatation.

1891-92. — Action du milieu social sur l'homme et les animaux.

1892-93. — Idées, pratiques et superstitions médicales des différents peuples.

1893-94. — L'hérédité.

SOCIOLOGIE

La chaire de Sociologie portait autrefois en sous-titre : *Histoire des civilisations*. Cette mention restrictive fut acceptée et maintenue par Letourneau, dont la timidité de pensée était pourtant le moindre défaut. Peut-être faut-il y voir une leçon que ce profond ironiste se plaisait à donner aux grands docteurs ès sciences sociales qui accumulaient autour de lui les lourds traités et les vastes systèmes. Lui, prétendait ne rien entendre à ces belles choses ; en toute humilité, il se contentait d'accumuler des faits et des idées, à l'écart de ces subtils penseurs dont on aura tôt fait d'oublier les noms et le fatras, au grand profit de la sociologie.

Mais l'ironie ne peut durer, sous peine d'être prise au mot; on eût pu s'habituer à croire, en dépit de l'enseignement et des œuvres du maître, que l'anthropologie n'embrasse qu'une partie assez restreinte des sciences sociales, et qu'il appartient à d'autres de tirer les conclusions des faits qu'on expose ici. A une telle conception l'École a opposé une décision catégorique : la chaire a reçu, il y a deux ans, sa désignation la plus générale, sans aucune restriction. C'était nécessaire et même urgent. Il était temps d'affirmer ce qui existait en fait depuis si longtemps, à savoir qu'il y a *une sociologie anthropologique et que c'est sous cette forme seulement que la science sociale peut réaliser tout son développement et acquérir sa pleine efficacité pra-*

tique. C'est à la démonstration de cette double vérité que je consacrerai cette courte notice; on voudra bien me pardonner l'allure schématique que je suis obligé de lui donner par la place restreinte dont je dispose.

A peine essaie-t-on de découvrir quels rapports unissent la sociologie à l'anthropologie, que l'on sent sa pensée prise comme dans un engrenage qui l'entraîne, quoiqu'elle fasse, vers des questions que les métaphysiciens se sont plu à mal poser et à embrouiller. Comment, en effet, connaître les relations de ces deux sciences si l'on ne possède tout d'abord une claire définition de l'anthropologie, et comment émettre un jugement valable sur cette dernière, si on ne la compare pas au type général que notre esprit a pu se former de la science ; comment enfin parvenir à cette conception fondamentale si l'on n'a pas, au préalable, approfondi la théorie de la connaissance qui en est le point de départ obligé ? Seulement nous aboutissons ainsi, après cette pénible descente, à une inconnue, et un sceptique se réjouirait de voir notre seul moyen de connaître, la science, reposer logiquement sur une base qui nous échappe. Il y verrait la démonstration définitive de notre incapacité de découvrir le vrai, et il aurait parfaitement raison, mais parce que de tout temps le problème a été mal posé.

Il est bien certain, en effet, que nous ignorons la portée et la nature de notre connaissance, car nous ignorons même totalement ce que serait la connaissance adéquate d'une réalité purement objective. Les phénomènes ne sont autre chose que nos propres sensations, au delà desquelles nous ne savons rien. Nous nous efforçons de les coordonner en établissant entre elles des rapports de ressemblance et de séquence dont l'ensemble forme ce que nous appelons la connaissance, laquelle est indispensable à nos besoins d'action ; mais nous ne pouvons aller plus loin. Quand nous proclamons avec assurance l'enchaînement rationnel de tous les phénomènes et l'enchaînement des sciences qui les étudient, nous commettons un sophisme, nous tournons dans un cercle vicieux : notre organisme a trié dans l'univers les manifestations énergétiques qui, par leur nature, peuvent entrer en rapport avec lui, ont avec lui quelque chose de commun. Mais il est évident que de ce groupe sélectionné on ne peut rien inférer du reste, qui nous est étranger.

Or ce groupe lui-même, que nous faisons nôtre sous forme de sensations, ne peut devenir matière de connaissance, comme nous le disons plus haut, qu'à la condition d'être coordonné dans notre conscience au moyen de relations quelconques. Si une partie de ces phénomènes, de ces sensations, restait complètement à part en nous, sans rapport conscient avec les autres, nous aurions, en réalité, deux centres autonomes de conscience, notre moi serait dédoublé, c'est-à-dire que nous serions fous.

La croyance à l'enchaînement des phénomènes et à l'unité des sciences se réduit donc, en dernière analyse, à une simple affirmation de notre moi, qui ne peut être *conscient* qu'à la condition d'être *un*, et dans lequel nous sommes à tout jamais emprisonnés.

Abandonnons donc, dans notre appréciation sur la valeur des sciences, le point de vue purement objectif, d'où nous dogmatisons en vain, et même le point de vue intellectualiste, qui semble, au premier abord, si légitime et qui pourtant, comme nous venons de le voir, nous conduit logiquement, fatalement, au scepticisme absolu. En vérité, la science n'est pas, comme on l'admet depuis Aristote, un objet de spéculation pure, pour une aristocratie intellectuelle qui s'occupe du général, laissant aux classes inférieures le soin des choses particulières et le souci des préoccupations pratiques ; et les savants ne doivent pas croire qu'ils forment une sorte de caste ayant le monopole des besoins intellectuels de haute curiosité philosophique et désintéressée.

Reconnaissons que nous ne sommes pas de purs esprits, mais simplement des hommes, c'est-à-dire des animaux qui ont su trouver un moyen merveilleux d'accroître leur puissance : c'est de vivre en société, c'est de se réunir à plusieurs pour se concerter et combiner des plans d'action commune. La science est par excellence un acte social : se mettre mille pour vérifier une conception, un projet, les moyens et les résultats d'une action, c'est rendre leur réalité mille fois plus probable, mille fois plus humaine, c'est faire de la science. Celle-ci n'est donc, dans *sa méthode*, qu'une sorte de coopérative, où s'exerce un contrôle systématique et réciproque de nos idées et de nos actes, suivant une technique évidente pour tous. Dans son *contenu* elle ne représente que l'ensemble toujours plus complexe des moyens les plus sûrs pour l'homme de vivre et de prospérer.

Une science particulière ne prouve donc pas sa légitimité par l'examen des réalités objectives qu'elle nous apprend à connaître, car nous ignorons la nature essentielle de ces réalités. Ses relations avec les autres sciences ne nous apprennent rien non plus, si ce n'est une nécessité passagère de notre pensée purement subjective. Encore moins doit-elle s'abstraire de la pratique, sous le prétexte qu'une séparation est nécessaire entre elle et les arts d'application ; car c'est là le plus grand danger qu'elle puisse courir. Non seulement elle risquerait de se perdre en abstractions sans intérêt, ou de s'anémier dans des investigations méticuleuses d'érudit, mais ses recherches se feraient au hasard de la curiosité, sans cette sériation, sans cette perspective qu'impose l'action, faisant courir au point le plus pressé, le plus essentiel, celui que l'humanité aspire à connaître pour accroître son pouvoir et éviter un peu de douleur. Au fond, le vrai et unique mobile de la pensée comme de l'action est dans le besoin. C'est pourquoi une science se légitime en prouvant simplement qu'elle systématise un ensemble de connaissances dont la mise en

acte satisfera des besoins essentiels de l'humanité dans la lutte
pour la vie.

Appliquons maintenant ces données à l'anthropologie. Il y a,
à côté d'elle, une science qui étudie l'homme, c'est la médecine ;
mais elle s'en distingue profondément. Cette dernière vise bien
à la satisfaction de besoins primordiaux : elle étudie le corps
humain et scrute le fonctionnement normal et pathologique de
ses organes, afin de diriger notre hygiène et notre thérapeutique, et de nous libérer des mille souffrances qui nous menacent ;
mais ce sont là des besoins essentiellement *individuels*, qu'on
ne peut satisfaire que par une connaissance approfondie de l'organisme humain et de ses variations également *individuelles*,
car c'est chacun de nous, avec sa personnalité et ses tares particulières, qui a besoin de conseils et de soins.

Il existe toute une autre catégorie de besoins et de souffrances dont les facteurs ne se trouvent plus dans les variations individuelles de notre organisme. L'humanité se divise,
en effet, en une infinité de groupes dont la prospérité, extrêmement variable, influe puissamment sur le bonheur des membres
qui les constituent. Quelle est l'origine et l'évolution de ces
groupes ? Quels sont les facteurs et les effets de leurs transformations ? Quel est leur fonctionnement ? Quelle action exercent-
ils sur leurs membres, et quelle action reçoivent-ils des individus ? Pourquoi certains groupes prospèrent-ils, tandis que
d'autres souffrent, végètent et meurent ? Quelle hygiène pré-
ventive doit-on leur appliquer, quelle thérapeutique peut les
guérir ? Autant de problèmes redoutables, dont l'humanité
anxieuse a demandé la solution à l'empirisme grossier des
gouvernements et des religions, et sur lesquels elle n'a reçu que
des réponses contradictoires.

C'est à l'anthropologie que revient l'honneur d'avoir entre-
pris une étude systématique de ces problèmes si complexes et si

ardus. Son domaine se trouve admirablement délimité. Elle n'a pas pour but la connaissance totale de l'homme, comme des étymologistes trop fidèles l'ont quelquefois soutenu ; car si toute l'activité humaine, dans ses infinies manifestations, devenait son objet, tout le monde ferait de l'anthropologie, comme un personnage célèbre faisait de la prose, sans le savoir. Elle rejette d'abord toutes les manifestations qui reviennent à la médecine somatique ou mentale, sous forme de biologie ou de psychologie individuelles. Elle rejette également toutes les sciences dans leurs détails infinis, et tous les arts dans leurs techniques particulières ; elle ne *retient de toutes ces manifestations que ce qui détermine et caractérise vraiment l'évolution d'un groupe donné.*

Mais, objectera-t-on, la sociologie ne s'occupe-t-elle pas aussi des groupes humains, et ne confondez-vous pas indûment ces deux sciences dans une même définition inadéquate à chacune d'elle ? — Je le sais fort bien, mais cette confusion ne fait que refléter leur pénétration réciproque, leur union intime, indissoluble. Certains théoriciens ont voulu, il est vrai, limiter l'anthropologie à l'étude biologique de l'homme, et consacrer uniquement la sociologie à l'examen des formes que peuvent revêtir les diverses espèces d'association. C'est là une opinion contre laquelle je ne saurais trop m'élever. L'homme est un être tellement imprégné de qualités sociales, que le groupement humain le plus biologique en apparence présente des facteurs et des effets sociaux qu'on ne peut négliger sans vicier toutes les conclusions, et la forme sociale la plus répandue, la plus indépendante des milieux et des races, donne des effets, fournit des rendements profondément différents suivant les qualités biologiques des individus qui la constituent. Un examen rapide des principaux groupements humains que l'on étudie ici semble nécessaire pour préciser notre pensée.

Commençons par les groupes qui ont pour base une ressem-

blance physique entre les individus qui les composent. Le plus
général de tous est le groupe humain lui-même, le genre Homo,
que l'anthropologie compare avec les autres Primates pour
découvrir ses caractères distinctifs.

Parmi ces derniers, tous les traités classiques placent le
langage et le développement extrême de la sociabilité, mêlant,
dès le début, des données sociologiques à des recherches
d'anatomie comparée. Le même phénomène s'offre à nous dans
l'étude des groupes raciaux, qui constituent les plus importantes
subdivisions du genre Homo. L'ethnologiste paraît d'abord
complètement absorbé par l'examen des caractères somatiques,
mais il rencontre bientôt des problèmes d'une telle gravité
qu'il ne peut écarter leurs conséquences sociales sans décapiter
ses études et enlever à ses conclusions toute portée philosophique. Quel est le rôle que chaque race peut remplir dans la
création des grandes civilisations ; quelles sont leurs aptitudes
intellectuelles et sociales ; quelle éducation peuvent-elles recevoir ; quelle est, réciproquement, l'influence du milieu social sur
leur progrès physique ou leur régression ? Autant de problèmes
sociaux, que je prends au hasard, et qui se posent brutalement
chez un grand nombre de nations modernes. Est-ce à l'ethnologie ou à la sociologie de les résoudre ? Aux deux sciences,
répondrais-je, unissant leurs efforts d'une façon inséparable.

Prenons maintenant des groupes dont l'unité soit cimentée
par une similitude dans les caractères sociaux de leurs membres : une caste, par exemple, est une unité corporative héréditaire, dont tous les membres remplissent une fonction sociale
identique, qu'elle soit de nature religieuse, politique, militaire,
juridique ou industrielle. Il semble qu'aucun domaine ne soit
plus exclusivement sociologique, et cependant nul n'ignore que
souvent l'on ne peut comprendre l'origine, la persistance et
l'utilité du régime des castes, si l'on néglige le facteur ethnique
qui a présidé à leur formation. L'endogamie qui règle leur

régime intérieur, les tabous multiples qui créent entre elles des fossés profonds, ne sont peut-être que des moyens pour éviter une panmixie fatale à une race dominatrice. Comment comprendre et conseiller une association corporative quelconque, la plus ouverte même, la plus libérale et la plus purement volontaire, si l'on néglige d'étudier l'action que le métier exerce sur les caractères bio-psychiques du groupe ; comment apprécier la valeur de son organisation, si l'on n'a pas toujours présentes à l'esprit les grandes lois organiques de symbiose, de concurrence vitale et de sélection naturelle ?

L'examen des groupes éthiques nous conduit d'une façon peut-être encore plus pressante à de semblables conclusions. Nulle étude n'est plus instructive à cet égard que celle des criminels : une école ne voit en eux que des dégénérés ou des attardés venus trop tard dans un monde trop civilisé ; une autre école ne veut reconnaître en eux que des victimes en révolte contre une organisation sociale défectueuse. Chacun a raison dans la partie positive de sa théorie, chacun a tort en rejetant la méthode de son adversaire. Il en est de même pour tous les autres groupes de cette classe si intéressante en sociologie. Qui oserait étudier le mysticisme, la prostitution, la perversion sexuelle, etc., sans tenir compte des caractères dégénératifs qui sont parmi les facteurs les plus influents de ces plaies sociales ?

Je ne puis clore cette série d'exemples sans appeler l'attention sur des conceptions qui envahissent, à bon droit, toute la sociologie. C'est que les idées morales des individus et l'organisation des sociétés qui les groupent ensemble ne sont pas des objets de spéculation pure ou de fantaisie : elles trouvent, dans la lutte journalière, une sanction pratique et naturelle aussi sévère qu'inéluctable, c'est la décadence immédiate ou lointaine, si elles sont fausses, ou, au contraire, le progrès, si elles répondent aux nécessités d'une vie sociale supérieure. Comment apprécier cette évolution progressive ou régressive, si on ne fait pas une enquête complète sur les formes du groupe, sur le nombre et la valeur de ses membres, sur sa puissance économique, industrielle, commerciale, militaire, etc., en un mot sur tous ses caractères biologiques, psychologiques et sociaux? La famille, par exemple, revêt les formes les plus diverses, allant du patriarcat le plus autoritaire au matriarcat et à la polyandrie, ou, à un autre point de vue, de la polygamie la plus étendue à la monogamie la plus sévère. Chacune de ces formes a des résultantes très nombreuses dont la connaissance est indispensable pour les apprécier : nombre, mortalité et santé des enfants, valeur morale du père et de la mère, leur rôle d'éducateurs, l'énergie productive qui en résulte, etc. ; chacune est liée à un milieu social qui l'a déterminée et sur lequel elle retentit, chacune semble avoir des préférences pour certaines races, chacune enfin aide ou contrarie, dans des proportions très différentes, la sélection des plus aptes, condition primordiale de tout progrès. Une enquête, portant sur des phénomènes aussi complexes et se limitant à un seul point de vue, conduirait fatalement à des jugements incomplets, injustes et sans portée pratique.

La sociologie n'est donc, en somme, qu'une branche de l'anthropologie. Elle possède, il est vrai, ses méthodes propres d'investigation, comme elle a un domaine qui lui est plus spécialement dévolu. Mais elle ne peut s'isoler des autres sciences anthropologiques sans se mutiler elle-même, et sans compromettre du même coup la portée de ces dernières. Aux ethnographes qui étudient les groupes culturaux de l'humanité, elle emprunte un trésor inépuisable de documents, et donne en retour une orientation générale qui les empêche de se perdre dans le détail infime des techniques industrielles ; nous venons de voir quelle collaboration intime et constante elle doit avoir avec les biologistes. Toutes ces méthodes de recherche forment, sous le nom d'anthropologie, un faisceau indissoluble qui permet à cette science de faire sur les groupes humains, quelle que soit leur nature, des enquêtes complètes, des études intégrales, à la suite desquelles elle pourra répondre, d'une façon toujours plus adéquate, au but ultime d'ordre essentiellement pratique, qu'elle s'est marqué : donner à ces groupements la direction vraiment scientifique qui leur a toujours manqué ; organiser ainsi la coopération mondiale des hommes suivant les nécessités mieux connues de la vie en commun ; par là, améliorer et fortifier la représentation subjective que nous nous formons de ces nécessités et qu'on appelle la conscience morale.

Tel est, bien succinctement résumé, l'esprit général qui préside à mes cours. J'en dois sûrement la meilleure part au milieu anthropologique où, depuis quatorze ans, ma pensée a pu mûrir en toute liberté ; je le dois à cette École d'anthropologie dont je suis fier d'avoir été l'élève durant de longues années, avant de recevoir l'honneur et la lourde charge de collaborer à son enseignement.

G. Papillault.

La chaire de Sociologie, créée en 1885 pour le Dr Letourneau, fut occupée jusqu'à sa mort par ce professeur.

Letourneau (Charles), né à Auray (Morbihan), le 23 septembre 1831. Docteur en médecine (1858) ; ancien président de la Société d'anthropologie de Paris (1886) ; secrétaire général de cette même Société (1887-1902), membre de la Commission des monuments mégalithiques ; décédé à Paris le 21 février 1902.

SUJETS TRAITÉS

1885-86. — Évolution de la morale.
1886-87. — Évolution du mariage et de la famille.
1887-88. — Évolution de la propriété.

1888-89. — Évolution des institutions politiques : gouvernement, guerre, justice.

1889-90. — Évolution juridique.

1890-91. — Évolution mythologique.

1891-92. — Évolution littéraire.

1892-93. — La guerre, ses causes et ses effets dans les races humaines.

1893-94. — Évolution de l'esclavage.

1894-95. — Évolution du commerce.

1895-96. — L'éducation dans les diverses races humaines.

1897-98. — Évolution mentale.

1898-99. — La Chine comme type d'empire primitif.

1899-1900. — La condition des femmes dans les diverses races.

1900-01. — Les sociétés primaires : le clan et la tribu.

1901-02. — Conclusions de la sociologie ethnographique et comparative.

Cet enseignement, interrompu pendant deux ans, fut repris, en 1904, par le Dr Papillault, actuellement titulaire de la chaire.

Papillault (Georges-Ferdinand), né à Châtellerault (Vienne), le 15 juillet 1863.

— Bachelier ès lettres et ès sciences complètes en 1882.

— Externe des Hôpitaux de Paris en 1888 ; interne provisoire en 1890 (démissionnaire pour cause de santé après six mois d'exercice).

— Docteur en médecine en 1896.

— Membre titulaire de la Société d'anthropologie de Paris en 1893 ; membre du Comité central en 1894 ; secrétaire des séances de 1897 à 1903 ; secrétaire général adjoint depuis 1903.

— Préparateur au Laboratoire d'anthropologie de l'École des Hautes-Études (24 juillet 1897) ; chargé des conférences anthropométriques depuis cette époque ; directeur adjoint depuis 1903.

— Chargé de conférences à l'École d'anthropologie en 1898 ; chargé de cours en 1900 ; professeur adjoint en 1902 ; professeur titulaire en 1905.

— Membre du Comité d'organisation du Congrès d'anthropologie et d'archéologie préhistoriques (1899) ; secrétaire de la session (Paris) en 1900 ; secrétaire général adjoint du Comité d'organisation du Congrès de Monaco (1905) et de la session en 1906 ; secrétaire rapporteur de la Commission internationale pour l'unification des mesures anthropométriques, réunie à Monaco en 1906.

— Membre du Comité d'organisation du Congrès pour l'éducation sociale (1899) ; désigné comme rapporteur (1900) ; secrétaire général de la Société pour l'éducation sociale (depuis 1902).

— Membre de la Commission internationale d'Hygiène et de Physiologie à l'Exposition universelle de 1900.

— Secrétaire général de la Société d'autopsie depuis 1903. Déjà chargé des autopsies depuis 1898.

— Chargé de conférences anthropologiques à l'École Jules-Ferry, depuis 1903.

— Membre de la Commission pour l'Exposition d'Hygiène sociale de 1904.

— Membre du Comité d'admission à l'Exposition universelle et internationale de Saint-Louis en 1904.

— Membre à titre étranger de l'Académie des sciences médicales, physiques et naturelles de la Havane ;

De l'Institut de Coïmbre ;

De la Société d'anthropologie de Bruxelles ;

De la Société d'anthropologie de Rome ;

De la Société d'anthropologie de Washington.

— Directeur de la Section anthropologique de l'*Encyclopédie scientifique* (Doin, éditeur), 1906.

SUJETS TRAITÉS

1904-05. — Méthode anthropologique, son exposé général et son application aux indigènes australiens.

1905-06. — Les associations chez les peuples primitifs (associations spontanées, volontaires, secrètes, religieuses, etc.).

TECHNOLOGIE ETHNOGRAPHIQUE

Chaire créée en 1889 pour M. Adrien de Mortillet qui l'occupe depuis sa fondation. Elle a porté jusqu'en 1898 le titre d'*Ethnographie comparée*, changé depuis en celui de *Technologie ethnographique*.

Mortillet (Adrien de), né à Genève (Suisse) le 5 septembre 1853.

— Membre correspondant de l'Académie de Vaucluse (1883).

— Membre de la Commission des antiquités et des arts du département de Seine-et-Oise (1883).

— Chargé de missions par la sous-commission des monuments mégalithiques (Corse, 1883. — Côtes-du-Nord, 1892. — Lozère et Hérault, 1893. — Nord et Pas-de-Calais, 1894. — Aude, 1896).

— Chargé de missions par le ministère de l'Instruction publique (Italie, Autriche et Russie, 1883. — Algérie et Tunisie, 1888. — Argentine, Chili et Bolivie, 1903).

— Secrétaire de la rédaction de la revue *L'Homme* (1884 à 1887).

— Secrétaire de la Société d'anthropologie de Paris (1888 à 1890).

— Chargé de cours à l'École d'anthropologie (1889); Professeur suppléant (1890) ; Professeur titulaire (1891).

— Officier d'Académie (1889).

— Membre honoraire de la Société des Amis des sciences et des arts de Rochechouart (1891).

— Conservateur des collections de la Société d'anthropologie de Paris (depuis 1891).

— Correspondant de la sous-commission des monuments mégalithiques pour le département de la Seine (1891).

— Membre correspondant de la Société d'anthropologie de Bruxelles (1893).

— Président de la Section d'anthropologie de l'Association française pour l'avancement des sciences, Congrès de Caen, 1894.

— Secrétaire de la rédaction de la *Revue de l'Ecole d'anthropologie* (1896 à 1898).

— Membre de la sous-commission des monuments mégalithiques (1898).

— Président de la Société d'excursions scientifiques (depuis sa fondation, 1898).

— Membre correspondant de la Société d'anthropologie de Lyon (1900).

— Préparateur particulier du Dr Laborde, au Laboratoire d'anthropologie de l'École pratique des Hautes-Études (1900 à 1903).

— Officier de l'Instruction publique (1901).

— Fondateur et directeur, avec le Dr Chervin, de la revue *L'Homme préhistorique* (depuis 1903).

— Membre d'honneur de la Société archéologique de Provence (1903).

— Membre correspondant de la Société d'archéologie de Bruxelles (1904).

— Vice-président de la Société des Conférences anthropologiques (1905).

— Membre correspondant de la Société d'anthropologie de Vienne (1905).

— Vice-président de la Société préhistorique de France (1905).

— Vice-président de la 1re session du Congrès préhistorique de France. Périgueux, 1905.

— Membre correspondant de la Société d'études historiques et scientifiques de l'Oise (1905).

— Vice-président de la Section de Sociologie et Ethnographie du Congrès colonial français (1906).

— Président de la Société préhistorique de France (1906).

— Membre d'honneur de la Société pour la protection des paysages de France (1906).

— Président de la 2e session du Congrès préhistorique de France. Vannes, 1906.

— Président d'honneur de la Société préhistorique de France (1906).

SUJETS TRAITÉS

1888-89. — Paris et ses environs aux temps préhistoriques.

1889-90. — Industrie des peuples sauvages modernes comparée à celle des populations préhistoriques.

1890-91. — Etude comparée des populations préhistoriques et des peuples sauvages modernes : Les Outils.

1891-92. — *Id.* Les Armes.

1892-93. — *Id.* La Parure et les Bijoux.

1893-94. — *Id.* La Peinture corporelle, le Tatouage et les Mutilations.

1894-95. — *Id.* Le Vêtement.

1895-96. — *Id.* L'Habitation et le Mobilier.

1896-97. — *Id.* Le Culte des morts et la Sépulture.

1897-98. — *Id.* La Céramique.

1899-1900. — Les procédés industriels des peuples primitifs anciens et modernes.

1900-01. — Les constructions primitives et les monuments mégalithiques.

1901-02. — L'industrie des sauvages modernes comparée à l'industrie tertiaire et quaternaire.

1902-03. — La vie chez les peuples primitifs anciens et modernes. La Chasse et la Pêche.

1903-04. — *Id*. La Domestication des Animaux.

1904-05. — L'évolution de l'outillage dans le temps et dans l'espace.

1905-06. — Les Outils chez les peuples anciens et modernes ; leur classification et leur évolution.

COURS ADJOINTS

Deux cours adjoints complètent l'enseignement de l'École. Ils sont confiés à MM. les Drs Rabaud, pour l'Anthropologie anatomique, et Huguet, pour l'Ethnographie générale.

Rabaud (Étienne), né à Saint-Affrique (Aveyron), le 12 septembre 1868.
Ancien externe des hôpitaux de Paris.
Docteur en médecine (1898).
Docteur ès sciences naturelles (1898).
Préparateur au Laboratoire de Tératologie à l'Ecole des Hautes-Études (1894-1899).
Chef du Laboratoire d'Anatomie pathologique à la Clinique des maladies mentales de l'Université de Paris (1896-1905).
Mention honorable à l'Académie des sciences (1901).
Lauréat de la Société d'anthropologie de Paris, prix Fauvelle (1903).
Secrétaire de la Société d'anthropologie de Paris (1904).
Chargé de conférences à l'Ecole d'anthropologie en 1899 ; professeur adjoint en 1905.

SUJETS TRAITÉS

1900-01. — Premiers phénomènes et lois fondamentales de l'évolution embryonnaire. Etude comparative des processus normaux et anormaux.
1901-02. — Les causes actuelles et les causes primaires de l'évolution embryonnaire normale et anormale. Actions physiques, chimiques, mécaniques, morbides et physiologiques. Atavisme, hérédité. Facteurs de la monstruosité double.
1902-03. — Le système nerveux et les organes des sens. Irritabilité et sensibilité.
1903-04. — Anormaux et dégénérés.
1904-05. — *Id.* Le génie.
1905-06. — Bases anatomiques des théories relatives à la criminalité.

Huguet (Joseph-Julien-Aristide), né à Saint-Lys (Haute-Garonne), le 13 mars 1865.

1885. — Elève du service de santé de l'armée.

1886. — Externe des hôpitaux de Paris.

Août 1887 à février 1888. — Chargé des fonctions d'interne provisoire à l'hôpital du Midi.

1888. — Docteur en médecine de la Faculté de Paris.

1889 à 1903. — Médecin de l'armée (Hôpital du Gros-Caillou à Paris. — Ecole spéciale militaire de Saint-Cyr. — Hôpital du Dey à Alger. — Hôpitaux d'Aumale, Ghardaïa, El Goléah, In Salah).

1902. — Chevalier de la Légion d'honneur.

1905. — Commandeur du Nichan Iftikar.

1906. — Officier de l'Instruction publique.

1906. — Médecin adjoint à la Préfecture de la Seine.

— Chargé de conférences à l'Ecole d'anthropologie en 1903. — Professeur adjoint en 1905.

— Membre titulaire de la Société d'anthropologie de Paris (1902). — Membre du Comité central (1903). — Trésorier de la Société (depuis 1904).

— Chargé de mission par le ministère de l'Instruction publique (Région du Mzab, El Goléah, Ouargla) (1897 et 1898).

Sociétés françaises :

— Faculté de médecine de Paris, mention honorable (Prix des thèses, 1899).

— Société de Chirurgie, prix Ricord (1896).

— Académie de médecine, médaille d'argent (1896).

— Académie des sciences, prix Montyon, statistique (1896).

— Académie de médecine, mention très honorable du prix Ricord (1897).

— Académie de médecine, prix Godard (1897).

— Membre titulaire de la Société de Géographie d'Alger et de l'Afrique du Nord (1898).

— Prix annuel de la Société de Géographie d'Alger (1899).

— Membre titulaire de la Société de Géographie de Paris (1899).

— Société de Géographie de Paris, prix Alphonse de Montherot (1899).

— Société d'anthropologie, prix Godard (1903).

SUJETS TRAITÉS

1903-04. — Généralités sur les populations indigènes de l'Afrique et les populations européennes immigrées.

1904-05. — Superstition, magie et sorcellerie en Afrique.

1905-06. — Religions et superstitions dans l'Afrique orientale.

COURS TEMPORAIRE

M. le Dr R. Verneau, assistant au Muséum d'histoire naturelle, a été chargé, en 1905, d'un cours temporaire de paléontologie humaine.

SUJET TRAITÉ

1905-06. — Les premières races de l'Europe. La race de Spy et ses origines probables.

CONFÉRENCES

DONNÉES A L'ECOLE DEPUIS SA FONDATION

Anthony (M. le Dr R.), préparateur au Muséum d'histoire naturelle.

1903-04. — Les muscles masticateurs chez les carnassiers et les primates. Leur rôle dans le développement du crâne et de la face.

1904-05. — Les caractères d'adaptation du système musculaire de l'homme et des anthropoïdes.

1905-06. — Les muscles de la face et l'expression de la physionomie chez l'homme et chez les singes.

Blanchard (M. le Dr Raphaël), professeur à la Faculté de médecine de Paris.

1884-85. — Relations physiologiques générales entre l'homme et les animaux.

Clédat (M. Jean), orientaliste.

1898-99. — L'Égypte antique (Géographie. Origines. Religion. Constitution. Castes. Art. Costume).

1902-03. — L'Égypte aux premiers siècles de notre ère.

Chudzinski (M. le D^r), préparateur au Laboratoire d'anthropologie de l'École des Hautes-Études.

1888-89. — Les circonvolutions cérébrales.

1889-90. — Démonstrations anatomiques faites au musée et au laboratoire.

Dussaud (M. René), orientaliste, élève diplômé de l'École des Hautes-Études, professeur suppléant au Collège de France (1905-06 et 1906-07).

1901-02. — Peuples et langues sémitiques. Les anciennes populations de la Syrie.

1903-04. — Mythologie syrienne.

1904-05. — La civilisation mycénienne et les récentes découvertes en Crète.

1905-06. — La Crète préhellénique et sa civilisation.

Fauconnet (M. Paul), agrégé de l'Université.

1902-03. — Le crime et la peine dans les sociétés inférieures.

Fauvelle (M. le D^r).

1891-92. — Histoire critique des études dites psychologiques.

Loisel (M. le Dr Gustave), chef du laboratoire d'histologie à la Faculté de Médecine.

1903-04. — Les caractères sexuels primaires. Télégonie, superfétation.

1904-05. — Questions sexuelles.

Marie (M. le Dr Armand), médecin en chef de l'asile de Villejuif.

1905-06. — Psychologie morbide des foules (contagion mentale, folie communiquée, etc.).

Monpillard (M. F.), micrographe.

1901-02. — La photographie envisagée dans ses applications aux sciences naturelles et particulièrement à l'anthropologie.

Pilliet (M. le D^r).

1891-92. — Histologie de la peau.

1893-94. — Le tube digestif dans la série des animaux.

Pittard (M. le Dr Eugène), privat-docent à l'Université de Genève.

1903-04. — Ethnologie de la péninsule des Balkans.

Raymond (M. le Dr Paul).

1894-95. — La pathologie appliquée à l'anthropologie.

Regnaud (M. Paul), professeur à l'Université de Lyon.

1899-1900 — Les origines de la civilisation indo-européenne. (Détermination de race. Religions. Morale. Philosophie. Littérature, théâtre et folklore.)

Regnault (M. le Dr Félix).

1891-92. — Le crâne en anthropologie.

1893-94. — Les déformations craniennes.

Siffre (M. le Dr A.), professeur à l'École odontotechnique de Paris.

1903-04. — Odontologie humaine. Physiologie et pathologie de la dent.

1904-05. — La dent en anthropologie.

1905-06. — Le système dentaire comparé chez l'homme et chez les singes.

Vernes (M. Maurice), directeur adjoint à l'École pratique des Hautes-Études.

1902-03. — Vues générales sur l'évolution religieuse et philosophique des sociétés humaines.

1903-04. — Exposé de l'évolution religieuse et philosophique en Europe à partir de l'établissement du christianisme.

Vinson (M. Julien), professeur à l'École spéciale des langues orientales vivantes.

1901-02. — L'évolution du langage.

1902-03. — La science du langage, sa nature, sa méthode. Histoire des études linguistiques. Les langues des peuples inférieurs.

1903-04. — Les langues indo-européennes. Leur évolution, leur histoire.

1904-05. — Les langues indo-européennes occidentales; leur évolution, leur histoire.

EXCURSIONS

Les excursions sont indiquées dans l'article Ier des statuts parmi les moyens d'action de l'École, de nature à contribuer à la vulgarisation de nos études au delà des limites de Paris. Elles ont commencé dès 1880 et se sont continuées depuis avec plein succès.

Nous les indiquons ici sommairement :

1880. — M. G. DE MORTILLET :
Chelles : *Sablières quaternaires.*
Maintenon : *Dolmens, menhir et camp.*
Saint-Germain-en-Laye : *Musée.*

1882. — Saint-Germain : *Musée.*
Chelles : *Ballastières.*
Brunoy : *Menhirs, dragages.*
Amiens, Saint-Acheul, Montières : *Gisements quaternaires.*

1883. — Abbeville, Moulin-Quignon, Menchecourt : *Ballastières, musée Boucher de Perthes, collections d'Ault du Mesnil et Dimpre.*
Mouy : *Station du Camp Barbet.*
Nemours : *Polissoirs de Souppes, Station magdalénienne.*

1884. — Rennes, Vannes, Gavr'inis, Er-Lanic, Plouharnel, Carnac, Locmariaquer, Pont-l'Abbé : *Musées, collections, monuments mégalithiques.*

1885. — Chelles : *Sablières.*
Presles : *Dolmen.*
Celle-sous-Moret : *Tufs chelléens, polissoirs, tumulus.*

1886. — Sud-ouest de la France, Brives, Périgueux, Les Eyzies et environs, Poitiers, Grand-Pressigny : *Stations préhistoriques, dolmens, musées, collections.*

1889. — Saint-Germain : *Musée, Sablières du Pecq.*

Epône : *Dolmen de la Justice.*
Exposition universelle : *Galeries des sciences anthropologiques.*
Dampont : *Dolmens.*

1890. — M. A. DE MORTILLET :
Saint-Germain : *Musée.*
Meulan : *Dolmen des Mureaux, collections.*
Musée d'ethnographie du Trocadéro.

1891. — Nogent-sur-Marne : *Sablières du Perreux, station néolithique de
Champigny, collections.*
Amblainville : *Dolmens d'Arronville et de Ménouville, collections.*
MM. G. et A. DE MORTILLET :
Belgique : Douai, Mons, Mesvin, Spiennes, Bruxelles, Anvers, Liége, Spy,
Namur, forêt des Ardennes : *Musées, collections, stations préhisto-
riques.*

1892. — M. A. DE MORTILLET :
Presles : *Dolmen* ; Beaumont-sur-Oise : *Expériences de taille du silex.*
MM. G. et A. DE MORTILLET :
Vallée de la Loire : Saumur, Bagneux, Mettray, Tours : *Musées, dolmens,
collections, exposition.*

1893. — Elbeuf : *Musées et collections.*
Vallée du Lunain : Ecuelles, Lorrez-le-Bocage, Nanteau : *Stations,
menhirs, polissoirs.*
Reims, Cernay-lès-Reims, La Cheppe, Châlons-sur-Marne : *Musées, collec-
tions, fouilles, camp d'Attila.*
Saint-Germain : *Musée.*

1894. — Trie-Château, Villiers-Saint-Sépulcre : *dolmens.*
Boury, Dampmesnil, Coppières : *dolmens.*
Epône : *Dolmens.*
M. G. de MORTILLET :
Vallée de la Somme : *Musées, collections, fouille.*
Saint-Germain : *Musée.*
Clamart, Meudon : *Menhir, dolmen, collection.*

1895. — Saint-Germain : *Musée.*
MM. G. et A. DE MORTILLET :
Reims : *Exposition, conférence.*
Villeneuve-le-Roi, Vigneux, Lardy : *Dolmens, menhirs.*
Gallardon, Ymeray, Maintenon : *Dolmens, menhirs.*
Angers, Le Mans, Connerré : *Exposition, musée, monuments mégalithiques.*

1896. — Saint-Germain : *Musée.*
Clamart, Meudon : *Monuments mégalithiques.*
M. A. DE MORTILLET :
Les Andelys : *Musée, collections.*
Arras : *Exposition, musée, menhirs.*

Chartres et environs : *Musée, carrière de Luisant, monuments mégalithiques.*

1897. — Dreux, Montreuil, Sorel, Ezy : *Collection, dolmens, caves.*
Pontoise : *Musée, menhir, dolmen de Vauréal.*
Bruxelles : *Exposition, musées.*

1898. — Dieppe : *Musée, collections, stations néolithiques, camp de Bra-
quemont.*
Sèvres : *Musée céramique*; Musée d'ethnographie du Trocadéro.
Meulan : *Dolmen des Mureaux, collections.*

1899. — M. Capitan :
Muséum d'histoire naturelle.
Musée d'ethnographie du Trocadéro.
Musée de Saint-Germain.
Musée Guimet.
Bicêtre, Villejuif, Hautes-Bruyères : *Stations néolithiques, fouille.*

1900. — M. Capitan :
Exposition universelle : *Monuments mégalithiques et archéologie préhis-
torique.*
Id. : *Rue des nations, Trocadéro, Champ-de-Mars.*
M. A. de Mortillet :
Exposition universelle : *Vieux-Paris, Bosnie.*
Id. : *Art rétrospectif.*

1901. — M. Capitan :
Villeneuve-Saint-Georges, Draveil : *Sablières et foyers.*
Le Pecq, Saint-Germain, Poissy : *Musée, sablières.*
Musée Carnavalet : *Préhistorique, gallo-romain;* Billancourt : *Sablières.*
M. A. de Mortillet :
Ménouville, Arronville, Presles : *Dolmens.*
Epône, Maule : *Dolmen, collection, stations néolithiques.*
Vendôme, Trôo, Blois : *Monuments, musées, monuments mégalithiques,
habitations creusées dans le rocher.*

1902. — M. Capitan :
Musée Guimet : *Mission Gayet;* Grand Palais des Champs-Élysées : *Mission
de Morgan.*
Chelles : *Sablières.*
M. A. de Mortillet :
Provins, Troyes : *Monuments, musées, monuments mégalithiques.*

1903. — M. Capitan :
Musée Guimet : *Mission Gayet.*
Saint-Acheul, Montières, Amiens : *Sablières, musée, monuments.*
Muséum d'histoire naturelle : *Ménagerie, galerie de paléontologie.*

1904. — M. Capitan :
Belgique : Mons, Spiennes, Bruxelles : *Musées, gisements préhistoriques,
monuments.*

Ivry, Villejuif, Arcueil : *Stations préhistoriques*.

M. A. DE MORTILLET :

Musée d'ethnographie du Trocadéro : *Mission de Créqui-Montfort et Séné-chal de la Grange*.

Meudon : *Dolmens et menhirs*.

1905. — M. CAPITAN :

Clermont de l'Oise : *Gisements préhistoriques*.

Muséum d'histoire naturelle : *Galeries de paléontologie et d'anthropo-logie*.

Petit Palais des Champs-Élysées : *Exposition de la Société française des fouilles archéologiques*.

M. A. DE MORTILLET :

Selles-sur-Cher, Meusnes, Billy, Bourges : *Monuments, musée, station néo-lithique, ateliers actuels de taille de pierre à feu*.

1906. — M. CAPITAN :

Amiens, Abbeville, Boulogne-sur-mer, Wimereux : *Sablières, stations pré-historiques, musée, collections, monuments*.

Musée du Louvre : *Mission de Morgan ;* Les Moulineaux : *Expériences de taille du silex*.

M. A. DE MORTILLET :

Vigneux, Brunoy, Boussy-Saint-Antoine : *Menhirs*.

REVUE DE L'ÉCOLE

Sur la proposition de son directeur, Abel Hovelacque, le Comité administratif décida, en 1890, de publier un organe périodique, reflétant la vie et les travaux de l'École. Avec le concours de notre actif et dévoué éditeur, M. Félix Alcan, le premier fascicule de la *Revue de l'École d'anthropologie*, publiée par les professeurs, parut le 15 janvier 1891.

La *Revue* est entrée maintenant dans sa dix-septième année, et compte aujourd'hui seize volumes grand in-8° de plus de 400 pages chacun.

ÉCHANGES

Cette publication a valu à l'École des demandes d'échanges de la part de Recueils, de Journaux et de Sociétés s'occupant d'anthropologie, en France et à l'étranger. Voici les noms des publications qui échangent avec la nôtre :

France

Annales du Musée Guimet, Paris.
Annales de philosophie chrétienne, Paris.
L'Anthropologie, Paris.
Archives générales de médecine, Paris.
Archives de neurologie, Paris.
L'Austrasie, Paris.
Bulletins de l'Académie de médecine, Paris.
Bulletins de la Société d'anthropologie, Paris.

Coopération des idées, Paris.
Journal de l'anatomie et de la physiologie, Paris.
Journal de la Société des Américanistes, Paris.
L'Œuvre nouvelle, Paris.
Le Progrès médical, Paris.
Revue de psychiâtrie, Paris.
Revue scientifique de la France et de la Belgique, Paris.
Revue des traditions populaires, Paris.
Les Temps nouveaux, Paris.
Revue savoisienne, Annecy.
Revue des études anciennes, Bordeaux.
Annales de la Société d'histoire et d'archéologie, Chaumont.
Bulletins de la Société normande d'études préhistoriques, Evreux.
Bulletins de la Société dauphinoise d'ethnologie et d'anthropologie, Grenoble.
Bulletins de la Société d'anthropologie, Lyon.
Archives d'anthropologie criminelle, Lyon.
Bibliographie anatomique, Nancy.
Revue tunisienne, Tunis.

Allemagne

Zeitschrift für Ethnologie, Berlin.
Zeitschrift für Demographie der Juden, Berlin.
Jahreshefte der Gesellschaft für Anthropologie und Urgeschichte der Oberlausitz, Görlitz.
Mittheilungen der Niederlausitzer Gesellschaft für Anthropologie, Guben.
Anthropolog. Vereins in Schleswig-Holstein, Kiel.
Prähistorische Blätter, Munich.
Centralblatt für Anthropologie, Stettin.

Angleterre et colonies

Proceedings of the Society of Antiquaries of Scotland, Edimbourg.
Journal of the anthropological Institute, Londres.
Journal of the anthropological Society, Bombay.
Mac Gill University, Montreal.
Canadian Institute, Toronto.
Journal of the Society of N. S. Wales, Sydney.
Records of the Australian Museum, Sydney.
Science of man, Sydney.
Journal of the Polynesian Society, Wellington.

Autriche-Hongrie

National Museum, Budapest.
Anzeiger des ungarisches Museum, Budapest.

Bulletin de l'Académie des Sciences, Cracovie.
Ukrainischen Sevcenko Gesellschaft, Lemberg.
Kwartalnik historiczny, Lwow.
Cesky Lid, Prague.
Museum, Prague.
Pravek, Uhé Hradisté.
Mittheilungen der anthropologische Gesellschaft, Vienne.

BELGIQUE

Bulletins de la Société d'anthropologie, Bruxelles.
Annales de la Société d'archéologie, Bruxelles.
Bulletins de la Société de géologie, Bruxelles.
Institut Solvay (section de sociologie), Bruxelles.
Annales de la Société d'archéologie, Namur.

CHILI

Actes de la Société scientifique, Santiago.

ESPAGNE

Boletin de la Institucion de Ensenanza, Madrid.
Boletin de la Sociedad arqueologica luliana, Palma.

ÉTATS-UNIS ET COLONIES

John Hopkins University, Baltimore.
Psychological review, Baltimore.
Peabody Museum, Cambridge.
American journal of sociology, Chicago.
Field Columbian Museum, Chicago.
Bernice Pauahi Bishop Museum, Honolulu.
Ethnological Survey for Philippine Islands, Manille.
Museum of natural history, New York.
Proceedings of the philosophical Society, Philadelphie.
University of Pensylvania (ethnology and archeology), Philadelphie.
The american anthropologist, Washington.
Smithsonian Institution, bureau of ethnology, Washington.

HOLLANDE

Archives internationales d'ethnographie, Leyden.

INDO-CHINE

Revue indo-chinoise, Saïgon.

Italie

Rivista archeologiqua, Côme.
Archivio per l'antropologia e l'etnologia, Florence.
Rivista di scienze antica, Padoue.
Accademia dei Lincei, Rome.
Atti della Societa romana di antropologia, Rome.
Bolettino di paletnologia italiana, Rome.
Rivista di sociologia italiana, Rome.

Japon

Mittheilungen der deutschen Gesellschaft für Natur und Völkerkunde Ostasiens, Tokio.

Mexique

Museum (section d'anthropologie), Mexico.

Portugal

O archeologo portuguès, Lisbonne.
Boletim da Sociedade de geografia, Lisbonne.
Portugalia, Porto.

République argentine

Anales del Museo, Buenos-Aires.
Museo de la Plata, La Plata.

Roumanie

Sezatoarea, Falticeni.

Russie

Société d'ethnographie et d'anthropologie, Kazan.
Journal russe d'anthropologie, Moscou.
Swiatowit, Varsovie.

Suisse

Bulletin de la Société neuchâteloise de géographie, Neuchâtel.

INDEX DES TRAVAUX ANTHROPOLOGIQUES

DES PROFESSEURS DE L'ÉCOLE

LISTE

DES TRAVAUX ANTHROPOLOGIQUES

De M. le Dr Paul BROCA

I. — CERVEAU

1861. — Sur la structure spéciale des circonvolutions inférieures du lobe occipital du cerveau (*Bull. Soc. d'anthrop. Paris,* p. 313-319).

— Volume et forme du cerveau suivant les individus et suivant les races (*ibid.,* p. 139-204 et 301-321).

— Rapports anatomiques des divers points de la surface du crâne et des diverses parties des hémisphères cérébraux (*ibid.,* p. 340).

— Distinction et disposition des circonvolutions frontales des hémisphères cérébraux (*ibid.,* p. 196).

— Sur le principe des localisations cérébrales (*ibid.,* p. 190-204 et 309-321).

— Remarques sur le siège de la faculté du langage articulé, suivies d'une observation d'aphémie (*Bull. Soc. anatom.,* p. 330-357).

— Sur le poids relatif du cerveau des Français et des Allemands (*Bull. Soc. d'anthrop.,* p. 441-446).

— Nouvelle observation d'aphémie produite par une lésion de la moitié postérieure des 2e et 3e circonvolutions frontales gauches (*Bull. Soc. anatom.,* p. 398-407).

1863. — Localisations des fonctions cérébrales. Siège de la faculté du langage articulé (*Bull. Soc. d'anthrop.,* p, 200-208).

— Remarques sur le siège, le diagnostic et la nature de l'aphémie (*Bull. Soc. anat.,* p. 379-385 et 393-399).

— Sur un cas d'altération profonde de la 3e circonvolution frontale droite sans aphémie (*ibid.,* p. 169).

— Sur les empreintes cérébrales de la face interne du crâne (*Bull. Soc. d'anthr.,* p. 199).

1864. — Lettre à M. Trousseau sur les mots aphémie, aphasie et aphrasie (*Gaz. des hôpit.,* p. 35-36.)

— Note sur deux cas d'aphémie traumatique produite par des lésions de la 3° circonvolution frontale gauche (*Bull. Soc. d'anthr.*, p. 213-217).

— Sur un cas d'aphémie produite par une lésion traumatique de la 3° circonvolution frontale gauche (*ibid.*, p. 362-365).

1865. — Procédé pour la momification des cerveaux (*ibid.*, p. 26).

— Du siège de la faculté du langage articulé dans l'hémisphère gauche du cerveau (*ibid.*, p. 377-393).

1866. — Sur la faculté générale du langage, dans ses rapports avec la faculté du langage articulé (*ibid.*, p. 377-382).

— Nouveau cas d'aphémie traumatique (*ibid.*, p. 396-399).

1867. — Sur le crâne et le cerveau de l'assassin Lemaire (*ibid.*, p. 347).

1870. — Réponse aux observations de M. le professeur Owen, sur les caractères distinctifs du cerveau de l'homme (*ibid.*, p. 592-605).

1871. — Sur la déformation toulousaine du crâne (cerveau) (*ibid* , p. 100-120).

1873. — Sur le bec de l'encéphale (*ibid.*, p. 356-359).

1875. — Sur un crâne microcéphale (cerveau) (*ibid.*, p. 375-376).

— Sur le poids relatif des deux hémisphères cérébraux et de leurs lobes frontaux (*ibid.*, p. 534-536).

1876. — Sur la topographie crânio-cérébrale ou sur les rapports anatomiques du crâne et du cerveau (*Revue d'anthropologie*, p. 193-248 et 278).

— Revue critique sur « On the relations of the convolutions of the human cerebrum », de W. Turner (*ibid.*, p. 285-289).

— Revue critique sur un cas de lésion probable du pli courbe (*ibid.*, p. 295-296).

— Revue critique sur « Die topographischen Beziehungen zwischen Schädel und Gehirn im normalen Zustand », de A. Ecker (*ibid.*, p. 296-298).

— Sur un cas excessif de microcéphalie, encéphale de 104 grammes (*Bull. Soc. d'anthrop.*, p. 85-92).

— Présentation d'un cerveau de gorille mâle et adulte (*ibid.*, p. 426-431).

— Note sur la topographie cérébrale (*Bull. Acad. de méd.*).

— Discussion sur le cerveau à l'état fœtal (*Bull. Soc. d'anthr.*, p. 217-222).

1877. — Sur la topographie cérébrale comparée de l'homme et du cynocéphale sphinx (*ibid.*, p. 262-267).

— Sur le cerveau du gorille (*ibid.*, p. 432-439).

— Sur la nomenclature cérébrale (*ibid.*, p. 614-618).

— Sur la circonvolution limbique et la scissure limbique (*ibid.*, p. 646-657).

— Rapport sur un mémoire de Armand de Fleury sur l'inégalité dynamique des deux hémisphères cérébraux (*Bull. Acad. de méd.*).

1878. — Etude sur le cerveau du gorille (*Revue d'anthr.*, p. 1-45).

— Nomenclature cérébrale ; dénomination et subdivision des hémisphères et des anfractuosités de la surface (*ibid.*, p. 193-236).

— Le grand lobe limbique et la scissure limbique dans la série des mammifères (*ibid.*, p. 385-498).

1879. — Sur le cerveau d'un gorille de deux ans et demi (*Bull. Soc. d'anthr.*, p. 114-116).

— Moyen de conserver les cerveaux destinés à effectuer de longs voyages (*ibid.*, p. 175-177).

— Déformation congénitale du crâne et de la face. Microcéphalie frontale (*ibid.*, p. 256-259).

— Crâne et cerveau d'un homme atteint de déformation toulousaine (*ibid.*, p. 417-419).

— Sur un fœtus exencéphale (*ibid.*, p. 467-468).

— Sur trois cerveaux d'orang (*ibid.*, p. 607-608).

— Sur le cerveau d'un ectromélien ; localisations cérébrales (*ibid.*, p. 669-672).

— Recherches sur les centres olfactifs (*Revue d'anthr.*, p. 385-455).

— Revue critique sur « Un cerveau incomplètement divisé en deux hémisphères », par Turner (*ibid.*, p. 538-546).

1880. — Localisations cérébrales ; sur le cerveau d'un cul-de-jatte (*Bull. Soc. d'anthr.*, p. 410-411).

— Moule d'un cerveau de Toulousain (*ibid.*, p. 165-167).

— Sur le cerveau de l'assassin Prévost (*ibid.*, p. 238-243).

II. — ANATOMIE COMPARÉE ET ANTHROPOLOGIE GÉNÉRALE

1850. — Rapport sur les fouilles pratiquées dans l'ancien cimetière des Célestins (*publié par la Ville de Paris; in-4°, 19 p.*).

1858. — Mémoire sur l'hybridité et sur la distinction des espèces animales (*Journal de physiologie*, 1858, p. 432-471, 684-729 et 1859, p. 218-250, et 345-390).

1859. — Sur les principaux hybrides du genre *equus;* sur l'hérédité des caractères chez les métis et sur la fécondité des mules (*ibid.*, p. 250-258).

— Résumé des faits relatifs aux croisements des chiens, des loups, des chacals et des renards (*ibid.*, p. 390-396).

— Mémoire sur les phénomènes d'hybridité dans le genre humain (*ibid.*, p. 601-625 et 1860, p. 392-439).

— Sur l'influence durable de certains croisements de races (*Bull. Soc. d'anthr.*, p. 19-26).

— Sur les capsules surrénales d'un nègre (*ibid.*, p. 30).

— Instructions pour le Sénégal (*ibid.*, p. 121-137).

— Sur les races primitives contemporaines de l'époque dite du diluvium (*ibid.*, p. 70-76 et 86-92).

— Documents relatifs aux croisements de races très différentes (*ibid.*, p. 255-264).

1861. — Sur la prétendue hérédité des caractères accidentels (*ibid.*, p. 41-46).

— Sur le prétendu rachitisme des ossements des Eyzies (*ibid.*, p. 432-446).

1862. — Sur les proportions relatives du bras, de l'avant-bras et de la clavicule chez les Nègres et les Européens (*ibid.*, p. 162-172).

— La linguistique et l'anthropologie (*ibid.*, p. 264-319. Traduit en russe par M. Fedtchenko, *Actes de la Section d'anthr.*, Moscou, 1865).

1863. — Sur les léporides ou métis du lièvre et de la lapine (*Journal d'agriculture*, p. 154-156).

— Sur les fouilles du Mont Berny (*Bull. Soc. d'anthr.*, p. 75-78).

— Sur la perforation de la fosse olécranienne de l'humérus (*ibid.*, p. 510-513 et 1865, p. 83, 397, 469 et 711).

— Echelle chromatique des yeux (*ibid.*, p. 592-605 et 1864, p. 767-773).

— Sur la couleur de la peau des nègres à la naissance (*ibid.*, p. 612).

— Fouilles de Chamant ; sépultures de l'âge de pierre (*ibid.*, p. 652-656).

— Sur les ossements extraits de la caverne sépulcrale du Mont Maigre, près Orrouy (Oise) (*ibid.*, p. 510-513 et 1864, p. 56-62 et 718-722).

1864. — Tableau chromatique de la chevelure et de la peau (*ibid.*, p. 138-140 et 767-773).

— Sur un œil d'albinos (*ibid.*, p. 141-145 et *Bull. Soc. anatom.*. p. 258).

— Sur l'état des crânes et des squelettes dans les anciennes sépultures (*ibid.*, p. 642-653).

1865. — Histoire des travaux de la Société d'anthropologie de 1859 à 1863 (*Mém. Soc. d'anthrop.*, t. II, p. vii-li. Reprod. *Arch. génér. de méd.*, *Presse scient. des Deux Mondes, Anthrop. Review.*).

— Instructions générales pour les recherches et observations anthropologiques (anatomie et physiologie) (*Mém. Soc. d'anthr.*, t. II, p. 69-204 et pl. V. Reproduit en entier *Archives de méd. navale*, 1865, p. 369-504. Traduit en russe par M. Fedtchenko et publié par la section d'anthropologie de Moscou. — 2ᵉ édition très augmentée : 1879, 1 vol. in-16, de xiv-290 p., 26 fig. et 2 pl.).

— Sur les sillons observés à la surface des crânes et des ossements qui ont séjourné très longtemps dans le sol (*Bull. Soc. d'anthr.*, p. 54-58 et 255).

— Fouilles pratiquées dans l'une des grottes de Menton (*ibid.*, p. 221).

— L'intelligence des animaux et le règne humain (*ibid.*, p. 656-670 et 1866, p. 53-79).

1866. — Discours sur l'homme et les animaux (*ibid.*, p. 53-79).

— Sur la couleur des cicatrices des nègres (*ibid.*, p. 509 et *Bull. Soc. anatom.*, 1854, p. 167 et 198).

— Sur l'exposition anthropologique égyptienne (*Bull. Soc. anthr.*, p. 574-580).

— Article *Anthropologie* du *Dict. encycl. des Sc. méd.*, t. V, p. 275-300. (Reprod. *Anthrop. Review*, 1867).

1867. — Sur les caractères anatomiques de l'homme préhistorique (*C. R. Congrès d'anthr. préhist.*, Paris, 1867 ; p. 367-402).

— L'antiquité de l'homme et la prosoposée de M. le Dʳ Robert, directeur *des Mondes* (*Pensée nouvelle*, 1867, 15 déc.).

— Sur la mâchoire de la Naulette et sur la question darwinienne (*Congrès d'anthr.*, p. 362-402).

— Sur les cavernes et la perforation de la fosse olécranienne (*ibid.*, p. 144-147).

— Sur les proportions relatives des membres supérieurs et des membres inférieurs chez les Nègres et les Européens (*Bull. Soc. anthrop.*, p. 641-653).

1868. — Histoire des progrès des études anthropologiques depuis la fondation de la Société en 1859 (*Mém. Soc. anthrop.*, t. III, p. cv-cxxv).

— Histoire des travaux de la Société d'anthropologie de 1865 à 1867 (*ibid.*, p. 1. — Reproduit *Revue des cours scient.* et *Anthrop. Review*).

— Nouvelles recherches sur l'anthropologie de la France en général et de la Basse-Bretagne en particulier (*Mém. Soc. anthr.*, p. 147-209).

1869. — Expériences sur les phénomènes de l'hérédité et de l'atavisme. Etude sur la formation des races (*Bull. Soc. d'anthr.*, p. 79-86).

— Sur les ossements des cavernes de Gibraltar (*ibid.*, p. 146-158).

— L'ordre des primates, parallèle anatomique de l'homme et des singes (*ibid.*, p. 228-401).

1870. — Sur l'origine de l'art de faire le feu (*ibid.*, p. 76-84).

— Sur le transformisme (*ibid.*, p. 168-242; reprod. *Revue scientif.*).

1871. — Sur la déformation toulousaine du crâne (*ibid.*, p. 100-120).

1872. — Les troglodytes de la Vézère (*Ass. fr. p. av. d. sc.*, Bordeaux, 1872, p. 1199-1237; reprod. *Revue scientif.*).

— Sur la classification et la nomenclature craniologique d'après les indices céphaliques (*Revue d'anthr.*, p. 385-423).

— Etudes sur la constitution des vertèbres caudales chez les primates sans queue (*ibid.*, p. 577-605).

— Les sélections, la descendance de l'homme, la sélection sexuelle de Darwin et la sélection naturelle de Wallace (revue critique) (*ibid.*, p. 683-710).

— De la déformation du crâne sous l'influence du torticolis chronique (*Bull. Soc. d'anthr.*, p. 21-25).

— Excursion anthropologique dans la Lozère. La caverne sépulcrale de l'Homme-Mort (*ibid.*, p. 523-526).

— De l'influence de l'éducation sur la forme et le volume de la tête (*ibid.*, p. 879-896).

1873. — Les temps préhistoriques dans le sud-est de la France. L'homme dans la vallée du Gardon; allées couvertes de Provence (revue des livres) (*Revue d'anthrop.*, p. 503-508).

— Rapports annuels du laboratoire d'anthropologie de l'Ecole des Hautes-Etudes (*Minist. Instr. publ.*, 1871-72, p. 26-32; 1872-73, p. 40-46; 1873-74, p. 50-55; 1874-75, p. 57-61; 1875-76, p. 86-88; 1876-77, p. 81-85; 1877-78, p. 125-129 et *Revue d'anthr.*, 1873, p. 559-566).

— Sur les Celtes, discussion (*Bull. Soc. d'anthr.*, p. 247-252).

— Sur les léporides (*ibid.*, p. 268-278 et 280-285).

— Sur les monstres doubles, discussion (*ibid.*, p. 884-889 et 892-893).

1874. — De l'influence de l'humidité sur la capacité du crâne (*ibid.*, p. 63-98).

— Sur les doctrines de la diplogenèse (*ibid.*, p. 156-180).

— Sur les crânes perforés, discussion (*ibid.*, p. 189-205).

— Sur les trépanations préhistoriques (*ibid.*, p. 502-555 et 1876, p. 236-251 et 431-440).

— Discussion sur les Celtes ; le nom des Celtes (*ibid.*, p. 658-663).

— Discussion sur Millie-Christine (*Acad. de médecine*).

1875. — Instructions craniologiques et craniométriques (*Mém. Soc. d'anthr.*, 2ᵉ série, t. II, p. 196).

— Sur l'origine et la répartition de la langue basque ; Basques français et Basques espagnols (*Revue d'anthr.*, p. 1-53).

— Discussion sur es microcéphales (*Bull. Soc. anthr.*, p. 56-60 et 69).

— Sur une momie de fœtus péruvien et sur le prétendu os de l'Inca (*ibid.*, p. 133-139).

— Monstre ischiopage ayant vécu cinq mois et demi (*ibid.*, p. 274-275).

— Sur un enfant microcéphale vivant présenté à la Société (*ibid.*, p. 541-542).

1876. — Le Congrès international d'anthropologie et d'archéologie préhistoriques, session de Budapest (*Revue d'anthr.*, p. 733-736).

— Discussion sur le gisement néolithique de Moret (Seine-et-Marne) (*Bull. Soc. d'anthr.*, p. 279-285).

— Sur de prétendues amulettes craniennes (*ibid.*, p. 461-463).

— Trépanations préhistoriques. Crânes trépanés à l'aide d'un éclat de verre (*ibid.*, p. 512-513).

— Sur l'âge des sujets soumis à la trépanation chirurgicale néolithique (*ibid.*, p. 572-576).

— Le programme de l'anthropologie (leçon d'ouverture des cours de l'École) (In-8º, 15 p., 1876).

— Rapport du conseil sur la proposition relative à l'article additionnel présenté pendant la session de Budapest (*Congrès intern. d'anthr. Budapest*, p. 23-25).

— Sur une nécropole de l'âge du fer en Italie (*ibid.*, p. 407-410).

1877. — Sur les apophyses styloïdes lombaires (*Bull. Soc. d'anthr.*, p. 633-637).

— Sur la maladie des Scythes (*ibid.*, p. 537-538).

— Les races fossiles de l'Europe occidentale (*Ass. fr. pour av. des sc.*, Le Havre, p. 10-25).

— Sur la trépanation du crâne et les amulettes craniennes à l'époque néolithique (*Revue d'anthr.*, p. 1-42 et 193-225, et *Congrès de Budapest*, p. 101-192).

— Rapport sur un squelette envoyé par le président de la Société Borda, de Dax (*Bull. Soc. anthr.*, p. 200-203).

— Sur la généalogie de l'homme d'après M. Hæckel. Le placenta des Lémuriens (*ibid.*, p. 270-276).

— Sur la trépanation néolithique (*Acad. de méd.*, 1877).

— De la trépanation du crâne pratiquée sur un chien vivant par la méthode néolithique (*Bull. Soc. d'anthr.*, p. 400).

— De la plagiocéphalie chez le singe (*ibid.*, p. 402).

— Sur l'apophyse mastoïde et la station bipède (*ibid.*, p. 411-413).

— Le pli transversal du singe dans la main de l'homme (*ibid.*, p. 431-432).

1878. — Squelettes de deux Hindous noirs des environs de Madras (*ibid.*, p. 47-53).

— Sur les indices de largeur de l'omoplate chez l'homme, les singes et dans la série des mammifères (*ibid.*, p. 66-92).

— Sur deux cas où un doigt surnuméraire s'est développé à l'âge-adulte (*ibid.*, p. 283-285).

1879. — Sur la fausseté des résultats céphalométriques obtenus à l'aide du conformateur des chapeliers (*ibid.*, p. 101-106).

— Sur la détermination de l'âge moyen (*ibid.*, p. 298-317).

— Sur la faculté que présente un jeune magot de reconnaître les représentations artistiques des animaux de son espèce (*ibid.*, p. 441-443).

— Têtes de deux Néo-Calédoniens : Ataï et son sorcier (*ibid.*, p. 616-617).

— Méthode des moyennes. Études sur les variations craniométriques et de leur influence sur les moyennes ; détermination de la série suffisante (*ibid.*, p. 756-820).

— Rapports des directeurs de laboratoires (anthropologie) (*Minist. Instr. publ.*).

1880. — Sur les moyennes (discussion) (*Bull. Soc. d'anthr.*, p. 119).

— Sur un microcéphale âgé de deux ans et demi ; anomalies viscérales régressives (*ibid.*, p. 387-388).

— Discours d'ouverture du Congrès des sciences anthropologiques de 1878 (Paris, Impr. nat., 1880, p. 17-23).

— Sur le buste d'une jeune fille zoulou (*Bull. Soc. d'anthr.*, p. 227-228).

— Sur un enfant illettré doué de la faculté de faire mentalement des calculs très compliqués (*ibid.*, p. 244-269).

— Barrême anthropologique, publié en russe par la Société des amis des sciences naturelles de Moscou (In-folio, 29 p., Moscou, 1879) ; précédé d'une notice sur l'emploi du barrême et de la méthode trigonométrique (in-folio, 36 p.).

CRANIOLOGIE GÉNÉRALE

1860. — Mémoire sur le craniographe et sur quelques-unes de ses applications (*Mém. Soc. anthr.*, t. I, p. 348-378).

1861. — Sur le craniographe et sur la détermination de plusieurs angles nouveaux nommés angles auriculaires (*Bull. Soc. d'anthr.*, p. 673-686).

1862. — Sur la détermination des points singuliers de la voûte du crâne qui limitent les angles auriculaires (*ibid.*, p. 17-24).

— Sur la situation relative du trou occipital chez les Nègres et chez les Européens (*ibid.*, p. 524-530).

— Sur les projections de la tête et sur un nouveau procédé de céphalométrie (*ibid.*, p. 534-544).

— Sur l'inion ou point iniaque, et ses variations suivant les races (*ibid.*, p. 18-20 et 589-591).

1864. — Sur le crâne de Schiller et sur l'indice cubique des crânes (*ibid.*, p. 253-260).

— Incertitudes des mesures prises sur les crânes moulés en plâtre (*ibid.*, p. 435-437 et 449-455).

— Sur un nouveau goniomètre (*ibid.*, p. 943-946).

1865. — Procédé géométrique pour mesurer l'angle sphénoïdal sans ouvrir le crâne (*ibid.*, p. 564-572).

1866. — Description of a new goniometer (*Mem. read before the Anthrop. Soc. of London*, vol. II, p. 82-91).

1868. — Sur le stéréographe, nouvel instrument craniographique destiné à dessiner tous les détails du relief des corps solides (*Mém. Soc. anthr.*, t. III, p. 99-126).

— Comparaison des indices céphaliques sur le vivant et sur le squelette (*Bull. Soc. d'anthr.*, p. 25-32).

1869. — Le cadre *à maxima* et le compas micrométrique (*ibid.*, p. 101-104).

1872. — Sur l'angle orbito-occipital (*Revue d'anthr.*, p. 305-432).

— Recherches sur l'indice nasal (*ibid.*, p. 1-35 et *Bull. Soc. d'anthr.*, p. 25-39).

— De la classification et de la nomenclature craniologiques d'après les indices céphaliques (*Revue d'anthr.*, p. 385-423).

— Le goniomètre occipital (*Bull. Soc. d'anthr.*, p. 634-638).

— Sur la direction du trou occipital; description du niveau occipital et du goniomètre occipital (*ibid.*, p. 649-668).

— De l'influence de l'éducation sur le volume et la forme de la tête (*ibid.*, p. 879-896).

1873. — Recherches sur la direction du trou occipital et sur les angles occipitaux et basilaires (*Revue d'anthr.*, p. 193-234).

— Sur la mensuration de la capacité du crâne (*Mém. Soc. d'anthr.*, 2e série, t. I, p. 63-152).

— Sur le plan horizontal de la tête et sur la méthode trigonométrique (*Bull. Soc. d'anthr.*, p. 48-92).

— Quelques résultats de la détermination trigonométrique de l'angle alvéolo-condylien et de l'angle biorbitaire (*ibid.*, p. 150-179).

— L'équerre flexible auriculaire et le goniomètre auriculaire (*ibid.*, p. 147-150).

— Le demi-goniomètre facial (*ibid.*, p. 233-236).

— Sur le trapèze intracranien (*ibid.*, p. 359-363).

— Sur l'endocrâne. Nouveaux instruments destinés à étudier la cavité cranienne sans ouvrir le crâne (*ibid.*, p. 352-383).

— Nouvelles recherches sur le plan horizontal de la tête et sur le degré d'inclinaison des divers plans craniens (*ibid.*, p. 542-563).

1874. — Etudes sur les propriétés hygrométriques des crânes, considérées dans leurs rapports avec la craniométrie (*Revue d'anthr.*, p. 385-444).

— De l'influence de l'état hygrométrique des crânes sur leur capacité (*Bull. Soc. d'anthr.*, p. 63-98).

— Sur la valeur des divers angles faciaux et sur un nouveau goniomètre facial, appelé le goniomètre facial médian (*ibid.*, p. 358-384).

— Cubage des crânes. Révision et correction des résultats stéréométriques publiés avant 1872 (*ibid.*, p. 563-573).

— Sur le cyclomètre, instrument destiné à déterminer la courbure des divers points du crâne (*ibid.*, p. 676-686).

1875. — Recherches sur l'indice orbitaire (*Revue d'anthr.*, p. 577-616).

— Sur la scaphocéphalie (*Bull. Soc. d'anthr.*, p. 23-28).

— Sur un crâne microcéphale (*ibid.*, p. 75-76).

— Sur la perforation congénitale et symétrique des deux pariétaux (*ibid.*, p. 192-199).

— Sur les accidents produits par la pratique des déformations artificielles du crâne (*ibid.*, p. 199-203).

— Sur les trous pariétaux et sur la perforation congénitale double et symétrique des pariétaux (*ibid.*, p. 326-336).

— Notions complémentaires sur l'ostéologie du crâne. Détermination et dénominations nouvelles de certains points de repère. Nomenclature craniologique (*ibid.*, p. 337-366).

1877. — Sur l'angle orbito-occipital (*ibid.*, p. 325-333).

1878. — Sur le plan horizontal du crâne (*ibid.*, p. 345-359).

1879. — Sur les crânes de diverses races que M. Hortus a recueillis à Cayenne (*ibid.*, p. 177-179).

1880. — Méthode trigonométrique ; le goniomètre d'inclinaison et l'orthogone (*Ibid.*, p. 132-159).

— Sur le goniomètre flexible (*ibid.*, p. 183-192).

— Sur la méthode orthogonale de M. Ihering (*ibid.*, p. 357-362).

— Préparation des crânes d'enfants à fontanelles non ossifiées (*ibid.*, p. 385-386).

CRANIOLOGIE SPÉCIALE

1855. — Etude anthropologique sur le crâne de Mané-Beker-Nos (*Bull. Soc. polym. du Morbihan.* Tiré à part à la suite de la brochure de M. de Closmadeuc sur le tombeau de Quiberon (*Bull. Soc. d'anthr.*, 1865, p. 73-78).

1861. — Observations anthropologiques sur les habitants de la Basse-Bretagne (*Bull. Soc. d'anthr.*, p. 413-417).

— Sur des crânes provenant d'un cimetière de la Cité, antérieur au XIII° siècle (*ibid.*, p. 501-513).

1862. — Sur les crânes basques de Saint-Jean-de-Luz (*ibid.*, p. 43-101 et 1868, p. 9-20).

— Sur la capacité des crânes parisiens des diverses époques (*ibid.*, p. 102-116).

— Sur les crânes du dolmen de Meudon (*ibid.*, p. 320).

— Sur les caractères du crâne des Basques (*ibid.*, p. 579-591 et 1863, p. 39-62).

1864. — Description du crâne déformé de Voiteur (Jura) (*ibid.*, p. 385-392).

— Sur les crânes d'Orrouy (*ibid.*, p. 718-722).

1865. — Sur les crânes des tumuli de Maintenon (Eure-et-Loir) et de Méloisy (Côte-d'Or) (*ibid.*, p. 23-26).

— Crâne de l'âge de pierre de Quiberon (*ibid.*, p. 75-78).

— Crânes de la rue des Ecuries-d'Artois, et crânes de Parthenay (Deux-Sèvres) (*ibid.*, p. 78-79).

— Sur les crânes de l'ossuaire de Saint-Arnould (Calvados) (*ibid.*, p. 511-514).

1866. — Sur les fouilles de la caverne-abri de Lafaille, à Bruniquel (*ibid.*, p. 48-52).

— Sur le crâne de Dante Alighieri (*ibid.*, p. 206-210).

— Sur une seconde série de crânes basques du Guipuzcoa (*ibid.*, p. 470-473 et 1867, p. 18-21).

1867. — Sur les fragments de crâne humain d'Eguisheim (*ibid.*, p. 129-131).

— Sur la trépanation chez les Incas (*ibid.*, p. 403-408).

1868. — Sur les crânes et ossements des Eyzies (*ibid.*, p. 350-392).

— Sur le crâne de Meyrueis (Lozère) (*ibid.*, p. 129-134).

— Les crânes des Eyzies et la théorie esthonienne (*ibid.*, p. 454-510).

1872. — Sur la caverne de l'Homme-Mort, près Saint-Pierre-les-Tripiés (Lozère) (*Congrès intern. d'anthr.*, Bruxelles, 1872, p. 182-198).

1873. — Sur les crânes de la caverne de l'Homme-Mort (*Revue d'anthr.*, p. 1-53).

— Sur les crânes de Laugerie-Basse, époque du renne (*Bull. Soc. d'anthr.*, p. 217-221).

— Anciens crânes déformés macrocéphales des environs de Tiflis, région du Caucase (*ibid.*, p. 572-578).

— Sur les crânes de Solutré (*ibid.*, p. 819-836).

1874. — Crânes plagiocéphales des grottes de Baye (*ibid.*, p. 266).

— Crâne scaphocéphale d'une négresse du Sénégal (*ibid.*, p. 349-358).

1875. — Sur les crânes des grottes de Baye (*ibid.*, p. 28-32).

1876. — Sur deux séries de crânes provenant d'anciennes sépultures indiennes des environs de Bogota (*ibid.*, p. 359-373).

— Sur un crâne macrocéphale déformé de l'époque barbare en Hongrie (*Congrès intern. d'anthr.*, Budapest, 1876, p. 561-572).

— Sur les traces de l'homme pliocène en Toscane (*ibid.*, p. 57-59).

1879. — Sur un mode peu connu de déformation toulousaine (*Bull. Soc. d'Anthr.*, p. 699-700).

— Sur un crâne de fellah et sur l'usure des dents (*ibid.*, p. 332-344).

ETHNOLOGIE

1860. — Recherches sur l'ethnologie de la France (*Mém. Soc. d'anthr.*, t. I, p. 1-56).

— Sur les Kabyles blonds de l'Aurès (*Bull. Soc. d'anthr.*, p. 162-165 et 179).

— Remarques sur les langues polynésiennes (*ibid.*, p. 250-255).

— Sur le défaut de perfectibilité de certaines races (*ibid.*, p. 337-342 et 368-376).

1861. — Sur l'origine des races d'Egypte et de leur civilisation (*ibid.*, p. 550-555).

1862. — Sur la diversité des types des Indiens d'Amérique (*ibid.*, p. 408-410, 423, 433).

1863. — Sur les caractères physiques des Mincopies ou habitants des îles Andaman (*ibid.* p. 497-508).

1864. — Recherches sur l'ethnologie de la Basse-Bretagne (*ibid.*, p. 146-153, et 1866, p. 700-702; *Mém. Soc. d'anthr.*, t. III, avec carte cantonale).

— Qu'est-ce que les Celtes ? (*Bull. Soc. d'anthr.*. p. 557-562).

— Sur les origines des races d'Europe (*ibid.*, p. 193-196, 305-315, 557-562, 569-573).

— Carte de la répartition de la langue basque (*ibid.*, p. 819-822 et 1868, p. 7-8).

1866. — Notes et instructions anthropologiques relatives à l'Exposition égyptienne (*ibid.*, p. 574-580).

1867. — Sur la mortalité des jeunes enfants (*Bull. Acad. de Méd.*, t. XXXII, p. 351-367).

— Sur la prétendue dégénérescence de la population française (*ibid.*, p. 547-603 et 839-862).

1869. — L'ethnologie de la France au point de vue des infirmités (*ibid.*, 1869).

— Sur l'ethnologie de l'Abyssinie (*Bull. Soc. d'anthr.*, p. 65-72).

1873. — La race celtique ancienne et moderne ; Arvernes et Armoricains, Auvergnats et Bas-Bretons (*Revue d'anthr.*, p. 577-628).

— Sur la question celtique; crânes des Bas-Bretons et des Auvergnats (*Bull. Soc. d'anthr.*, p. 313-328).

1874. — Les Akka, race pygmée de l'Afrique centrale (*Revue d'anthr.*, p. 279-287).

— Ethnogénie italienne. Les Ombres et les Etrusques (*ibid.*, p. 288-297).

— Nouveaux renseignements sur les Akka (*ibid.*, p. 462-470).

— Sur l'ethnologie de la France (*Bull. Soc. d'anthr.*, p. 593-594).

1876. — Les peuples blonds et les monuments mégalithiques de l'Afrique septentrionale. Les Vandales en Afrique (*Revue d'anthrop.*, p. 293-404).

— La race brune et la race blonde en Allemagne (*Congrès intern. d'anthrop.*, Budapest, 1876, p. 581-584).

1877. — Sur les textes relatifs aux Celtes dans la Grande-Bretagne (*Bull. Soc. d'anthr.*, p. 509-511).

1879. — Sur une carte de la langue bretonne de M. Mauricet (*ibid.*, p. 22-25).

— Sur les prétendus Enarées du Caucase (*ibid.*, p. 73-76).

ARTICLES NÉCROLOGIQUES

— Discours prononcé sur la tombe d'Antelme (*Bull. Soc. d'anthr.*, 1864, p. 574-577).

— Éloge funèbre de Pierre Gratiolet (*Mém. Soc. d'anthr.*, t. II, 1865, p. CXII-CXVIII).

— Discours prononcé sur la tombe de Morpain (*Bull. Soc. d'anthr.*, 1870, p. 159-162).

— Léon Guillard (*Revue d'anthr.*, 1872, p. 357-358).

— Jules Assézat (*ibid.*, 1876, p. 744-746).

— Discours prononcé sur la tombe de M. Perier, le 15 mai 1880 (*Bull. Soc. d'anthr.*, 1880, p. 400-404).

(La liste intégrale des travaux de Paul Broca (anthropologie, sciences médicales, éloges historiques), a été publiée par M. le Dr Pozzi dans la *Revue d'anthropologie*, 1880, 2ᵉ série, t. III, p. 592-608.)

MÉMOIRES POSTHUMES

— Quelques subdivisions des groupes basées sur l'indice céphalique : eurycéphales, brachistocéphales, mégistocéphales et sténocéphales (*Revue d'anthr.*, 1881, p. 1-18).

— La torsion de l'humérus et le tropomètre, instrument destiné à mesurer la torsion (*Ibid.*, 1881, p. 193-210, 385-425). Tableaux et conclusions, rédigés par M. le Dr L. MANOUVRIER (p. 577-592).

— Le poids du cerveau d'après les registres de Paul Broca, par Paul TOPINARD (*Revue d'anthr.*, 1882, p. 1-30).

— De l'indice céphalique sur le crâne et sur le vivant, d'après Broca, par Paul TOPINARD (*ibid.*, 1882, p. 98-102).

— La mensuration de la capacité du crâne, d'après les registres de Broca, par Paul TOPINARD (*ibid.*, 1882, p. 385-411).

— Liste des mesures et procédés craniométriques de Broca, par Paul TOPINARD (*ibid.*, 1882, p. 577-590).

— Description élémentaire des circonvolutions cérébrales de l'homme, d'après le cerveau schématique (complétée par S. POZZI et CHUDZINSKI) (*ibid.*, 1883, p. 1-34, 193-210, 385-405, et 1884, p. 1-21).

— Le poids du cervelet, du bulbe, de la protubérance et des hémisphères, d'après les registres de Broca, par Ph. REY (*ibid.*, 1884, p. 193-209).

— Sur la préparation des hémisphères cérébraux (*ibid.*, 1884, p. 385-403).

— Du poids des hémisphères et des lobes cérébraux, d'après les registres de Broca, par Ph. REY (*ibid.*, 1885, p. 39-57, 385-396).

— Mensurations des crânes des grottes de Baye, époque néolithique, d'après les registres de Broca, par P. TOPINARD (*ibid.*, 1886, p. 1-9).

— Mensurations des crânes de la caverne de Baumes-Chaudes, époque néolithique, d'après les registres de Broca, par P. TOPINARD (*ibid.*, 1886, p. 193-203).

— Mensurations des crânes des dolmens de la Lozère, d'après les registres de Broca, par P. TOPINARD (*ibid.*, 1887, p. 513-518).

LISTE

DES TRAVAUX ANTHROPOLOGIQUES

De M. le Dr BERTILLON

— De quelques éléments de l'hygiène dans leurs rapports avec la durée de la vie (Thèse, 1852).

— Nombreux articles démographiques dans le *Dictionnaire encyclopédique des sciences médicales* : Acclimatement, acclimatation —Açores — Age — Angles céphaliques — Aptitudes et immunités pathologiques — Australie — Autriche — Bade — Bavière — Belgique — Bohême et Moravie — Décès — Démographie — France — Grande-Bretagne — Possessions britanniques — Laponie — Mariage — Mésologie — Migration — Mortalité — Mort violente — Mort-né — Moyenne — Mutualité — Natalité.

— Mortalité des enfants de 0 à 1 an (*Union médicale*, 1858).

— Critique d'une mauvaise appréciation de la mortalité (*Bull. Soc. d'anthrop. Paris*, 1862).

— De la méthode dans l'anthropologie (*ibid.*, 1863).

— De la taille des conscrits français (*ibid.*, 1863).

— Nombreux articles statistiques et démographiques dans le *Dictionnaire de médecine* de Littré et Robin (1864) : Démographie — Mariage — Mésologie — Mortalité — Mort-né — Moyenne — Naissance — Natalité — Population — Statistique — Table de mortalité — Taille — Vie moyenne — Vie probable.

— De l'acclimatement des diverses races (*Journ. de la Soc. de statist.*, 1864).

— Des diverses manières de mesurer la durée de la vie humaine (*ibid.*, 1866).

— Etude sur la mortalité comparée à chaque âge : 1° en France, en Prusse, en Autriche ; 2° dans quelques départements français (*Annales d'hygiène*, 1867).

— Trois lettres à M. Marchal (de Calvi) sur cette question : Dégénérons-nous ? (*Réforme méd.*, 1867).

— Détermination de la mortalité dans les divers milieux (*Journ. Soc. Statist.*, 1869).

— Etude sur la mortalité de la ville de Paris (*ibid.*, 1869).

— Mortalité des enfants et des adolescents, étudiée à chaque âge et dans chaque département de la France (*Acad. de médecine*, janvier 1870).

— Difficultés à comparer la mortalité des nouveau-nés dans divers pays (*Union médic.*, 1870).

— Table de survie par années d'âge et par sexes (*Bull. de la Comm. de statist. de Belgique*).

— Forme et grandeur de divers groupes de crânes néo-calédoniens, d'après une collection inédite du musée de Caen (*Revue d'anthrop.*, 1872).

— Les unions consanguines (*Bull. Soc. d'anthrop.*, 1872).

— Conférences sur la population française (1872).

— Rapport à la Société d'anthropologie sur le prix Godard (*Bull. Soc. d'anthrop.*, 1872).

— De la population française ; mortalité à chaque âge et en chaque département (*Ass. fr. pour l'av. des sc.*, Lyon, 1873).

— Aperçus anthropologiques et démographiques sur le recensement de 1872 (*Revue d'anthrop.*, 1872).

— Divers articles dans la *Revue d'Anthropologie*.

— Etudes sur la population française (*Acad. de méd.*, 1875).

— Des combinaisons de sexe dans les grossesses gémellaires (*Bull. Soc. d'anthrop.*, 1874).

— La démographie du département du Nord (*Ass. fr. pour l'av. des sc.*, Lille, 1874).

— Atlas de démographie figurée de la France ; mortalité (60 cartes ou tableaux, 1871-74).

— Une critique malheureuse de M. H. Spencer à propos du mariage et de son influence sur la vitalité (*Revue de philos. posit.*, 1875).

— Démographie de la Seine-Inférieure (*Ass. fr. pour l'av. des sc.*, Le Havre, 1876).

— Considérations générales sur la démographie, appliquée tout particulièrement à la Belgique (*Acad. de méd. de Belgique*, 1876).

— Démographie et géographie médicale (*Revue Géogr. internat.*, 1876-77).

— Mouvements de la population dans divers États de l'Europe et notamment en France ; leurs relations et leurs causes (*Annales de démogr.*, 1877).

— Sur la durée des générations humaines, réponse à M. d'Abbadie (*Bull. Soc. d'anthrop.*, 1877, p. 321).

— Rapport sur la mortalité des jeunes enfants (Congrès d'hygiène, Paris, 1878).

— Place de la démographie dans les sciences anthropologiques (*Ann. de démogr.*, 1878).

— Instructions pour l'Exposition de démographie et de géographie médicale (Expos. univ. de 1878).

— Discours d'ouverture du Congrès de démographie, Paris, 1878.

— Rapport sur l'enregistrement de l'état civil et la constatation médicale des naissances et des décès (Congr. de démogr., Paris, 1878).

— Rapport sur l'enseignement de la démographie (*ibid.*).

— Des moyens de mesurer la fécondité des populations (Confér. intern. de statist., 1878).

— Des moyens de mesurer la mortalité par âges (*ibid.*).

— Quelles sont les recherches statistiques à prescrire pour constater l'influence de l'école sur le développement physique de l'enfance ? (Congrès de l'enseignement, Bruxelles, 1880).

— Préface de la *Démographie figurée de l'Algérie*, du Dr Ricoux.

— Rapport sur le voyage du Dr Livingstone (*Bull. Soc. d'anthrop.*, 1860).

— Sur les caractéristiques de l'homme (*ibid.*, 1866).

— Valeur philosophique de l'hypothèse du transformisme (*ibid.*, 1871).

— Influence du milieu naturel et du milieu social sur le développement de la civilisation et de la pensée religieuse (*ibid.*, 1872-73).

— Sur les évolutions de l'anthropophagie (*ibid.*, 1874).

— Article *Anthropologie*, de *l'Encyclopédie générale*.

(La liste complète des travaux de M. Bertillon a été publiée en 1883 (*La vie et les œuvres du docteur L. A. Bertillon*, Paris, Masson.)

LISTE

DES TRAVAUX ANTHROPOLOGIQUES

De M. le Dr BORDIER

Société d'Anthropologie de Paris :
— Influence de la pression atmosphérique sur l'organisme (*Bulletins*, 1877, p. 109 et *Mémoires*, 2ᵉ s., t. I, p. 382).
— Tiahuacano et le lac Titicaca, mémoire de M. Ber (*Bull.*, 1877, p. 350),
— Les Esquimaux du Jardin d'acclimatation (*Bull.*, 1877, p. 575 et *Mém.*, 2ᵉ s., t. I, p. 448).
— Instructions pour Madagascar (*Bull.*, 1878, p. 41 et *Mém.*, 2ᵉ s., t. I, p. 470).
— Instructions pour un médecin d'hôpital à Port-au-Prince (Haïti) (*Mém.*, 2ᵉ s., t. II, p. 209).
— Musée ethnographique des Invalides (*Bull.*, 1878, p. 98).
— Les Gauchos du Jardin d'acclimatation (*Bull.*, 1878, p. 310).
— Les Lapons du Jardin d'acclimatation (*Bull.*, 1878, p. 396).
— L'arc et les échasses en Océanie (*Bull.*, 1878, p. 471).
— Instructions pour la Malaisie (*Bull.*, 1879, p. 45).
— Les crânes d'assassins (*Bull.*, 1879, p. 292).
— Instructions pour la Laponie (*Bull.*, 1879, p. 404).
— Crâne d'Esquimau du Labrador (*Bull.*, 1881, p. 16).
— Ethnographie du Mackenzie (*Bull.*, 1881, p. 57).
— Aptitude des races blondes d'Europe pour la suette (*Bull.*, 1881, p. 215).
— Rapport sur le prix Godard (*Bull.*, 1881, p. 561).
— Photographies de criminels (*Bull.*, 1882, p. 795).
— L'anthropophagie (*Bull.*, 1888, p. 62).
— Les microbes et le transformisme (*Bull.*, 1888, p. 743).
— Discours de présidence (*Bull.*, 1892, p. 6; 1893, p. 1).
— Le sifflet chez les primitifs (*Bull.*, 1887, p. 698).

Revue de l'Ecole d'anthropologie :
— Injection du sang du nègre comme préservatif de la fièvre jaune chez le blanc (1891, p. 93).

— 131 —

— Le milieu intérieur et l'acclimatation (1891, p. 129).
— Action du séjour sur les altitudes (1891, p. 190).
— Le milieu social (1892, p. 1).
— M. de Quatrefages (1892, p. 63).
— M. Jourdanet (1892, p. 206).
— Naissance et évolution des idées et des pratiques médicales. Superstitions médicales (1893, p. 41).
— Toxicologie primitive (1893, p. 301).
— L'hérédité; mécanisme et théories (1894, p. 313).

— Des localisations cérébrales (*Revue d'anthrop.*, 1877).
— L'exposition des sciences anthropologiques (Paris, Reinwald, 1878).
— Notes de pathologie exotique. Le bouton de Biskra et la Veruga, bouton des Andes (Paris, Baillière, 1880).
— Japonais et Malais (*Revue d'anthrop.*, 1881).
— Notice sur la collection d'anthropologie préhistorique du Muséum d'histoire naturelle de Grenoble (Dupont, 1882).
— L'humanité devant la foi et devant la science (Grenoble, Dupont, 1882).
— La science et la question du travail (Grenoble, Dupont, 1882).
— Articles *Albinisme, Algérie, Beriberi, Bouton de Biskra, Choléra, Dégénérescence*, du *Dictionnaire des sciences anthropologiques*.
— La géographie médicale (*Biblioth. des sciences contemp.*, in-12, 662 p., Paris, Reinwald, 1884).
— La colonisation scientifique et les colonies françaises (in-8°, 506 p., Paris, Reinwald, 1884).
— La vie des sociétés (in-8°, 360 p., Paris, Reinwald, 1887).
— Pathologie comparée de l'homme et des êtres organisés (in-8°, 470 p., Paris, Lecrosnier, 1889).

LISTE

DES TRAVAUX ANTHROPOLOGIQUES

De M. le Dr CAPITAN

PRÉHISTORIQUE. GÉNÉRALITÉS. ÉOLITHES. REUTÉLIEN. MESVINIEN

— La science préhistorique, ses méthodes (*Revue Ecole d'anthrop.*, 1899, p. 333).

— La question de l'homme tertiaire à Thenay (en collab. avec P.-G. Mahoudeau). (*Ibid.*, 1901, p. 129.)

— Discussion sur les silex tertiaires (*Assoc. franç. av. sc.*, 1900, t. I, p. 206).

— Fouilles au Puy-Courny (*Ibid.*, 1901, t. I, p. 164, t. II, p. 762).

— La question des éolithes (*Rev. École d'anthr.*, 1904, p. 240).

— Les éolithes, d'après Rutot (*Ibid.*, 1905, p. 274).

— L'industrie reutélienne dans les alluvions quaternaires anciennes de la vallée de la Brèche, près Clermont (Oise). (*Ass. fr. av. sc.*, Angers, 1903, p. 244.)

— L'industrie mesvinienne et les éolithes du Puy-Courny (en collab. avec Clergeau). (*Ibid.*, 1903, t. I, p. 246).

— L'industrie reutélienne dans les graviers quaternaires de la rue de Rennes, à Paris (*Ibid.*, Grenoble, 1904, t. II, p. 1136).

— L'industrie reutélo-mesvinienne dans les sablières de Chelles, Saint-Acheul, Montières, et les graviers de la Haute-Seine et de l'Oise (*Ibid.*, Angers, 1903, t. II, p. 893.

— L'industrie mesvinienne dans les sablières de Billancourt, près Paris; sa distribution stratigraphique (*Ibid.*, Angers, 1903, t. I. p. 243).

— A propos d'éolithes (1er Congrès préhist. de France, p. 97 et 149).

— Eolithes ou pseudo-éolithes dans une argile à silex de l'Orléanais (en collab. avec Clergeau) (*Ass. fr. av. sc.*, Lyon, 1906).

PALÉOLITHIQUE

— Gisement chelléen ou préchelléen de Clérieux (Ardèche). (*Ass. fr. av. sc.*, 1902, t. I, p. 248, t. II, p. 755.)

— Une visite à la ballastière de Tilloux (*Revue Ecole d'anthr.*, 1895, p. 380).

— La station de la Micoque (*Bull. Soc. d'anthr.*, Paris, 1896, p. 529 et *Rev. Ecole d'anthr.*, 1896, p. 406.)

— Nouvelles fouilles à la Micoque, près des Eyzies — niveau inférieur (en collab. avec Peyrony). (*Ass. fr. av. sc.*, Lyon, 1906.)

— La station de la Vignole (*Bull. Soc. d'anthr.*, 1897, p. 130.)

— La grotte dite « Eglise de Guilhem », près des Eyzies, station acheuléenne (*Ass. fr. av. sc.*, 1902, t. I, p. 252, t. II, p. 769.)

— L'homme, le mammouth et le rhinocéros à l'époque quaternaire sur l'emplacement de la rue de Rennes (*Acad. des sciences* et *Revue Ecole d'anthr.*, 1905, p. 66).

— Station acheuléenne de Villejuif (*Ass. fr. av. sc.*, 1897, t. I, p. 339.)

— L'homme quaternaire dans le bassin du Rhône (*Revue Ecole d'anthr.*, 1901, p. 395.)

— Hachette chelléenne (*Bull. Soc. d'anthr.*, 1892, p. 390.)

— Pièces provenant de la ballastière de Chelles (*Ibid.*, 1898, p. 423.)

— Hache de Hem-Monacu (*Ibid.*, 1892, p. 606.)

— La première hache acheuléenne connue (*Revue Ecole d'anthr.*, 1901, p. 219.)

— Les divers instruments chelléens et acheuléens compris sous le terme univoque de « coup de poing » (Congrès d'anthrop. préhist. de 1900 et *Revue Ecole d'anthr.*, 1900, p. 376.)

— Une couche de silex taillés, usés, sur la terrasse moyenne du Moustier (*Bull. Soc. d'anthr.*, 1906, p. 65.)

— Gisements nouveaux du rocher des Eyzies (en collab. avec Peyrony et Bourlon). (1er Congrès préhist. de France, p. 70.)

— La station paléolithique de la Ferrassie (Dordogne) (en collab. avec Peyrony). (*Bull. Soc. d'anthr.*, 1902, p. 730 et 1er Congrès préhist. de France.)

— Quelques observations sur les pièces recueillies par M. Doudou dans la seconde grotte d'Engis (*Revue Ecole d'anthr.*, 1904, p. 25.)

— Nouvelles observations sur la grotte des Eyzies et ses relations avec celle de Font-de-Gaume (en collab. avec Breuil et Peyrony). (1er Congrès préhist., p. 137.)

— Fouilles à l'abri Mège, station magdalénienne à Teyjat (Dordogne), (en collab. avec Breuil, Peyrony et Bourrinet). (1er Congrès préhist., p. 84 et *Revue Ecole d'anthr.*, 1906, p. 190.)

— Recherches effectuées dans la grotte de la Mairie à Teyjat (en collab. avec Breuil, Peyrony et Bourrinet). (1er Congrès préhist., p. 86.)

— Une fouille à Laugerie-Haute (*Ass. fr. av. sc.*, 1902, t. I, p. 253, t. II, p. 771).

— L'abri sous roche solutréen du moulin de Laussel (Dordogne). (*Bull. Soc. d'anthr.*, 1903, p. 558).

— Superposition du magdalénien au solutréen à Solutré (*Revue Ecole d'anthr.*, 1899, p. 23).

— Abri sous roche de Marson (*Ass. fr. av. sc.*, 1902. t. I, p. 268).

— Sur une forme particulière de nucléi paléolithiques, aux Marineaux et à Leigné-les-Bois (Vienne). (*Ibid.*, 1899, t. I, p. 291).

NÉOLITHIQUE

— Le Campignien, fouille d'un fond de cabane au Campigny (en collab. avec Salmon et d'Ault du Mesnil) (*Rev. Ecole d'anthr.*, 1898).

— Les fouilles à Catenoy et au Campigny; leur interprétation au point de vue du passage du paléolithique au néolithique (*Ibid.*, 1900, p. 393).

— Fouilles à Villeneuve-Triage (*Ass. fr. av. sc.*, 1900, I, p. 203).

— Atelier de Praslong (*Bull. Soc. d'anthr.*, 1874, p. 245).

— Station des Hogues (en collab. avec Jamin). (*Ibid.*, 1893, p. 269).

— L'industrie de la station de Fitz-James, près Clermont (Oise); son facies industriel spécial (en collab. avec Breuil). (*Ass. fr. av. sc.*, 1904, II, p. 1134.

— La station préhistorique de la Mérigode, près Creysse-Mouleydier (Dordogne). (1er Congrès. préhist. de France, p. 237.)

— Station de Saint-Aubin-Jouxte-Boulleng (*Bull. Soc. d'anthr.*, 1893, p. 345).

— La station de la Vignette (*Revue École d'anthr.*, 1897, p. 208).

— Un village néolithique à Villejuif, au sud de Paris (*Ass. fr. av. sc.*, 1897, I, 327, II, p. 667 et *Revue Ecole d'anthr.*, 1898, p. 121).

— Palafittes du lac de Clairvaux (*Ass. fr. av. sc.*, 1898, I. p. 178).

— Discussion sur les stations néolithiques (*Ibid.*, 1899, I, p. 281).

— Discussion sur les industries primitives de la Marne (*Ibid.*, 1899, I, p. 280, II, p. 542).

— Discussion sur l'industrie néolithique (*Ibid.*, 1900, I, p. 202).

— Excursions préhistoriques aux environs de Boulogne-sur-Mer (*Ibid.*, 1899, I, 291, II, p. 569).

— La trouvaille de Frignicourt (*Revue Ecole d'anthr.*, 1901, p. 291).

— Un instrument poli breton (*Ibid.*, 1902, p. 389).

— Evolution de la scie en silex (*Bull. Soc. d'anthr.*, 1892, p. 206).

— Le disque-râcloir (*Ibid.*, 1891, p. 564).

— Le grattoir à bec (en collab. avec Brung). (*Ibid.*, 1896. p. 373.)

— Distribution géographique des maillets en pierre (1er Congrès préhist., p. 317).

— Disque percé néolithique (en collab. avec Ménard). (*Bull. Soc. d'anthr.*, 1891, p. 138.)

— Les grands anneaux en pierre de l'époque néolithique (*Revue École d'anthr.*, 1900, p. 393).

— Ossuaire néolithique de Montigny (en collab. avec Collin et Reynier). (*Ass. fr. av. sc.*, 1898, I, p. 188.)

— Le menhir de Clamart (*Bull. Soc. d'anthr.*, 1894, p. 474).

— Les Pierres-Closes de Charras (*Revue École d'anthr.*, 1893, p. 220).

ORIGINES DE L'ART

— Les origines de l'art en Gaule (conférence). (*Ass. fr. av. sc.*, 1902, I, p. 25.)

— Les grottes à parois gravées ou peintes à l'époque paléolithique (en collab. avec Breuil). (*Revue Ecole d'anthr.*, 1901, p. 321).

— La grotte des Combarelles (en collab. avec Breuil) (*Ibid.*, 1902, p. 33 ; *Acad. des sciences* ; *Bull. Soc. d'anthr.*, 1902, p. 527 ; *Ass. fr. av. sc.*, 1902, I, p. 253, II, p. 782.)

— Les figures peintes à l'époque paléolithique sur les parois de la grotte de Font-de-Gaume (en collab. avec Breuil). (*Acad. des sciences ; Revue Ecole d'anthr.*, 1902, p. 235 ; *Ass. fr. av. sc.*, 1902, I, p. 254, II, p. 784).

— Les figures gravées à l'époque paléolithique sur les parois de la grotte de Bernifal (en collab. avec Breuil et Peyrony). (*Revue Ecole d'anthr.*, 1903, p. 202.)

— Une nouvelle grotte à parois gravées à l'époque préhistorique ; la grotte de Teyjat (en collab. avec Breuil et Peyrony) (*Ibid.*, 1903, p. 364).

— Une nouvelle grotte à parois gravées, la grotte de la Grèze (en collab. avec Breuil et Ampoulange). (*Ibid.*, 1904, p. 320.)

— Une nouvelle grotte à parois gravées ; la Calévie (en collab. avec Breuil et Peyrony). (*Ibid.*, 1904, p. 379 et *Ass. fr. Av. sc.*, 1904, II, p. 1132.)

— Figurations du lion et de l'ours des cavernes et du rhinocéros ticho-rhinus sur les parois des grottes par l'homme de l'époque du renne (en collab. avec Breuil et Peyrony). (*Revue Ecole d'anthr.*, 1905, p. 237.)

— Les gravures de la grotte des Eyzies (en collab. avec Breuil et Peyrony) *Ibid.*, 1906, p. 429.

— Les sculptures de la table du recouvrement du dolmen dit Table des Marchands à Locmariaquer (*Ibid.*, 1899, p. 163).

— Les rochers gravés de Vendée (en collab. avec Breuil et Charbonneau-Lassay). (*Ibid.*, 1904, p. 120 et *Académie des Inscriptions.*)

— Gravures rupestres dans les Vosges (*Ibid.*, 1900, p. 399).

— Hadjrat-Mektoubat ou les Pierres écrites. Premières manifestations artistiques dans le nord africain (*Ibid.*, 1902, p. 168).

PÉTROGRAPHIE, GÉOLOGIE APPLIQUÉE A L'ANTHROPOLOGIE

— Le lœss des environs de Rouen (en collab. avec d'Ault du Mesnil). (*Bull. Soc. d'anthr.*, 1893, p. 304).

— Les alluvions quaternaires autour de Paris (*Revue Ecole d'anthr.*, 1901, p. 337).

— Les alluvions quaternaires autour de Paris ; géologie, paléontologie ; étude critique (*Commission municipale du Vieux-Paris*, 1901, p. 196).

— Stratigraphie quaternaire des plateaux et des alluvions de la Vienne et de la Vezère, comparée à celle des vallées de la Seine et de la Marne (*Revue Ecole d'anthr.*, 1900, p. 275 ; *Ass. fr. av. sc.*, 1900, I, p. 197).

— Analyse pétrographique appliquée à l'étude des haches néolithiques. Les variations d'aspect de l'éclogite employée pour leur fabrication (*Ass. fr. av. sc.*, 1899, I. p. 285).

— Etude pétrographique des roches employées pour la fabrication des haches polies (en collab. avec Gentil). (*Revue Ecole d'anthr.*, 1900, p. 284, 386 ; *Ass. fr. av. sc.*, 1900, I, p. 207.)

— Etude pétrographique des matières employées pour la fabrication des vases en pierre préhistoriques égyptiens (en collab. avec Cayeux). (*Revue Ecole d'anthr.*, 1905, p. 96.)

— Etude géologico-archéologique du sous-sol de la rue du Petit-Pont, à Paris (*Comm. Vieux-Paris*, 6 octobre 1898, p. 25).

— Etude géologico-archéologique du sous-sol de la place de l'Hôtel-de-Ville (*Ibid.*, 1901, p. 107 et 198).

— Etude du sous-sol de Paris, boulevard Bonne-Nouvelle, rue de Provence et rue Dante (*Ibid.*, 1902, p. 154).

— Etude stratigraphique et minéralogique du sous-sol de la place de la République ; cristaux de soufre sur des plâtras (*Ibid.*, 1902, p. 254).

— Etude géologique du sous-sol de la rue de Rome ; déduction prouvant l'existence d'un bras de Seine en ce point (*Ibid.*, 1903, p. 78).

— Etude des couches traversées par l'égout de la rue d'Hauteville ; démonstration de l'existence d'un bras de Seine antique au nord de Paris (*Ibid.*, 1903, p. 140).

— Etude du sous-sol devant la Salpêtrière (*Ibid.*, 1903, p. 233),

— Etude d'une tête de Bos primigenius trouvée dans une sablière de Bry-sur-Marne (*Ibid.*, 1903. p. 194).

— Ossements de Billancourt (*Bull., soc. d'anthr.*, 1893, p. 463).

ETHNOGRAPHIE. VARIA

— Les pierres à cupule (*Revue Ecole d'anthr.*, 1901, p. 114).

— Les cupules à l'époque paléolithique et sur les milliaires romains (*Ibid.*, 1901, p. 184).

— Pierres et haches à cupule (*Ibid.*, 1903, p. 88).

— Stations préhistoriques du Djebel-Sidi-Rgheiss (en collab. avec Blayac). (*Ass. fr. av. sc.*, 1903, I, p. 240.)

— Le préhistorique aux environs d'Igli, sud algérien (en collab. avec Barthélemy) (*Revue Ecole d'anthr.*, 1902, p. 300.)

— Les silex taillés d'Ouargla (*Ibid.*, 1896, p. 261).

— Nouvelles recherches préhistoriques dans le sud tunisien (en collab. avec Boudy) (*Ass. fr. av. sc.*, Lyon, 1906).

— Les débuts de l'art en Egypte, d'après Capart (*Revue École d'anthr.*, 1904, p. 196).

— Etude anthropologique et archéologique de l'Egypte, d'après Chantre (en collab. avec Manouvrier) (*Ibid.*, 1905, p. 18).

— Etude des silex recueillis par M. Amélineau dans les tombeaux archaïques d'Abydos (*Ibid.*, 1904, p. 89).

— Étude d'une série de pièces recueillies par M. Amélineau dans les tombeaux très archaïques d'Abydos (*Ibid.*, 1905, p. 209).

— L'histoire de l'Elam d'après les derniers travaux de la mission de Morgan (*Ibid.*, 1902, p. 187).

— Etude sur l'exposition de la Délégation en Perse, sous la direction de M. de Morgan (*Bull. Soc. d'anthr.*, 1902, p. 604).

— Un curieux mode d'importation de silex taillés (*Revue Ecole d'anthr.*, 1906, p. 69).

— Présentation de silex de Guerville, près Mantes — pseudo-éolithes — (*Bull. Soc. d'anthr.*, 1905, p. 373).

— L'âge des fonds de cabanes des dunes aux environs de Wimereux, près Boulogne-sur-Mer (*Ass. fr. av. Sc.*, Angers, 1903, p. 241).

— Un fond de cabane du moyen âge sur l'ancienne plage de la Manche, aux environs de Saint-Valéry-sur-Somme (*Ibid.*, 1903, I, p. 242).

— Les habitations actuelles dans le rocher, en France (*Revue Ecole d'anthr.*, 1893, p. 292).

— Les trépanations préhistoriques (*Bull. Soc. d'anthr.*, 1882, p. 535).

— Armes de jet à tranchant transversal (*Ibid.*, 1889, p. 609).

— Les découvertes de mammouth dans les glaces du nord de la Sibérie (*Revue Ecole d'anthr.*, 1903, p. 246).

— Recherches expérimentales sur la taille du silex (en collab. avec Passemard) (*Ass. fr. av. sc.*, Lyon, 1906).

— La poterie des Galibis (*Bull. Soc. d'anthr.*, 1882, p. 649).

— Dessins des Peaux-Rouges (*Ibid.*, 1885, p. 365).

— Monnaies de l'Ogoué (*Ibid.*, 1892, p. 390).

— Cuillers d'époques variées (*Ibid.*. 1891, p. 132).

— Remarques sur les collections préhistoriques russes présentées par le prince Poutjatine (1er Congrès préhist. de France, p. 149).

— A propos des pierres-figures de M. Dharvent (*Ibid.*, p. 197.)

— Examen technique du crâne que l'on pouvait supposer être celui de la princesse de Lamballe (*Comm. Vieux-Paris*, 1904, p. 325).

— L'identification du cadavre de Paul Jones et son autopsie 113 ans après sa mort, en collaboration avec Papillault (*Comm. Vieux-Paris*, 11 juillet 1904; *Revue Ecole d'anthr.*, 1905, p. 269). *Bull. Soc. d'anthr.*, 1905, p. 363.

ANTHROPOLOGIE PATHOLOGIQUE

— Contribution à l'étude de l'influence physique et morale du milieu social sur les sujets atteints d'arrêt de développement (*Revue Ecole d'anthr.*, 1893, p. 348).

— Le rôle des microbes dans la société (*Ibid.*, 1894, p. 29 et *Bull. Soc. d'anthr.*, 1893, p. 763).

— Les maladies dans les diverses conditions sociales (*Revue Ecole d'anthr.*, 1893, p. 292).

— L'alcoolisme dans la société (*Ibid.*, 1894, p. 241).

— Le milieu extérieur (*Ibid.*. 1893, p. 293).

— Importance des études pathologiques en anthropologie générale (*Ibid.*, 1896, p. 201).

— Les maladies par ralentissement de la nutrition ; l'arthritisme (*Ibid.*, p. 161).

— L'auto-intoxication et l'auto-infection en anthropologie (*Ibid.*, 1898, p. 265).

— Résumé du cours de géographie médicale (*Ibid.*, 1895, p. 353, 1896, p. 330 ; 1897, p. 383.)

— Cas d'obésité chez un enfant de quatre ans (*Ibid.*, 1897, p. 381).

— Cerveau d'aphasique (*Bull. Soc. d'anthr.*, 1893, p. 97.)

— Cheveux ondulés (*Ibid.*, 1894, p. 486).

— La naine Blanche B.; données physiologiques (*Revue Ecole*, 1898, p. 112).

— Erosions dentaires chez le chien (*Bull. Soc. d'anthr.*, 1883, p. 342.)

DISCOURS, RAPPORTS, CHRONIQUES PRÉHISTORIQUES

— L'anthropologie préhistorique à l'Exposition universelle de 1900 (*Revue Ecole d'anthr.*, 1900, p. 245, 331, 404).

— Congrès international d'anthropologie et d'archéologie préhistoriques. Paris, 1900 (*Ibid.*, 1900, p. 358.)

— Association française pour l'avancement des sciences. Congrès de Paris (*Ibid.*, 1900, p. 274).

— *Ibid.* Congrès de Montauban (*Ibid.*, 1902, p. 334).

— Congrès préhistorique de France, 1re session. Périgueux, 1905 (*Ibid.*, 1905, p. 373).

— Le 13e congrès international d'anthropologie et d'archéologie préhistoriques ; session de Monaco, 1906 (*Ibid.*, 1906, p. 213).

— La Société normande d'études préhistoriques (*Bull. Soc. d'anthr.*, 1893, p. 680).

— Chroniques préhistoriques (*Revue Ecole d'anthr.*, 1900, p. 238, 331, 404 ; 1901, p. 24, 49, 91, 153, 269 ; 1902, p. 73, 116, 150, 425 ; 1903, p. 33, 65, 127, 209, 282, 399.)

— Gabriel de Mortillet (*Bull. Soc. d'anthr.*, 1898, p. 455).

— C. Issaurat (*Revue Ecole d'anthr.*, 1899, p. 261).

— Philippe Salmon (*Ibid.*, 1900, p. 84).

— Le peintre préhistorien Jamin, son œuvre (*Ibid.*, 1903, p. 311 ; *Bull. Soc. d'anthr.*, 1903, p. 487).

— Discours prononcés à la Société d'anthropologie de Paris (*Revue Ecole d'anthr.*, 1899, p. 66 ; 1900, p. 72 ; *Bull. Soc. d'anthr.*, 1900, p. 1).

— Exposition de l'Ecole d'anthropologie et de la sous-commission des monuments mégalithiques ; catalogue raisonné et descriptif (*Bull. Soc. d'anthr.*, 1900, p. 295).

— Catalogue de l'exposition de la commission municipale du Vieux-Paris (pavillon de la Ville de Paris, Exposition de 1900) (*Comm. munic. Vieux-Paris*, 1900, p. 129).

— Nombreux rapports dans le Bulletin archéologique du Comité des travaux historiques (1903-1906).

LISTE

DES TRAVAUX ANTHROPOLOGIQUES

De M. le Dr DALLY

— Sur les races indigènes et l'archéologie du Mexique (*Bull. Soc. d'anthrop.*, 1862, p. 1-36).

— Sur l'Ethnologie de l'Abyssinie (*Ibid.*, 1862, p. 5-16).

— Des dangers des mariages consanguins (*Gaz. hebd. de Méd. et de Chir.*, 1862, p. 499-526).

— Recherches sur les mariages consanguins et les races pures (Paris, Masson, 1864, 68 p. Traduit par Hugh J. C. Reavan, in *Anthr. Review.*, mai 1864).

— L'ordre des Primates et le transformisme (Paris, Reinwald, 1868, 41 p.).

— Eloge de Boucher de Perthes (*Mém. Soc. d'anthrop.*, 1869, p. cxxviii-cxxxviii).

— Compte rendu des travaux de la Société d'Anthropologie pendant les années 1863-1864 (*Ibid.*, 1865, p. 1-23).

— Traduction de l'ouvrage de Th. H. Huxley : *De la place de l'homme dans la nature* (Paris, Baillière, 1868).

— De l'Anthropométrie médicale (*Gaz. hebd. de Méd. et de Chir.*, 1869).

— De la chevelure comme caractéristique des races humaines (*Ass. fr. av. sciences*, Lille, 1874, p. 1-8).

— Influence de l'Anthropologie sur les sciences d'observation (*Bull. Soc. d'anthr.*, 1875, p. 1-24).

— Recherches anthropométriques sur les effets de la gymnastique d'entraînement, en collaboration avec Chassagne (*Rev. d'Anthrop.*, 1879, p. 230-263).

— Programme d'un cours d'Ethnographie (*Rev. de Phil. positive*, Nov.-Déc. 1881, p. 1-28).

— Articles du Dictionnaire Encyclopédique des Sciences médicales : *Amé-*

rique; Anthropologie; Atavisme; Cheveux (anthropologie); Craniologie; Croisements; Croissance; Dégénérescence; Femmes; Gymnastique; Langage; Main (anthropologie); Membres (anthropologie); Nez (anthropologie); Subsistances; Tête (anthropologie).

(Voir aussi *Table* des publications de la Société d'Anthropologie de Paris, 1900, pp. 168 et 227).

LISTE

DES TRAVAUX ANTHROPOLOGIQUES

De M. le Dr Matmias DUVAL

— Revue analytique sur la structure des centres nerveux (*Archives génér. de médecine*, 1872).

— Sur le trajet des cordons nerveux qui relient le cerveau à la moelle épinière (en collab. avec Sappey) (*C. R. Acad. des Sciences*, 1876 ; *Journal de l'anatomie*, 1875, p. 437).

— Les origines réelles du nerf grand hypoglosse ; origines du facial et du moteur oculaire externe chez les animaux (*Journ. de l'anat.*, 1876).

— Sur les origines réelles du nerf facial chez l'homme (*ibid.*, 1877).

— Sur un procédé de conservation des cerveaux (*C. R. Soc. de biologie*, 1877, p. 136).

— Du nerf trijumeau et spécialement de sa racine motrice (*Journ. de l'anat.*, 1877).

— Etude du facial et du trijumeau au moyen de coupes longitudinales (*ibid.*, 1878).

— Des racines et du noyau des nerfs de la 4° paire (*ibid.*, 1878).

— A propos des fonctions de la substance corticale des hémisphères (*C. R. Soc. de biologie*, 1878).

— Sur la signification réelle des anastomoses entre la 6° paire d'un côté et la 3° paire d'un côté opposé (*ibid.*, 1878).

— De la conservation des cerveaux pour l'étude des circonvolutions (*ibid.*, 1879).

— Le nerf pathétique chez l'homme et chez les singes (*Bull. Soc. d'anthr.*, 1879).

— Plexus choroïdes et trou de Monro (*C. R. Soc. de biologie*, 1879).

— Le développement de la région lenticulo-optique dans le cerveau humain (*ibid.*, 1879).

— Nouvelles études sur le pathétique et principalement sur la décussation dans la valvule de Vieussens (*Journ. de l'anat.*, 1879).

— Annotation de l'*Anatomie des centres nerveux*, de G. Huguenin. Paris, 1879.

— Note à propos de la cécité verbale des mots (*C. R. Soc. de biologie*, 1880 ; *Gazette des hôpitaux*, 1880).

— Sur les origines du nerf acoustique et sur le nerf du sens de l'espace (*C. R. Soc. de biologie*, 1880).

— Sur l'origine du nerf intermédiaire de Wrisberg et ses rapports avec le glosso-pharyngien (*ibid.*, 1880).

— Les origines du nerf moteur oculaire commun ; les origines des fibres radiculaires supérieures du glosso-pharyngien (*Journ. de l'anat.*, 1880).

— Sur l'origine réelle des nerfs crâniens ; nerf intermédiaire de Wrisberg (*ibid.*, 1880).

— De l'embryologie dans ses rapports avec l'anthropologie (*Revue d'anthropologie*, 1881).

— Sur un nouveau cas d'hermaphrodisme (*Bull. Soc. d'anthrop.*, 1881, p. 494).

— La corne d'Ammon ; morphologie et embryologie (*Archives de névrologie*, 1881).

— Sur un cas de mégaloglossie (*Bull. Soc. d'anthrop.*, 1881, p. 736).

— Sur les lésions des canaux semi-circulaires (*ibid.*, 1881, p. 802 et 841).

— Remarques sur le sens donné au mot évolution (*ibid.*, 1882, p. 62).

— Manuel de l'anatomiste ; anatomie descriptive et dissection (en collab. avec G. Morel). (1 vol. de 1159 p. et 469 fig., Paris, 1882).

— Sur le sens de l'espace et les fonctions des canaux semi-circulaires (*Bull. Soc. d'anthr.*, 1882, p. 114).

— Précis d'anatomie à l'usage des artistes. (1 vol. de 300 p. et 76 fig., Paris, 1882.)

— Sur le développement de l'appareil génito-urinaire ; rein précurseur et appareil Wolffien (*Bull. Soc. d'anthr.*, 1882, p. 591 ; *Progrès médical*, 1882, p. 824).

— Sur l'aplasie de la face (*Bull. Soc. d'anthr.*, 1883, p. 90).

— Les couleurs protectrices et le mimétisme (*Le Progrès français*, mars 1883).

— Exposé général de la doctrine transformiste (*Revue d'anthr.*, avril (1883).

— Le développement de l'œil dans la serie animale, parallèle ontogénique (*Revue scientif.*, mai 1883 ; *Bull. Soc. d'anthr.*, 1884, p. 837).

— Les précurseurs de Darwin (*Revue d'anthr.*, juillet 1883).

— Des variations et de l'hérédité (*ibid.*, juillet 1883).

— Duchenne (de Boulogne) et Humbert de Superville ; mécanisme de la physionomie (*C. R. Soc. de biol.*, 1883, p. 525).

— Sur un cas d'aplasie lamineuse de la face (*Bull. Soc. d'anthr.*, 1883, p. 90).

— De la physionomie et des signes inconscients de l'art (*Tribune médicale*, 1883, p. 503).

— A propos d'un cas d'absence des nerfs olfactifs (*C. R. Soc. de biol.*, 1883, p. 603).

— Essai de représentation planisphérique des circonvolutions cérébrales (*Bull. Soc. d'anthr.*, 1883, p. 982).

— Les lignes du visage et les origines du sentiment de l'art (*ibid.*, 1883, p. 921).

— Rapport anatomique sur le cerveau de Louis Asseline (en collab. avec Chudzinski et Hervé) (*ibid.*, 1883, p. 260).

— Description morphologique du cerveau d'Assézat (en collab. avec Chudzinski et Hervé) (*ibid.*, 1883, p. 328).

— La question de la persistance des types inférieurs (*Journal de micrographie*, janvier 1884).

— Description morphologique du cerveau de Couderau (en collab. avec Chudzinski et Hervé). (*Bull. Soc. d'anthr.*, 1883, p. 377).

— Les sélections (*Revue d'anthr.*, janv. 1884).

— De l'hybridité (*Revue scientif.*, janv. et févr. 1884).

— Sur les anomalies de la première côte (*L'Homme*, 1884).

— La représentation des circonvolutions cérébrales (*ibid.*, 1884, n° 3).

— Les couleurs protectrices et le mimétisme (*Le Progrès français*, mars 1884).

— Sur les anomalies musculaires (*Bull. Soc. d'anthrop.*, 1884, p. 228).

— L'embryologie, son histoire, son importance dans l'étude de l'homme (*L'Homme*, 1884, p. 130).

— Sur le poids de l'encéphale (*ibid.*, 1884).

— De l'anatomie plastique, son histoire, son rôle, ses procédés d'étude (*Le Dessin*, 1884).

— La signification morphologique de la ligne primitive (*L'Homme*, 1884, p. 149 et 490).

— Evolution des espèces, évolution des mots ; parallèle des deux évolutions (*ibid.*, 1884, p. 610).

— Parallèle de la sélection artificielle et de la sélection naturelle (*Revue d'anthrop.*, 1884, p. 577).

— Sur l'homologie du peigne des oiseaux et du corps vitré embryonnaire des mammifères (*C. R. Soc. de biologie*, 1884, p. 679).

— Préface au traité du professeur Testut : *Sur les anomalies musculaires chez l'homme*. Paris, 1884.

— Les lignes du visage, à propos d'une communication du Dr Rémy (*Bull. Soc. d'anthrop.*, 1884, p. 920).

— Essai de représentation des circonvolutions cérébrales (*ibid.*, 1884, p. 902).

— Sur le mécanisme de la physionomie (*ibid.*, 1884, p. 914).

— Du degré d'atrophie des nerfs olfactifs compatible avec la persistance de l'olfaction chez l'homme (*ibid.*, 1884, p. 829).

— Darwin et ses travaux (*Le Darwin*, Naples, 1884).

— Le trijumeau et sa racine bulbaire sensitive (en collab. avec Laborde). Paris, 1885.

— Sur la segmentation sans fécondation, même pour l'ovule de l'espèce humaine (*L'Homme*, 1885, p. 129).

— Sur les œufs pourris comme aliment en Chine (*Bull. Soc. d'anthrop.* 1885, p. 299).

— Les objections et preuves du transformisme (*Revue d'anthrop.*, 1885, p. 193).

— Les scarifications des Australiens et l'esthétique anatomique (*Bull. Soc. d'anthrop.*, 1885, p. 696).

— Le darwinisme, leçons professées à l'Ecole d'anthropologie. — 1 vol. de LX-576 p. Paris, 1886).

— Les doigts surnuméraires chez les gallinacés (*Bull. Soc. d'anthrop.*, 1886, p. 48).

— Les chiens à courte queue (*ibid.*, 1886, p. 316).

— Description morphologique du cerveau de Gambetta (en collab. avec Chudzinski) (*ibid.*, 1886, p. 129).

— Sur le poids vrai de l'encéphale de Gambetta (*ibid.*, 1886, p. 399).

— L'apophyse styloïde du 3e métacarpien chez l'homme (*ibid.*, 1887, p. 635).

— Quelques exemples de dynamogenèse sur les centres cérébraux des organes des sens (*C. R. Soc. de biol.*, 1887, p. 763).

— L'aphasie depuis Broca (*Revue scientif.*, 1887, n°25 ; *Bull. Soc. d'anthrop.*, 1887).

— Le troisième œil des vertébrés (*Journ. de microgr.*, juin-sept. 1887).

— Le transformiste français Lamarck (*Revue scientif.*, 1889, n°-14 ; *Bull. Soc. d'anthrop.*, 1889, p. 336).

— Un biologiste du xve siècle : Léonard de Vinci (*Revue scientif.*, 1889, n° 23).

— Sur la longueur comparée des deux premiers orteils dans les races humaines ; — Sur les cellules pyramidales du cerveau (Rapports, *Revue des trav. scientif.*, 1889, p. 145).

— La mensuration des os longs des membres (*Bull. Soc. d'anthrop.*, 1889, p. 670).

— Cours complet d'anatomie humaine (en collab. avec Cuyer). — Série de grandes planches murales. Paris, 1890.

— A propos des œufs couvés ou fermentés chez les Chinois (*Bull. Soc. d'anthrop.*, 1890, p. 414 et 450; *Progrès méd.*, 1890, p. 424).

— Sur les amputations congénitales et le bourgeonnement des membres (*Bull. Soc. d'anthrop.*, 1890, p. 283).

— Classification des races humaines ; — Squelettes de deux jeunes orangs (Rapports, *Revue des trav. scientif.*, 1890, p. 70).

— Discussion sur la natalité (*ibid.*, 1890, p. 585).

— Sur les nævi pigmentaires circonscrits et diffus ; — Sur la natalité aux îles de Ré et d'Oléron ; — Sur une glande salivaire aberrante (Rapports, (*Revue des trav. scientif.*, 1890, p. 732).

— A propos de la conservation des cerveaux (*Bull. Soc. d'anthrop.*, 1890, p. 833).

— Quelques faits relatifs à une particularité de la mémoire (*C. R. Soc. de biologie*, 1890, p. 281).

— Sur l'aphasie, à propos du traité de Bateman (*Bull. Soc. d'anthrop.*, 1890, p. 652).

— Sur quelques faits d'hérédité croisée ; — Sur un cas d'hémimélie ; — Sur la rétroversion de la tête du tibia (Rapports, *Revue des trav. scientif.*, 1891, p. 646).

— André Vésale, étude historique (*Revue Ecole d'anthr.*, février 1892).

— Sur une malformation spéciale de la poitrine ; — Sur la natalité en France ; — Sur les transformations du règne végétal (Rapports, *Revue des trav. scientif.*, 1892, p. 2).

— Recherches sur les ossements humains anciens et préhistoriques en vue de la reconstitution de la taille (Rapport, *Revue des trav. scientif.*, 1893, p. 719).

— La géographie préhistorique de la Charente-Inférieure (Rapport, *ibid.*, 1894, p. 3).

— La bijouterie caucasienne de l'époque scytho-byzantine (Rapport, *ibid.*, 1894, p. 663).

— La natalité dans le canton de Beaumont-Hague (Rapport, *ibid.*, 1894, p. 666).

— Préface à la traduction de l'ouvrage de Ramon y Cajal : Les nouvelles idées sur la structure du système nerveux (trad. Dr Azoulay, Paris, 1894).

— Hypothèses sur la physiologie des centres nerveux; théorie histologique du sommeil (*C. R. Soc. de biologie*, 1895, p. 75 et 86).

— Les monstres par excès et les monstres par défaut de fécondation (*Annales de Gynécol.*, févr. 1895).

— Sur les recherches ethnologiques sur le Morvan (Rapport, *Revue des trav. scientif.*, 1895, p. 1).

— Pathogénie générale de l'embryon, tératogénie (chap. d'environ 100 p., du *Traité de pathologie* générale du prof. Bouchard), 1895, t. I.

— Duchenne de Boulogne et le mécanisme de la physionomie (*Revue scientif.*, 1897, p. 230).

— Les neurones, l'amiboïsme nerveux, la théorie histologique du sommeil (*Revue de l'Ecole d'anthr.*, 1900, n° 2).

— Sur le pithecanthropus erectus de Dubois (Rapport, *Revue des trav. scientif.*, t. XV, p. 903).

— Sur les plis cérébraux des Lémuriens (*ibid.*, t. XVI, p. 2).

— Sur la suture métopique (*ibid.*, t. XVI, p. 754).

— Sur le muscle grand droit de l'abdomen; sur l'hérédité morbide (*ibid.*, t. XVI, p. 753).

— Sur les Basques (*ibid.*, t. XVI, p. 756).

— Sur la Revue mensuelle de l'École d'anthropologie; histoire de l'École et de ses travaux (*ibid.*, t. XVII, p. 1).

— Sur le nanisme (*ibid.*, t. XVII, p. 87).

— Sur les stations humaines quaternaires de la Charente (*ibid.*, t. XVII, p. 451).

— Articles *Génération, Hypnotisme, Muscles, Nutrition, Sommeil, Système nerveux, etc.*, du *Nouveau Dictionnaire de Médecine et de Chirurgie.*

La liste complète des travaux de M. Mathias Duval (embryologie, anatomie, anthropologie, tératologie, technique, beaux-arts, etc., se trouve dans la *Notice* sur ses titres et travaux scientifiques (Paris, Alcan, 1896 et 1900).

LISTE

DES TRAVAUX ANTHROPOLOGIQUES

De M. le Dr Georges HERVÉ

I. — ANTHROPOLOGIE ZOOLOGIQUE

De l'existence d'un appendice cæcal rudimentaire chez quelques Pithéciens (*Bulletins de la Société d'Anthropologie de Paris*, pp. 792-794), 1882.

L'Anthropologie anatomique (Journal *L'Homme*, de G. de Mortillet, pp. 225-230), 1884.

Canal sus-épitrochléen et apophyse sus-épitrochléenne de l'humérus (*Bull. Soc. d'Anthr.*, pp. 185-188), 1885.

L'homme descend-il d'un animal grimpeur? (*L'Homme*, pp. 513-523), 1886.

Crâne de gorille (*Bull. Soc. d'Anthr.*, p. 181), 1888.

Observations sur deux squelettes de jeunes orangs (*Ibid.*, pp. 378-390), 1889.

Les prétendus Quadrumanes (*Ibid.*, pp. 680-717, 10 fig.), 1889. (*Conférence Broca.*)

Le grand droit de l'abdomen et les muscles antérieurs du cou (*Revue de l'Ecole d'Anthropologie de Paris*, pp. 161-176, 3 fig.), 1891.

Crâne de jeune gorille (*Bull. Soc. d'Anthr.*, pp. 387-389), 1892.

Articles divers du *Dictionnaire des Sciences anthropologiques*.

II. — MORPHOGÉNIE ET TÉRATOLOGIE

Sur un monstre otocéphalien (avec M. Mathias Duval, *Comptes rendus de la Société de Biologie*, p. 76), 1883.

Nouvelle note sur un monstre otocéphalien (avec le même, *Ibid.*, p. 253), 1883.

Sur un arrêt de développement de la face (avec le même, *Ibid.*, p. 617), 1883.

Anomalie du muscle biceps brachial (*Bull. Soc. d'Anthr.*, pp. 40-46, 1 fig.), 1883.

Anomalie de la première côte (*Ibid.*, pp. 194-196), 1883.

Note sur le squelette cartilagineux primitif de la face (*C. R. Soc. de Biologie*, p. 62), 1884.

Sur les vésicules séminales du Mara (avec M. Mathias Duval, *Ibid.*, p. 131), 1884.

Squelette à onze vertèbres thoraciques (*Bull. Soc. d'Anthr.*, p. 634), 1886.

Sur un cas d'hémimélie (*Ibid.*, pp. 752-753), 1886.

Variations corrélatives : Biceps à quatre chefs ; trajet dévié du nerf musculo-cutané (*Ibid.*, pp. 405-410, 1 fig.), 1889.

Coloration différente des deux yeux (*Ibid.*, p. 531), 1890.

Un cas de synostose précoce de la sagittale (*Ibid.*, p. 608), 1892.

Sur un cas de microcéphalie (*Ibid.*, p. 725), 1892.

Anomalies du ptérion, d'après Da Costa Ferreira (*Revue de l'Ecole d'Anthr.*, p. 262), 1898.

Division complète du pariétal; suture sous-sagittale (*in* Le Double, *Traité des Variations des os du crâne*, p. 104).

Article *Embryologie* du *Dictionn. des Sciences anthr.* (avec M. Mathias Duval).

III. — CERVEAU

Du poids de l'Encéphale, d'après Bischoff et Nicolucci (*Revue d'Anthr.*, pp. 681-698), 1881.

Analyse de l'ouvrage de H. Munk sur les Fonctions de l'écorce cérébrale (*Revue philosophique*, de Th. Ribot, t. XIV, pp. 424-436, 2 fig.), 1882.

Rapport sur le cerveau de Louis Asseline (avec Mathias Duval et Chudzinski, *Bull. Soc. d'Anthr.*, pp. 260-273, 6 fig.), 1883.

Description morphologique du cerveau d'Assézat (avec les mêmes, *Ibid.*, pp. 328-336, 1 fig.), 1883.

Description morphologique du cerveau de Coudereau (avec les mêmes, *Ibid.*, pp. 377-389, 6 fig.), 1883.

Le cerveau de Cuvier (*Ibid.*, pp. 738-747), 1883.

Contribution à l'anatomie du centre cérébral du langage ; analyse du mémoire de Rüdinger (*Revue d'Anthr.*, pp. 545-552), 1883.

Contribution à l'anatomie de la fente simienne occipitale et du sillon interpariétal chez l'homme ; analyse du mémoire de Rüdinger (*Ibid.*, pp. 552-556), 1883.

Sur le développement comparé de l'encéphale et de diverses parties du squelette ; analyse du mémoire de Manouvrier (*Ibid.*, pp. 143-152), 1884.

Cas d'aphasie congénitale sans surdité (*Bull. Soc. d'Anthr.*, pp. 321, 324), 1887.

Note pour l'histoire de l'aphasie traumatique (*Ibid.*, p. 1), 1888.

La Circonvolution de Broca chez les Primates (*Ibid.*, pp. 275-315 ; 4 fig.), 1888.

La Circonvolution de Broca, étude de morphologie cérébrale (in-8, 164 p., avec 10 fig. dans le texte et 4 planches coloriées; Paris, Lecrosnier), 1888.

A qui appartient la découverte de la cécité verbale ? (*Bull. Soc. d'Anthr.*, pp. 172-176), 1889.

Aphasie partielle et passagère pendant la migraine (*Ibid.*, p. 576), 1889.

Article *Lissencéphales* du *Dictionn. des Sciences anthr.*

IV. — PALETHNOLOGIE ET ETHNOLOGIE

Rédaction de la communication de M. Hayem : L'examen du sang au point de vue anthropologique (*Bull. Soc. d'Anthr.*, pp. 72-87), 1881.

Précis d'Anthropologie (avec Abel Hovelacque, 1 vol. in-8, 654 pages, *Bibliothèque anthropologique*, Paris, Lecrosnier), 1887.

De l'Indice céphalique en France pendant la période néolithique (*Bull. Soc. d'Anthr.*, pp. 124-134), 1892.

L'Homme quaternaire; examen de quelques pièces inauthentiques (*Revue de l'Ecole d'Anthropologie de Paris*, pp. 209-226, 3 fig.), 1892.

Crânes de l'Aveyron (avec Ab. Hovelacque. *Ibid.*, pp. 262-268 et 301-304), 1892.

Crânes de Saint-Jean-de-Sagondignac en Médoc (avec le même, *Ibid.*, pp. 330-332), 1892.

Le squelette humain de Brünn (*Ibid.*, pp. 20-24, 2 fig.), 1893.

Couleur des yeux et couleur des cheveux dans le Morvan (avec Ab. Hovelacque, *Ibid.*, pp. 60-64, 1 carte), 1893.

Le Crâne morvandeau (avec le même, *Ibid.*, pp. 160-166, 5 fig.), 1893.

La Race des Troglodytes magdaléniens (*Ibid.*, pp. 173-188, 7 fig.), 1893.

Crânes berrichons (avec Ab. Hovelacque, *Ibid.*, pp. 386-388), 1893.

Distribution en France de la race néolithique de Baumes-Chaudes-Cromagnon (*Ibid.*, pp. 105-122), 1894.

Crânes de Puiseux-lès-Louvres (avec Ab. Hovelacque, *Ibid.*, pp. 163-166), 1894.

Etude de 36 crânes dauphinois (avec le même, *Ibid.*, pp. 188-200, 2 fig.), 1894.

Les Brachycéphales néolithiques (*Ibid.*, pp. 393-406 et 16-28), 1894-1895.

Recherches ethnologiques sur le Morvan (avec Abel Hovelacque. *Mémoires de la Société d'Anthropologie de Paris*, 3e série, t. I, 2e fasc., 256 pages, 4 fig. et 9 cartes hors texte), 1894.

Notes sur l'ethnologie du Morvan (avec le même, *Rev. de l'Ecole d'Anthr.*, pp. 117-122, 1 carte), 1895.

Les Populations lacustres (*Ibid.*, pp. 137-154), 1895.

L'Ethnogénie des populations françaises (*Ibid.*, pp. 97-109), 1896.

Etude de 55 crânes de la région des Faucilles (avec Ab. Hovelacque, *Ibid.*, pp. 212-222, 1 fig.), 1896.

Les Tumulus hallstattiens du Wurtemberg, d'après de Hölder (*Ibid.*, pp. 227-231), 1896.

Les Germains (*Ibid.*, pp. 65-87), 1897.

Les Mongoloïdes en France (*Ibid.*, pp. 201-208, 1 planche photogr. hors texte), 1898.

Populations mésolithiques et néolithiques de l'Espagne et du Portugal (*Ibid.*, pp. 265-280), 1899.

La Race basque ; conclusions et théories (*Ibid.*, pp. 213-237), 1900.

La Taille en Alsace (*Ibid.*, pp. 161-177, 1 carte), 1901.

Crâne macrocéphale de Saint-Prex, et sépultures néolithiques de Chamblandes (Suisse) (*Bull. Soc. d'Anthr.*, pp. 583-585), 1901.

Revision de la partie anthropologique du *Traité d'Hygiène* de A. Proust (3ᵉ édit., Paris, Masson, 1902, pp. 1-22).

Le Renouvellement de la population alsacienne, au xviiᵉ siècle (*Rev. de l'École d'Anthr.*, pp. 283-299), 1902.

Alsaciens contemporains et Alsaciens du moyen âge (*Ibid.*, pp. 355-372), 1902.

La Question d'Alsace et l'argument ethnologique (*Ibid.*, pp. 285-301), 1903.

Crânes néolithiques armoricains de type négroïde (*Bull. Soc. d'Anthr.*, pp. 433-436, 2 fig.), 1903.

Noirs et Blancs. Le Croisement des races aux Etats-Unis et la Théorie de la miscégénation (*Rev. de l'École d'Anthr.*, pp. 337-358), 1906.

V. — ETHNOGRAPHIE. — VARIA

Sur les Veddahs de Ceylan ; analyse du mémoire de Virchow (*Revue d'Anthr.*, pp. 698-703), 1882.

La légende des boucheries de chair humaine (*Rev. de l'Ecole d'Anthr.*, p. 375), 1891.

Quelques superstitions du Morvan (*Bull. Soc. d'Anthr.*, p. 529), 1892.

Les Baskirs (*Rev. de l'Ecole d'Anthr.*, p. 94), 1896.

Démographie des Eskimaux du Groënland (*Ibid.*, p. 231), 1896.

Présidence de la Société d'Anthropologie, discours inaugural (*Bull. Soc. d'Anthr.*, pp. 5-13), 1898.

Allocution pour le centenaire de Frédéric Moreau (*Ibid.*, p. 312), 1898.

Présidence de la Société d'Anthropologie, discours de sortie (*Ibid.*, pp. 1-5), 1899.

Monuments mégalithiques de l'île Molène (*Rev. de l'Ecole d'Anthr.*, p. 328, 4 fig.), 1900.

xixᵉ et xxᵉ siècle (*Ibid.*, pp. 48-49), 1901.

Les Ecossais en France (*Ibid.*, pp. 206-210), 1901.

Rapport sur le concours du prix Bertillon (*Bull. Soc. d'Anthr.*, pp. 668-693), 1901.

Antisémitisme et Barbarie, par Carl Vogt (traduit de l'allemand. Paris, Schleicher, in-8, 23 p., 1 portrait), 1901.

La sépulture dolménique de Cocherel (*Rev. de l'Ecole d'Anthr.*, pp. 165-168), 1904.

La colonie allemande du Klingenthal (*Ibid.*, pp. 331-332), 1904.

Le Journal de voyage de Relian (*Ibid.*, pp. 415-422), 1904.

Les Alsaciens sous le rapport moral et intellectuel (*Ibid.*, pp. 295-319, 281-301, 317-336 ; 8 fig.), 1904-1905.

Le Morvan en 1794 (*Ibid.*, p. 35), 1905.

Tribus sauvages du sud de l'Inde (*Ibid.*, pp. 128-133), 1905.

Un transformiste oublié : Cabanis (*Bulletin scientifique de la France et de la Belgique*, in-8, pp. 505-519, 1 portrait), 1905.

Visites à quelques fontaines en 1794 (*Revue des Traditions populaires*, p. 85), 1905.

Superstition préhistorique (*Ibid.*, p. 168), 1906.

Contribution à l'histoire des mégalithes (*Bull. Soc. d'Anthr.*, pp. 70-72), 1906.

De Charles Estienne et de quelques recettes et superstitions médicales au xvi° siècle (*Rev. de l'Ecole d'Anthr.*, pp. 133-139), 1906.

VI. — NOTICES NÉCROLOGIQUES

Discours prononcé sur la tombe du Dr Eug. Dally (*Bull. Soc. d'Anthr.*, pp. 12-14), 1888.

Le général Faidherbe (*Ibid.*, pp. 456-459), 1889.

A. de Quatrefages (*Rev. de l'Ecole d'Anthr.*, pp. 62-63), 1892.

Abel Hovelacque (*Ibid.*, p. 65), 1896.

Le Dr Gustave Lagneau (*Ibid.*, p. 334), 1896.

Le Dr Aug. Voisin (*Bull. Soc. d'Anthr.*, pp. 313-315), 1898.

Gabriel de Mortillet (*Ibid.*, pp. 451-455), 1898.

C. Issaurat (*Rev. de l'Ec. d'Anthr.*, p. 261), 1899.

Philippe Salmon (*Ibid.*, pp. 81-82), 1900.

Charles Letourneau (*Ibid.*, pp. 79-83), 1902.

Le Dr J.-V. Laborde (*Ibid.*, pp. 137-140), 1903.

Edouard Weisgerber (*Ibid.*, p. 98), 1904.

Discours sur la tombe d'André Lefèvre (*Ibid.*, pp. 394-395), 1904.

LISTE

DES TRAVAUX ANTHROPOLOGIQUES

De M. Abel HOVELACQUE

—

— *Revue de Linguistique et de Philologie comparée*, I, 1867-1868 : p. 36-50 : De l'aryaque au français. — p. 98-105 : *c. r.* Curtius. Grundzüge der griechischen etymologie. — p. 166-203 : Les éléments de la dérivation. — p. 228-231 : *c. r.* Eichhoff. Grammaire générale. — p. 238-262 : *c. r.* Benfey. Pluralbildung der Germanischen. — p. 282-303 : Considérations diverses sur les aspirées organiques. — p. 410-421 : Homo. — p. 418-490 : *c. r.* Mémoires de la Société de Linguistique de Paris.

— *Bulletins de la Société d'anthropologie*, 1867 : p. 369-371 : Rapport sur l'ouvrage de M. Terrien-Poncel, du langage, essai sur la nature et l'étude des mots et des langues.

— La théorie spécieuse de Lautverschiebung (*Paris*, Maisonneuve, 1868, in-8° — 16 p.).

— *Revue de Linguistique*, 1868-1869 : p. 5-39 : de la conjugaison du temps présent. — p. 119-124 : *c. r.* Zeitschrift für deutschen philosophie. — p. 171-183 : la phonologie de Volney. — p. 247-248 : *c. r.* Bundehesh de Justi. — p. 261-266 : August Schleicher. — p. 267-275 : trois prétendus verbes simples (*an, ad, as*). — p. 276-281 : la formation de l'aoriste composé. — p. 294-313 : Etudes germaniques. — p. 340-345 : *c. r.* Ascoli. Desinenze indo-europee. — p. 447-468 : Miscellanées (Durus, les thèmes, prononciation des sifflantes sanskrites, hic-hæc-hoc, le nom des Centaures).— p. 476-480 : *c. r.* Schleicher. Darwinsche theorie.

— Racines et éléments simples dans le système linguistique indo-européen (*Paris*, Maisonneuve, 1869, gr. in-8° — 23 p.).

— Grammaire de la langue zend (*Paris*, Maisonneuve, 1869, in-4° — xj-155 p. — 2° édition. Maisonneuve, 1878, in-8° — (viij)-308 p.)

— *Revue de Linguistique*. 1869-1870 : p. 25-35 : Réponse à L. Adam, sur les racines indiennes. — p. 89-101 : *c. r.* Corssen. Prononciation du latin. — p. 102-107 : *c. r.* Rosny. Origine du langage. — p. 156-174 : Questions de grammaire zend. — p. 227-235. *c. r.* Schleicher. Chrestomathie. — p. 248-

293 : Examen des publications récentes sur les idiomes et les littératures de l'Éran. — p. 377-381 : *c. r.* Kraushaar. De radicarum variatione. — p. 466-475 : *c. r.* Chodzko. Grammaire paléo-slave. — p. 475-483 : *c. r.* Bailly. Racines grecques et latines.

— *Bulletins de la Société d'Anthropologie*, 1870, p. 542-543 : Rapport sommaire sur la Zeitschrift für Ethnologie de MM. Bastian et Hartmann.

— *Revue de Linguistique*, 1870-1872 : p. 5-14 : Les prétendus thèmes grecs en -*art*. — p. 281-284 : Ανηρ, etc. — p. 285-288 : *Homo*. — p. 308-313 : *c. r.* Ascoli. Corsi di glottologia. — p. 316-320 : *c. r.* Kossowicz. 3 Gathas.

— Instructions pour l'étude élémentaire de la linguistique indo-européenne (Maisonneuve, 1871, pet. in-8° — 131 p.).

— Mémoire sur la primordialité et la prononciation du r vocal sanskrit. (Maisonneuve, 1872, pet. in-8° — 29 p.).

— Euphonie sanskrite (Maisonneuve, 1872, in-8° — (ij)-57 p.).

— La France et les Slaves du Sud. S. t. l. ni d. 15 p. pet. in-8° (l'*Impartial des Pyrénées et des Landes*).

— *Revue d'Anthropologie*, 1872 : p. 107-112 : *crit.* La linguistique et la théorie de Darwin. — p. 475-479 : Notice sur les subdivisions de la linguistique indo-européenne.

— |*Association française pour l'avancement des sciences.* I. Congrès de Bordeaux, 1872, p. 679-680 : Ethnogénie du sud-ouest de la France ; — p. 736-740 : Note sur les subdivisions de la langue commune indo-européenne.

Revue de Linguistique, 1872-1873 : p. 17-74 : Euphonie sanskrite. — p. 74-82 : Questions de grammaire zend. — p. 83 : Le thème sanskrit *napât, naptr*. — p. 84 : La sifflante linguale du sanskrit, la voyelle *r*. — p. 101-102 : *c. r.* Schleicher. Die polabische Sprache. — p. 105-114 : *c. r.* Fick. Wœrterbuch. — p. 115-119 : *c. r.* J. Schmidt. Geschichte der indo-germanischen Vokalismus. — p. 291-294 : Questions de grammaire zend. — p. 311 : *c. r.* Max Müller. Resultaten der Sprachwissenschaft. — p. 311-312 : *c. r.* Culmann. Recherches. — p. 312 : *c. r.* Fr. Müller. Suffixe der Indogermanischen Verbums. — p. 324-325 : *c. r.* Hübschmann. Ein zoroastrisches Lied. — p. 325-327 : *c. r.* Mœbius, Nordische Sprache. — p. 328 : *c. r.* Sergi. Centum. — p. 335-336 : *c. r.* G. de Mortillet. Indicateur de l'archéologue. — p. 404-413 : *c. r.* C. Beaufils. Phonétique latine. — p. 336 : *c. r.* J. Joly. Ein kapitel vergleichendes Syntax. — p. 414-415 : *c. r.* Novakovitch. Langue et style.

— Langues, races, nationalités (2° éd. E. Leroux, 1875. In-8° — 40 p.).

— *La République française*, 18 avril 1873. Les langues indo-européennes. — 13 juin. Les langues germaniques.

— *Assoc. franç. pour l'avanc. des sciences.* II° Congrès, Lyon. 1873. Note sur le précurseur de l'homme (avec G. de Mortillet. In-8° ; 8 p.). — p. 579, *disc.* : Slaves dans le bassin de la Saône. — p. 613-614 : la linguistique et le précurseur de l'homme ; discussion.

— *Revue d'anthropologie*, 1873, p. 487-489 : *critique.* Les Celtes de la linguistique.

— *Revue de Linguistique,* 1873-1874 : p. 99-100 : note sur la transcription du serbe. — p. 101-103 : Les racines *vabh, v ap* et l'allemand *weben.* — p. 120-129 : Sur le χ (h) serbo-croate. — p. 187-188 : *c. r.* Hübschmann. Avestastudien. — p. 191-197 : *c. r.* Novakovitch. Phonétique serbe. — p. 199 : *c. r.* Culmann. L'esprit rude. — p. 253-266 : Morale de l'Avesta. — p. 284-286 : *c. r.* J. Hadley. Prononciation grecque du x⁰ siècle. — p. 286-291 : *c. r.* Barbe. La langue d'O. — p. 299-301 : *c. r.* Mémoires de la Société de Linguistique de . Paris. — p. 313-336 : Observations critiques sur le XVII⁰ fargad du Vendidad. — p. 363-365 : *c. r.* F. Justi. Les spirantes kurdes. — p. 365-367 : *c. r.* Kossowicz. Inscriptions des Achéménides. — p. 367-370 : *c. r.* Curtius. Griechische etymologie. 2⁰ éd.

— Morale de l'Avesta (Maisonneuve, 1874, in-8⁰. — 15 p.).

— *Bull. de la Société d'Anthrop.,* 1874, p. 356 : *disc.* Crânes scaphocéphales. — p. 397-399 : *note.* sept crânes tsiganes. — p. 620 : *disc.* Les aryas blonds ; où se parlait la langue commune primitive. — p. 705-709 : la question celtique (les Ligures) ; p. 724 (suite) : le mot ligure. — p. 725 : *disc.* sur des crânes roumains présentés.

— *Revue d'anthrop.,* 1874, p. 234-265 : Sept crânes tsiganes.

— *Assoc. franç. pour l'avanc. des sciences,* III, Lille, 1874, p. 575-581 : Contribution à l'étude de l'occipital.

— *Revue bibliographique de philologie et d'histoire* (E. Leroux), 1874, p. 2-3 : *c. r.* Grammaire tongouse de L. Adam. — p. 24-26 : *c. r.* Revue d'anthropologie. — p. 97-102 : *c. r.* Les Serbes de Hongrie. Prague, 1874 (1ʳᵒ partie) — p. 166-168 : *c. r.* Association française pour l'avancement des Sciences. — p. 189-190 : *c. r.* Les dialectes italiques, l'ombrien, par A. Lefèvre. — p. 227 : *c. r.* De l'harmonie des voyelles dans les langues ouralo-altaïques, par L. Adam.

— *Revue de Linguistique,* 1874-1875, p. 54 : *c. r.* Spiegel. Zür Erklærung des Avestas. — p. 54-57 : *c. r.* Fr. Müller. Allgemeine ethnographie. — p. 57 : Proceedings of the ninth session of the american philological Association. — p. 58-59 : *c. r.* Chassaing. Exercices grecs. — p. 111 : Indra. — p. 169-177 : *c. r.* Fr. Spiegel. Arische Studien. — p. 242-268 : Observations sur un passage d'Hérodote concernant certaines institutions perses.

— Lettre sur l'homme préhistorique du type le plus ancien (Reinwald, 1875, in-8⁰, 16 p., fig.).

— *Bull. de la Société d'anthrop.,* 1875, p. 312 : *disc.* La classification des sons articulés, par le Dʳ Coudereau. — p. 426 : présentation de deux crânes bulgares. — p. 529 : *disc.* le bassin féminin.

— *Revue d'anthropologie,* 1875, p. 146-151 : *c. r.* Ethnographie de Peschel. — p. 538-539 : *c. r.* L'os malaire de Garbiglietti. — p. 557-558 : *c. r.* Philologie comparée de Hyde Clarke. — p. 714-721 : *c. r.* Philosophie zoologique de Lamarck, nˡˡᵉ éd.

— *Revue de Linguistique,* 1875-1876, p. 99-112 : La voyelle *r.* — p. 129-140 : Subdivisions de la langue commune indo-européenne et région où elle fut parlée. — p. 187-240 : Le chien dans l'Avesta. — p. 343-349 : *c. r.* l'Avesta, trad. de Harlez.

— Le chien dans l'Avesta ; les soins qui lui sont dus ; son éloge (Maisonneuve, 1876, in-8 — 56 p. Cette brochure a valu à A. Hovelacque une
médaille de la Société protectrice des animaux).

La linguistique (*Bibl. des sc. contemp.*, in-8, xi-365 p. — 2e édition,
1877, xiv-435 p. — 3°, 1881, xiv-435 p. — 4°, 1887, xv-449 p.).

— *The Science of language*, translated by A. H Keane (*London*, Chapman
and Hall, 1877, in-8°, xv-340 p. et 1 pl.).

— *Revue d'anthropologie*, 1876, p. 249-251 : Bantou ou Abantou. — p. 638 :
disc. : un cas de rudiment d'os marsupial. — p. 656 : *disc.* un crâne trouvé
au Puy-de-Dôme. — p. 670 : *disc.* distinction de la race et de la langue.

— *Assoc. franç. pour l'avanc. des sciences*, V. *Clermont*. 1876. — p. 567 :
les races slaves. — p. 576-577 : contribution à l'étude du maxillaire supérieur. — p. 555-556 : *disc.* les races ibériques. — p. 590-591 : *disc.* les
races humaines de l'Auvergne. — p. 606 : *disc.* l'homme et les anthropoïdes. — p. 635 : *disc.* découvertes récentes dans le Médoc.

Revue de Linguistique, 1876-1877, p. 26-45 : Les langues des nègres et les
langues bantou. — p. 300-301 : Le dualisme cranien (note complémentaire). — p. 175-189 : Les deux principes dans l'Avesta.

— *Bullet. de la Société d'anthrop.*, 1876, p. 225 : *disc.* sur l'ethnologie et
l'ethnographie. — p. 298-300 : Ethnologie et ethnographie, et *disc.* p. 300-
305. — p. 356-357 : *disc.* à propos de photographies de l'Afrique centrale.
— p. 400 : les Buschmans. — p. 468-469 : sur les crânes burgondes. —
p. 528 : *disc.* L'homme tertiaire.

— *Le Bien public*, 3 juillet 1876. — Darwinisme et transformisme.

— *La République française*, 16 mars 1877. La langue serbe. — 4 mai 1877.
L'Avesta. — 20 juillet 1877. La vie du langage. — 19 octobre 1877. Déchif-
frement d'une écriture inconnue. La langue de Cyrus, de Darius et de
Xerxès.

— *Revue d'anthropologie*, t. VI, 1877. p. 62-99 : notre ancêtre. — p. 226-
252 : le crâne savoyard. — p. 289-295 : *c. r.* d'Arbois Jubainville, les premiers
habitants de l'Europe.

— Notre ancêtre, recherches sur le précurseur de l'homme (Leroux,
1877, gr. in-8°, 43 p. ; 2° édition, 1878, pet. in-8°, 105 p., fig.).

— Le crâne savoyard (Leroux, 1877, in-8°, 29 p.).

— *Assoc. franç. pour l'avanc. des sciences*, VI. Le Havre, 1877, p. 697 :
disc. L'âge de la pierre chez les Nègres. — p. 734-735 : *disc.* Carte ethnologique de la France, par le Dr G. Lagneau. — p. 770 : présentation d'une
carte (encore incomplète) des indices céphaliques de la France.

— *Revue de Linguistique*, 1877-1878, p. 127-147 : Les médecins et la
médecine dans l'Avesta. — p. 153-157 : *c. r.* Fligier. Præhistorische ethnologie des Balkans. — p. 158-159 : *c. r.* Geiger. Die pehlevi Version des Ven-
didads. — p. 169-170 : *c. r.* Tourtoulon et Bringuier. Limite de la langue
d'oc. — p. 167-168 : *c. r.* Ribary. Essai sur la langue basque, trad. du hon-
grois par J. Vinson.

— *Bullet. de la Société d'anthrop.*, 1877, p. 68 : *disc.* Sur la religiosité. —
p. 334-335 : Sur les crânes savoyards (et *disc.* p. 338). — p. 344-345 : Offre

de crânes burgondes : p. 411 : *disc.* l'apophyse mastoïde et la station bipède. — p. 473 : *disc.* l'immortalité de l'âme chez les Hébreux. — p. 473-475, discours sur la tombe de Chavée. — p. 489-490 : *disc.* Sur les Celtes — p. 579 : *disc.* Sur les Esquimaux du Jardin d'acclimatation. — p. 621 : Présentation d'un crâne gravé et ciselé.

— *Revue internat. de sciences*, 1878, p. 385-387 : L'Église et le transformisme.

— *La République française*, 12 avril 1878. La lutte des langues dans l'Europe occidentale et centrale. — 26 juillet 1878. La renaissance du Zoroastrisme au moyen âge. — 18 octobre 1878. Les principaux desiderata de l'ethnographie linguistique en Afrique, en Asie et en Océanie.

— *Etudes de linguistique et d'ethnographie*, avec Julien Vinson. Reinwald, 1878, pet. in-8° — viij-375 p.

— *Idéologie lexicologique* des langues indo-européennes, par Honoré Chavée. Maisonneuve, 1878, gr. in-8° — (viij)-ix-67 p.; portr.-phot. (Édité pa A. Hovelacque).

— *L'Avesta, Zoroastre et le Mazdéisme.* Première partie : Introduction. Maisonneuve, 1878, in-8° — (iv)-iv-115 p.

— *Bullet. de la Société d'anthrop.*, 1878, p. 34-35 : *disc.* la population de l'Indo-Chine. — p. 117-118 : *disc.* Voyage de M. de Ujfalvy dans le Kohistan. — p. 166 : *disc.* autopsie de L. Asseline. — p. 190 : *disc.* Aracouyennes et Galibis. — p. 272-273 : Sur un individu couvert de poils et chez qui les molaires étaient absentes.

— *L'Avesta, Zoroastre et le Mazdéisme*, Maisonneuve, 1880, in-8° — (iv)-521 p.).

— *Revue d'anthropologie*, 1878, p. 47-55 : la classification des langues en anthropologie. — p. 115-126 : *c. r.* Les Tsiganes, de Miklosich. — p. 532-534 : *c. r.* Les Néo-Guinéens, de Mantegazza.

— *Assoc. franç. pour l'avanc. des sciences*, VII, Paris, 1878, p. 824 : *disc.* le précurseur de l'homme. — p. 835 : *disc.* dessins préhistoriques et dessins des Bochimans. — p. 866 : *disc.* la capacité crânienne n'est pas un caractère de race. — p. 876 : *disc.* origine du monothéisme. — p. 895 : *disc.* utilité de prendre l'indice de largeur des os longs.

— *Revue de Linguistique*, 1878, p. 105-118 : L'œuvre linguistique de Chavée. — p. 328-343 : Ahura-mazdâ.

— Ahura-Mazdâ, Maisonneuve, 18 p. in-8°.

— Article *Slaves* (*Dict des sciences médic.*, 1879-81, p. 61-70).

— *Revue d'anthropologie*, 1879, p. 1-4 : Nouvelles recherches sur le crâne savoyard. — p. 105-113 : les langues de l'Asie sud-orientale. — p. 205-209 : le crâne des Burgondes du moyen âge.

— *Assoc. franç. pour l'avanc. des sciences.* VIII, Montpellier, 1879, p. 797 : *disc.* dangers des croisements ethniques, — p. 815 : *disc.* monuments dans le Puy-de-Dôme (pierre phallique). — p. 829 : *disc.* accroissement de la taille en Savoie. — p. 836 : *disc.* statistique anthropologique en Suisse. — p. 839 : communication de deux cartes linguistiques : 1° le Catalan, 2° les langues parlées en France.

— *Revue de Linguistique*, 1879, p. 376-378 : *c. r.* Dictionnaire français de Pourret.

— *Bullet. de la Société d'anthrop.* 1879, p. 68-69 : Présentation d'une carte linguistique du Catalan. — p. 101 : *disc.* Sur le type betchouana. — p. 176 : *disc.* Sur le questionnaire anthropométrique. — p. 231 : *disc.* Sur le buste d'une jeune fille zoulou.

— *Mélanges de linguistique et d'anthropologie* (avec Émile Picot et Julien Vinson. E. Leroux, 1880, in-8, vj--330 p.).

— *Congrès intern. des sciences anthrop.*, Paris, 1878. — Communication sur les races inférieures, 3 p.).

— *Assoc. franç. pour l'avanc. des sciences*, IX, Reims, 1880, p. 818 : *disc.* Le précurseur de l'homme.

— Les débuts de l'humanité; l'homme primitif contemporain (*Biblioth. matérialiste*, Doin, 1881, in-8° (vj)-iv-336 p., 45 fig.).

— Préface de *La Glossologie*, essai sur la science expérimentale du langage, de A. de la Calle (p. v-x).

— *Bullet. de la Société d'anthrop.*, 1881, p. 64 : *disc.* les Botocudos. — p. 785-787, 789-790, 841-847, 866 : *disc.* les Fuégiens.

— *Revue de Linguistique*, 1881, p. 20-58 : La langue khasia. — *c. r.* Adam. Les patois lorrains. — p. 320-321 : *c. r.* F. Justi. Kurdische Grammatik.

— *La langue khasia* étudiée sous le rapport de l'évolution des formes — Maisonneuve, 1880, in-8° — 41 p.

— *Auf den Hœhe*, Internationale Revue, herausgegeben von Leopold, von Sacher Masoch. II Band, 3 Heft, Mærz 1882. Leipzig. P. 390-402 : die Alte Religion Zoroasters.

— Les Races humaines (*Nouvelle collection illustrée*, t. III, L. Cerf, 1882, pet. in-8°, 160 p., fig.).

— *Revue de Linguistique*, t. XV, 1882, p. 75-77 : Observations sur le guna grec. — p. 215-217 : Prononciation ancienne des aspirées grecques. — p. 217 : Sur deux mots scythes.

— *Bullet. de la Soc. d'anthrop.*, 1882, p. 79 : *disc.* Le prix Broca. — p. 290 ; *disc.* Kachmir et Tibet. — p. 330 : *disc.* Ile de Sardaigne. — p. 425 : Survivances ethnographiques. — p. 455 : *disc.* Projet d'un questionnaire ethnographique. — p. 627, 636, 641 : *disc.* Les Galibis du Jardin d'acclimatation.

— *Morceaux choisis* de Voltaire, de Jean-Jacques Rousseau et de Diderot, à l'usage des adolescents, publiés et annotés par Abel Hovelacque (Doin, 1883. in-8°, (viij)-180 p.).

— *Revue de Linguistique*, 1883, p. 77, 98 : *c. r.* Th. Hahn. L'être suprême des Khoï-Khoï.

— Divers articles dans le *Dictionnaire des Sciences anthropologiques*.

— *L'Homme*, 1884, p. 34-42 : L'homme et la faculté du langage. — p. 198-204 : Les Mandingues. — p. 258-265 : Le vêtement, la parure chez les noirs africains sus-équatoriaux. — p. 311-312 : La langue des Cinghalais. — p. 321-334 : La religion en Guinée et au Soudan. — p. 673-678 : Les Wolofs.

— 158 —

— *Bullet. de la Société d'anthrop.*, 1884, p. 789 : Don de photographies d'une famille savoyarde.

— *Revue de Linguistique*, 1884, p. 272-273 : *c. r.* De Courtenay, Uebersicht der slavischen Sprachenwelt.

— *L'Homme*, 1885, p. 104-111 : Alimentation et caractère des Wolofs. — p. 165-170 : Etat social des Wolofs. — p. 286-287 : Importation de l'eau-de-vie en Afrique. — p. 380 : *c. r.* Daniel G. Brinton. The philosophic Grammar of american Languages. American Languages, and why we should study them. *Philadelphie*, 1885. — p. 534-537 : *c. r.* Léon Donnat. La politique expérimentale.

— *Revue de Linguistique*, 1885, p. 27-29 : Polysynthétisme. — p. 192-195 : Essai de solution d'un problème linguistico-ethnique (le celte).

— *Bullet. de la Société d'anthrop.*, 1885, p. 69-71 : Présentation d'ouvrages d'Eugène Véron. — p. 124-125, 129-130 : *disc.* Ceylan et ses habitants. — p. 138 : *disc.* Emploi des fonds de la Société. — p. 210, 213-214 : *disc.* Les Fuégiens du cap Horn. — p. 371-391 : Conférence transformiste : l'évolution du langage (9 mai 1885). — p. 405-406 : *disc.* Un crâne... en bronze. — p. 457 : *disc.* Le commerce à distance en Malaisie, à Ceylan, dans l'Asie du N.-E., en Afrique. — p. 693-694, 696-697 : *disc.* Sur trois Australiens vivants.

— L'évolution du langage. *Conférence transformiste* (*Bullet. de la Soc. d'anthrop.*, 1885. In-8°, 22 p.   ).

— Lettre publiée dans les *Etudes anthropologiques* de A. Van der Berghe (1886, p. 5).

— *L'Homme*, 1886, p. 16-26 : Place de l'homme dans le monde animal, (avec G. Hervé). — p. 69-72 : Ordalies. — p. 545-555 : Opinion de M. Horatio Hale sur la pluralité des langues et l'ancienneté de l'homme.

— *Revue de Linguistique*, 1886, p. 295-296 : *c. r.* Miklosich. Etymologisches Wœrterbuch der slavischen Sprachen.

— *Bullet. de la Société d'anthrop.*, 1886, p. 422-423 : *disc.* Le peuple khmer.

— *Bibliothèque anthropologique*, t. IV. Précis d'anthropologie, avec Georges Hervé. Delahaye et E. Lecrosnier, 1887, gr. in-8°. — (ij)-xi-655 p., 20 fig.

— *L'Homme*, 1887, p. 665 : Rien de nouveau (A propos d'un cas particulier de funérailles rapporté par la *Sentinella delle Alpi*).

— *Bullet. de la Société d'anthrop.*, 1887, p. 342-343 : Ethnographie des Fuégiens.

— *Revue de Linguistique*, 1887, p. 23-44 : La linguistique évolutionniste de P. Regnaud.

— *Revue de Linguistique*, 1888, p. 27-47 et 91-104 : La grammaire indo-européenne d'après Fr. Müller.

— Les Nègres de l'Afrique sus-équatoriale (Sénégambie, Guinée, Soudan, Haut-Nil), Lecrosnier et Babé, 1889, in-8° — xiv-468 p., 25 fig. (t. IX de la *Biblioth. anthrop.*).

— *Communication sur les races inférieures*, 1890. In-8°, 3 p. Congrès de l'Exposition.

— *Bullet. de la Société d'anthrop.*, 1890, p. 4-6 : Discours en prenant possession de la présidence (séance du 2 janvier 1890) lu par le Dr Laborde. — p. 366-367 : *disc.* Vie moyenne des Romains employés à Carthage au IIe siècle de notre ère.

— *Revue de Linguistique*, 1891, p. 95-96 : *c. r.* Manuel védique de Bergaigne-Henry. — p. 191-195 : Les limites de la langue française.

— *Bullet. de la Société d'anthrop.*, 1891, p. 1-4 : Discours en quittant la présidence (séance du 8 janvier 1891) lu par G. Hervé. — p. 35 : *disc.* Les orangs-koubous. — p. 200 : *disc.* Inventaire de la Bibliothèque. — p. 247-248 : *disc.* Crâne du Venezuela. — p. 317 : *disc.* Les langues dans le Morbihan. — p. 419 : *disc.* Résultats politiques de l'union des nègres et des blancs. — p. 483 : *disc.* Le langage sifflé des Canaries.

— *Revue de l'Ecole d'Anthropologie*, I, 1891, p. 49-58 : *c. r.* Races and peoples, de Brinton. — p. 107-121 : *c. r.* D'Arbois de Jubainville. Les premiers habitants de l'Europe. — p. 143-145 : Limites du Catalan et du Languedocien (carte, p. 145). — p. 191 : L'esclavage chez les Noirs africains. — p. 218-220 : *c. r.* Tourtoulon, Dialectes. — p. 285-286 : *c. r.* Brinton, American race ; Dumoûtier, Symboles ; Vinson, Bibliographie basque. — p. 318-319 : *c. r.* Rich. Andree. Limites du bas allemand (avec carte).

— *Bullet. de la Société d'Anthrop.*, 1892, p. 23-24 : *disc.* Le langage sifflé chez les peuples primitifs. — p. 186 : Recherches anthropométriques aux Conseils de révision. — p. 338 : *disc.* Vie d'Eug. Véron. — p. 370, 376 : *disc.* Le crâne de Canstadt. — p. 389 : Indice céphalique des Primates. — p. 391, 392, 395 : *disc.* La taille humaine aux époques préhistoriques. — p. 532 : *disc.* Superstitions du Morvan. — p. 533 : *disc.* Exposition de Chicago. — p. 676-677 : *disc.* Couleur des yeux chez les Celtes. — p. 724 : *disc.* Un crâne microcéphale.

— *Revue de l'Ecole d'Anthrop.*, 1892, p. 51-55 : *c. r.* Jaime. De Koulikoro à Tombouctou. — p. 99 : Ethnologie européenne. — p. 126-128 : *c. r.* J. Sasse. Crânes des Célèbes et de Reimerswal. — p. 155-156 : *c. r.* Danielli. Crânes de Niao. — p. 156-159 : *c. r.* J. Koula. Costumes slovaques. — p. 169-171 : Varia : Crânes des Grisons. — p. 261-268 et 302-304 (avec G. Hervé) : Crânes de l'Aveyron. — p. 274-276 : Varia : L'évolution du Bouddhisme (conférence de J. Vinson). — p. 330-332 (avec G. Hervé) : Crânes de Saint-Jean-de-Sagondignac en Médoc. — p. 343-345 : Les Gaulois du Musée Broca.

— *Revue de Linguistique*, 1893, p. 79-84 : *c. r.* A. Lefèvre. Les races et les langues.

— *Bullet. de la Soc. d'Anthrop.*, 1893, p. 23 : La taille dans le Morvan (Renvoi aux *Mémoires*). — p. 41 : *disc.* Inscriptions mégalithiques. — p. 253 : Suite de la communication sur le Morvan (Renvoi aux *Mémoires*). — p. 254-255 : *disc.* Sur le Morvan. — p. 376 : *disc.* Les crânes de Livry. — p. 668 : Proposition à l'occasion de l'Exposition de 1900.

— *Assoc. franç. pour l'avanc. des sciences*, Besançon, 1893, p. 261-262 : Ethnologie de la France (avec G. Hervé).

— *Revue de l'Ecole d'Anthrop.*, 1893, p. 29-31 : *c. r.* Lefèvre. Les races et les langues. — p. 39-40. *Varia :* M. Paul Regnaud et les néo-grammairiens.

— p. 60-64 (avec G. Hervé) : Couleur des yeux et couleur des cheveux. — p. 71 : *Varia :* la langue basque. — p. 71-72 : La nomenclature crâniométrique. — p. 96-99 : *c. r.* A. Scholl. Crânes de Rhétie et des Alpes. — p. 100-101 : *c. r.* Laumonier. La nationalité française. — p. 139 : *Varia :* Crânes de S. Maur-les-Fossés. — p. 160-166 (avec G. Hervé). Le crâne Morvandeau. — p. 195-198 : Rapport annuel pour 1892-1893. — p. 386-388 (avec G. Hervé) : Crânes berrichons.

— Recherches ethnologiques sur le Morvan (avec G. Hervé), 1894, in-8º, 256 p. (*Mémoires de la Société d'Anthropologie.* 2e série, t. V, fasc. 2).

— *Revue de l'Ecole d'Anthrop.*, 1894, p. 103-108 : *c. r.* Mémoires de la Société dauphinoise d'ethnologie et d'anthropologie. — p. 135-136 : L'indice frontal. — p. 163-166 (avec G. Hervé) : Crânes de Puiseux-lès-Louvres. — p. 188-200 (avec G. Hervé) : Étude de 36 crânes dauphinois.

— *Revue de Linguistique*, 1895, p. 185-199 : Quelques notes sur les contes de Perrault (Signé O. K.).

— *Revue de l'Ecole d'Anthrop.*, 1895, p. 96-102 : *c. r.* Meyer. Philippines et Négritos. — p. 117-122 (avec G. Hervé) : Notes sur l'ethnologie du Morvan. — p. 133-135. Ethnologie de l'Italie ancienne. — p. 225-226 : *c. r.* Ferd. Oloriz. L'indice céphalique en Espagne. — p. 323-324 : Crânes de Toulon-sur-Arroux. — p. 418-419 : *c. r.* Sergi. Races méditerranéennes.

— *Revue de l'Ecole d'Anthrop.*, 1896, p. 51-56 : La taille dans un canton ligure.

(La liste complète des travaux d'Abel Hovelacque a été publiée dans la *Revue de Linguistique*, 1897, pp. 28-52).

LISTE

DES TRAVAUX ANTHROPOLOGIQUES

De M. le Dr HUGUET

STATISTIQUE

Recherches sur les maladies simulées et les mutilations volontaires (1 vol. de 279 p. et 49 croquis, 1896; couronné par l'Institut).

GÉOGRAPHIE MÉDICALE. — HISTOIRE. — GÉOGRAPHIE

Programme de nosologie médicale du Mzab (Académie de Médecine. Séance du 2 août 1898).

Recherches sur les origines de Guérara (Académie des Inscriptions. Séance du 5 août 1898).

Les premières relations de la France avec le Mzab (*Ibid.*, Séance du 14 octobre 1898).

Le pays du Mzab (*Bull. Soc. géogr. d'Alger*, 3° et 4° trim. 1898).

Conférence sur les itinéraires du Sud-algérien. — Les nomades et leurs terrains de parcours (Ligue de l'Enseignement laïque à Blidah, 6 mai 1899).

Etudes sur les régions sahariennes (Parties parues, *Tour du monde*, n°s 9 et 10, 1899; *Bulletin de la Société de Géographie de Paris*, 3° trim. 1899).

La question transsaharienne (en collaboration avec J. Simian) (*Revue scientifique*, 19 et 26 octobre 1901).

ANTHROPOLOGIE

Les femmes Oulad Naïl, étude sociologique (*Revue encyclopédique*, Larousse, 1900).

Les Juifs du Mzab (*Bull. Soc. anthrop. Paris*, 1902, p. 559).

Les Touareg (*Ibid.*, 1902, p. 615).

Etude analytique et critique de l'ouvrage « Les races humaines du Soudan français » (en collaboration avec le Dr Anthony) (*Ibid.*, 1902, p. 842).

Le récent conflit arabo-mzabite (*Ibid.*, 1903, p. 14).

Les conditions générales de la vie au Mzab. La médecine et les pratiques médicales indigènes (*Ibid.*, 1903, p. 219).

Sur le Kitab n Nil (*Ibid.*, 1903, p. 381).

Bégaiement et simulation (*Ibid.*, 1903, p. 569).

Les villes mortes du Mzab (*Ibid.*, 1903, p. 583).

Les Soffs, 1er mémoire (*Revue Ecole d'anthr.*, 1903, p. 94).

Généralités sur l'Afrique. Le pays, les habitants (*Ibid.*, 1904, p. 137).

La valeur physique des indigènes sahariens (*Ibid.*, 1904, p. 263).

Contribution à l'étude sociologique des femmes sahariennes (*Ibid.*, 1904, p. 411).

Le pays de Laghouat (*Ibid.*, 1905, p. 185).

Superstition, magie et sorcellerie en Afrique (*Ibid.*, 1905, p. 349).

Recherches sur les habitants du Mzab (*Ibid.*, 1906, p. 18).

Les Oulad Naïl, nomades pasteurs (*Ibid.*, 1906, p. 102).

Origines et migrations des tribus berbères, et particulièrement des Beni Mzab (*Ibid.*, 1906, p. 377).

Les jeux d'enfants au Sahara (*L'Éducation moderne*, mai 1906).

LISTE

DES TRAVAUX ANTHROPOLOGIQUES

De M. le Dr LABORDE

Bulletins de la Société d'anthropologie de Paris :
— Rôle fonctionnel des canaux semi-circulaires (1881, p. 797, 819, et 1882, p. 118).
— Le général Faidherbe (1889, p. 452).
— Instinct maternel chez la chienne (1890, p. 145).
— Physiologie du cervelet (1890, p. 635).
— Le professeur Gavarret (1890, p. 645).
— Discours de présidence (1891, p. 4, 1892, p. 1).
— Langage signalétique des fourmis (1891, p. 664).
— M. Delasiauve (1893, p. 377).
— Flèches empoissonnées du Sarro (en collab. avec Rondeau) (1891, p. 706).

Revue de l'École d'anthropologie de Paris :
— Les fonctions intellectuelles et instinctives (1891, p. 33).
— Introduction à l'étude de la fonction du langage (1891, p. 353).
— Coup d'œil historique sur les origines et la fonction du langage (1893, p. 1).
— Les sensations et les organes des sens dans leurs relations avec les fonctions intellectuelles et instinctives (1894, p. 1).
— La microcéphalie vraie et la descendance de l'homme (1895, p. 1).
— Discours prononcés à l'Association pour l'enseignement des sciences anthropologiques (1899, p. 226, 1900, p. 322).
— Philippe Salmon (1900, p. 87).
— Résumés du cours (1892, p. 59, 202; 1893, p. 199; 1894, p. 230; 1895, p. 351 ; 1896, p. 328).

— Flèches empoisonnées du Sarro, Haut-Niger (en collab. avec Rondeau) (1892, p. 12).

— Les tractions rythmées de la langue. — In-8°, 184 p., Paris, Alcan, 1894.

(Les travaux du Dr Laborde, qui portent principalement sur la physiologie, sont rassemblés dans la *Notice sur les travaux et titres scientifiques du Dr J.-V. Laborde* (in-8°, Paris, Parent, 1880), et dans le *Supplément* à cette notice (in-8°, Paris, Goupy, 1887).

LISTE

DES TRAVAUX ANTHROPOLOGIQUES

De M. André LEFÈVRE

— La psychologie physiologique (*Revue du Parlement*, 1873, 23 p.).

— Religions et mythologies comparées (In-18, 330 p., Leroux, 1877).

— L'homme à travers les âges (In-18, 390 p., Reinwald, 1880).

— La renaissance du matérialisme (édition épuisée) (Doin, 1880).

— Les origines de l'homme. Avant l'histoire (*La jeune France*, mai 1883, 10 p.).

— La philosophie (*Biblioth. des sciences contemp.* In-12, 636 p., Reinwald, 1884).

— Les mythes et les religions (*Revue scientif.*, 1889, 22 p.)

— Mythologie du monde minéral (*Revue des trad. popul.*, 1889, 16 p.).

— L'évolution religieuse (*Bull. Soc. d'anthr. de Paris*, 1890, 27 p.).

— Le christianisme et la science (*Tribune médicale*, 1890, 29 p.).

— Place des Indo-Européens dans l'évolution historique (*ibid.*, 1891-92, 30 p.).

— Du cri à la parole. Embryogénie du langage (*Revue de l'Ecole d'anthr.*, 1891, 17 p.).

— Expansion occidentale du dualisme mazdéen (In-8°, 24 p., Goupy, 1892).

— Dictionnaire des sciences anthropologiques (art. *Mythologie*).

— La religion (*Biblioth. des sc. contemp.*; in-18, 586 p., Reinwald, 1892).

— Expansion et décadence de la Grèce antique (*Tribune médicale*, 1893, 21 p.).

— Les peuples de l'Italie antique (*ibid.*, 24 p.).

— Les origines helléniques (*ibid.*, 23 p.).

— Les races et les langues (In-8°, 300 p., Alcan, 1893).

— Le culte des morts chez les Latins (*Revue des trad. popul.*, 1894, 18 p.).

— Les temps homériques; hommes et dieux, mœurs et croyances [leçons professées à l'Ecole d'anthropologie] (*Revue de linguistique*, 1895, 159 p.).

— Origines européennes ; les Indo-Européens du nord (*Tribune médicale*, 1895, 31 p.).

— Origines slaves (*Bull. Soc. d'anthrop. Paris*, 1896, 16 p.).

— Les dieux champêtres des Latins (*Revue de linguist.*, 1896, 45 p.).

— L'évolution historique (*Tribune médicale*, 1896, 31 p.).

— L'histoire (*Biblioth. des sc. contemp.* In-18, 690 p., Schleicher, 1897).

— Distribution des langues indo-européennes en Europe occidentale (*Tribune méd.*, 1898, 22 p.).

— Origines et formation de la nation française (*Revue Ecole d'anthr.*, 1898, 22 p.).

— La théorie indo-européenne (*ibid.*, 1899, 7 p.).

— De la nature des choses, traduction du poème de Lucrèce, nouvelle édition (In-12, 324 p., Soc. d'édit. littér., 1898).

— La langue et la nation françaises (*Trib. médic.*, 1899, 23 p.).

— La langue et la nation françaises [résumé des cours à l'Ecole d'anthropologie en 1897-1899] (*Revue Ecole d'anthr.*, 1900, 8 p.).

— La Grèce antique ; entretiens sur les origines et les croyances [cours à l'Ecole d'anthropologie] (*Bibl. des sc. contemp.*; in-18, 462 p., Schleicher, 1900).

— Les préjugés historiques (*Revue Ecole d'anthr.*, 1900, 19 p.).

— Contre-poison (In-12, 397 p., *Soc. d'édit. littér.*, 1900).

— Les Gaulois, origines et croyances [cours à l'Ecole d'anthropologie] (In-18, 203 p., Schleicher, 1900).

— Le Saint-Graal (*Revue Ecole d'anthr.*, 1901, 6 p.).

— Treize années d'enseignement [résumé général] (*Revue Ecole d'anthr.*, 1902, 33 p.).

— Apogée de Charles V, 1377-1378 (*ibid.*, 1903, 22 p.).

— Germains et Slaves, origines et croyances [cours à l'Ecole d'anthropologie] (In-18, 320 p., 32 cartes, Schleicher, 1903).

— L'Italie antique, origines et croyances [cours à l'Ecole d'anthropologie] (In-18, 516 p., de Rudeval, 1905).

M. André Lefèvre a, en outre, publié de nombreux articles dans la *République française*, l'*Illustration*, le *Magasin pittoresque*, la *Libre-Pensée*, la *Pensée nouvelle*, l'*Encyclopédie générale*, la *Démocratie*, la *Revue politique*, etc., et plusieurs ouvrages d'histoire, d'art, de poésie, de critique (voir le *Dictionnaire biographique du département de Seine-et-Marne*, Jouve, 1893).

LISTE

DES TRAVAUX ANTHROPOLOGIQUES

De M. le Dr LETOURNEAU

— Quelques observations sur les nouveau-nés [thèse] (In-4°, 46 p., Rignoux, 1858).

— Physiologie des passions (In-8°, 382 p., Reinwald, 1878).

— Science et matérialisme (In-8°, 470 p., Reinwald, 1879).

·- La biologie (*Bibl. des Sc. contemp.* ; in-12, 506 p., Reinwald, 1882).

— La sociologie d'après l'ethnographie (*Bibl. des Sc. contemp.* ; in-12, 608 p., Reinwald, 1884).

— L'évolution de la morale (*Biblioth. anthrop.* ; in-8°, 478 p., Delahaye, 1887).

— L'évolution du mariage et de la famille (*Bibl. anthrop.* ; in-8°, 467 p., Delahaye, 1888).

— L'évolution de la propriété (*Bibl. anthrop.* ; in-8°, 521 p., Lecrosnier, 1889).

— Hérédité (*Dict. des Sciences médic.* ; 17 p.).

— L'évolution politique (*Bibl. anthrop.* ; in-8°, 561 p., Bataille, 1890).

— L'évolution religieuse (in-8°, 606 p., Reinwald, 1892).

— L'évolution littéraire (*Bibl. anthrop.* ; in-8°, 574 p., Bataille, 1892).

— La guerre dans les diverses races humaines (*Bibl. anthrop.* ; in-8°, 587 p., Bataille, 1895).

— L'évolution de l'esclavage (*Bibl. anthrop.* ; in-8°, 538 p., Bataille, 1896).

— L'évolution du commerce (*Bibl. anthrop.* ; in-8°, 580 p., Vigot, 1897).

— L'évolution de l'éducation (*Bibl. anthrop.* ; in-8°, 617 p., Vigot, 1898).

— La psychologie ethnique (*Bibl. des Sc. contemp.* ; in-18, 556 p., Schleicher, 1902).

— La condition de la femme dans les diverses races et civilisations (*Bibl. Sociol. internat.* ; in-8°, 507 p., Giard et Brière, 1903).

LISTE

DES TRAVAUX ANTHROPOLOGIQUES

De M. MAHOUDEAU

Bulletins de la Société d'Anthropologie de Paris :

— 1887. — Coupes de circonvolutions cérébrales (p. 771).

— 1888. — Sur les groupements des grandes cellules pyramidales dans la région motrice des membres (p. 380).

— 1888. — Procédé pour coller les coupes histologiques préparées à la paraffine (p. 591).

· — 1890. — Sur un crâne précolombien de la province de Chiriqui (États-Unis de Colombie) (p. 601). .

— 1893. — Armes africaines et poignards corses (p. 389).

Revue de l'Ecole d'Anthropologie de Paris :

— 1891. — Cerveaux conservés naturellement (p. 24).

— L'Institut Solvay (p. 125 et 383).

— Les principales formes cellulaires dérivées du feuillet externe du blastoderme (p. 257).

— 1892. — Les preuves anatomiques de la descendance de l'homme; nos organes vestigiaires (p. 381).

— 1893. — Détermination de l'âge des ossements fossiles par l'analyse chimique (p. 137).

— Types corses (p. 257).

— La dépigmentation des Primates (p. 365).

— 1894. — L'érythrisme dans les races foncées (p. 271).

— Une survivance peu hygiénique (p. 311).

— Les caractères humains des Primates éocènes (p. 345).

— 1895. — L'Albinisme (p. 325).

— 1896. — La locomotion bipède et la caractéristique des Hominiens (p. 233).

— 1897. — Le principe du Transformisme (p. 193).

—1898. — L'origine de l'homme d'après les traditions de l'Antiquité (p. 233).

— 1899. — Les premières manifestations de la matière vivante (p. 365).

— 1901. — La question de l'homme tertiaire à Thenay (en collaboration avec L. Capitan) (p. 129).

— 1902. — Note sur les anciens habitants de la Corse (p. 319).

— 1903. — Le dernier mémoire de l'abbé Bourgeois sur la question de l'homme tertiaire à Thenay (p. 317).

— 1904. — Indication des principales étapes de la phylogénie des Hominiens (p. 1).

— Les idées sur l'origine de l'homme (p. 420).

— Poudre de crâne (p. 332).

— 1905. — Documents pour servir à l'Ethnologie de la Corse. Recherches sur l'ancienne population de la Corse. Première partie : l'Indice céphalométrique de largeur (p. 165).

— L'Aurochs et le Bison, confusion de leurs noms (p. 56).

— Sépulture néolithique de Martigny (Loir-et-Cher) (p. 420).

— 1906. — Documents pour servir à l'Ehnologie de la Corse. Seconde partie : la Taille en Corse (p. 177).

LISTE

DES TRAVAUX ANTHROPOLOGIQUES

De M. le Dr MANOUVRIER

PHILOSOPHIE (RAPPORTS ET CLASSEMENT DES SCIENCES)

— Classification naturelle des sciences. Position et programme de l'Anthropologie (*Ass. fr. sc.*, 1889, 21 p.).

— L'individualité de l'Anthropologie (Congress of Arts and Science de l'Exposition univ. de Saint-Louis, U. S. A. *Revue de l'Ecole d'anthropologie*, 1904, 14 p. Trad. anglaise, *Proceedings*. du Congrès, T. V.).

— Discours à la célébration du 49e anniversaire de la Société d'Anthropologie de Paris (*Bull.*, 1901, 7 p.).

— L'Anthropologie et le Droit (*Revue intern. de sociologie*, Paris, 1894, 52 p.). Trad. en espagnol. Bibl. de Filos. y sociol. Madrid, 1903).

— Les rapports de la Psychologie et de la Sociologie (*Annales de l'Institut intern. de Sociologie*, t. X). Paris, 1903. Giard et Brière éd., 23 p.

— L'Ethnographie et l'Ethnologie dans l'Anthropologie (L'*Homme*, 1884, 11 p.).

— L'Anatomie. Introduction du *Traité d'Anatomie humaine* de Poirier, 1893, 7 p.).

— La Craniologie, sa place parmi les sciences, son programme et ses divisions (*Revue scientifique*, 1881, 18 col.).

— Préface de l'ouvrage du Dr Godin, *Rech. anthropométriques sur la croissance des div. parties du corps* (Paris, Maloine, 1903, 9 p.).

— Médecine. Rapports avec l'Anthropologie (*Dict. des sciences anthr.*, 1886).

PSYCHOLOGIE ET SOCIOLOGIE

— La fonction psycho-motrice (*Revue philos.*, 1884, 36 p.).

— Discussion des concepts psychologiques. Sentiments et connaissance. Etats affectifs (*Rev. Ecole d'A.*, 1895, n°s 2, 6 et 9, 62 p.).

— La volonté (*ibid.*, 1893, 19 p.). 2ᵃ édition augmentée (*Revue de l'Hypn. et de la Psych. phys.*, 30 p.).

— Le tempérament (*Rev. Ecole d'A.*, 1896, 24 p.).

— Caractérisation physiologique des tempéraments et homologation des tempéraments classiques (*ibid.*, 1898, 23 p.).

— Essai sur les qualités intellectuelles considérées en fonction de la supériorité cérébrale quantitative (*ibid.*, 1894, 20 p.).

— Les aptitudes et les actes dans leurs rapports avec la conformation anatomique et avec le milieu extérieur (*Bull. Soc. d'A.*, 1890, et *Rev. scient.*, 1891, 34 p.).

— Relations mutuelles de plusieurs animaux d'espèces différentes réunis par domestication (*Soc. zoolog. de France*, 1883, 3 p.).

— Un rapt de progéniture entre femelles de rat blanc (*Bull. de l'Inst. gén. psychol.*, 1905, 3 p.).

— Mouvements divers et sueur palmaire consécutifs à des images mentales (*Soc. de psychol.* in *Rev. philos.*, 1884, 5 p.).

— Une séance de spiritisme (*L'Homme*, 1887, 11 p.).

— Sur l'étude comparative des sexes dans les races humaines (*Progrès français*, 1884, 11 col.).

— Indications anatomiques et physiologiques relatives aux attributions naturelles de la femme (Congrès internat. du Droit des femmes. Paris, 1889, 10 p.).

— L'internat en médecine des femmes (*Rev. scient.*, 1884, 10 col.).

— Conclusions générales sur l'Anthropologie des sexes et applications sociales. Introduction (*Rev. de l'Ec. d'A.*, 1903, 18 p.) ; 2ᵉ partie (*ibid.*, 1906, 13 p.).

— Discussion sur la limitation volontaire de la population (*Bull. Soc. d'A.*, 1896, 10 p.).

— Discussion sur l'infériorité des races de couleur (*Congrès de l'Institut internat. de Sociologie*, Paris, 1894, 15 p.).

— L'indice céphalique et la pseudo-sociologie (*Rev. Ecole d'A.*, 1899, 43 p.).

— Les caractères anatomiques des criminels et la théorie du criminel-né (*Rapport au 2ᵉ Congrès intern. d'Anthr. crim.*, 1889, Paris, 10 p.).

— Discussion des rapports de MM. Lombroso, Ferri, Tarde, etc., au même congrès (C. R. du Congrès, 26 p.).

— L'atavisme et le crime (*Rev. Ecole d'A.*, 16 p.).

— Questions préalables dans l'étude comparative des criminels et des honnêtes gens. *Rapport au 3ᵉ congrès intern. d'Anthrop. crim. Bruxelles,* 1892 (*C. R. du Congrès ; Rev. Ecole d'A. ; Arch. d'Anthr. crim.*, 13 p.).

— La genèse normale du crime (*Bull. Soc. d'A.*, 1893, 54 p.).

ANATOMIE ET PHYSIOLOGIE

— Note sur l'interprétation du poids de l'encéphale et ses applications (*Acad. des sciences*, 16 janvier 1882, 3 p.).

— La question du poids de l'encéphale et de ses rapports avec l'intelligence (*Rev. scient.*, 1882, 21 p.).

— Sur la valeur de la taille et du poids du corps comme termes de comparaison entre la masse de l'encéphale et la masse du corps (*Bull. Soc. d'A.*, 1882, 16 p.).

— Recherches sur la force de serrement des mains chez l'homme et chez la femme, et comparaison du poids du cerveau à divers termes anatomiques et physiologiques (*Ass. fr. av. sc.*, 1882, 8 p.).

— Recherches d'anatomie comparative et philosophique sur les caractères du crâne et du cerveau.—1er mémoire : Recherches sur le développement quantitatif comparé de l'encéphale et de diverses parties du squelette (*Soc. Zool. et Thèse Paris*, 1882, 117 p., *couronnée par la Faculté de médecine*).

2° mémoire : Sur l'interprétation de la quantité dans l'encéphale et du poids du cerveau en particulier (*Mém. Soc. d'A.*, 2e série, t. III, 1885, 189 p.).

— Sur un procédé d'analyse du poids cérébral (*Soc. de Biol.*, 1891, 6 p.).

— Le poids absolu et relatif du cervelet, de la protubérance et du bulbe et leur interprétation (*Ass. fr. av. sc.*, 1893, 20 p.).

— Considérations sur l'hypermégalie cérébrale et description d'un encéphale de 1 935 gr. (*Rev. Ecole d'A.*, 1902, 23 p., 4 fig.).

— Note provisoire sur les proportions des lobes cérébraux et leurs conséquences craniologiques (*Bull. Soc. d'A.*, 1897, 5 p.).

— Cerveau : Morphologie générale. Anatomie comparée. Rapports du poids et de la forme du cerveau avec l'intelligence (*Dict. de Physiologie* de Ch. Richet, 1898, 76 p.).

— Le cerveau d'Adolphe Bertillon. En collab. avec M. Chudzinski (*Bull. Soc. d'A.*, 1887, 32 p., 11 fig.).

— Les circonvolutions premières temporales, etc., chez un gaucher sourd de l'oreille gauche (*Soc. de psychol.*, in *Rev. philos.*, 1889, et *Bull. Soc. d'A.*, 1888, 6 p., 2 fig.).

— Le cerveau d'un sourd-muet (*Bull. Soc. d'A.*, 1898, 6 p., 2 fig.).

— Comparaison entre le cerveau de Gambetta et celui de Bertillon (*Soc. de psychol.*, in *Rev. scient.*, 1888, 7 p.).

— Etude sur le cerveau d'Eugène Véron et sur une formation fronto-limbique (*Bull. Soc. d'A.*, 1892, 41 p., 11 fig.).

— Nouvelle étude sur le sillon sous-frontal intra-limbique et sur la fusion du lobe du corps calleux avec les lobes adjacents (*ibid.*, 1892, 25 p.).

— Description du cerveau d'un indigène des iles Marquises (*Ass. fr. av. sc.*, 1892, 11 p., 5 fig.).

— Etude sur le cerveau d'un Fuégien (*Bull. Soc. d'A.*, 1894, 20 p., 5 fig.).

— Le cerveau et le crâne de la microcéphale Nini (*ibid.*, 1887, 18 p., 6 fig.).

— Le cerveau et le crâne d'un nain rachitique et aliéné (*Ass. fr. av. sc.*, 1888, 5 p., 4 fig.).

— Le cerveau de l'assassin Vacher (*Bull. Soc. d'A.*, 1899, 7 p., 2 fig.).

— Note et tableau graphique sur la capacité cranienne de 60 assassins français comparée (1er *Congrès intern. d'Anthr. criminelle*, Rome, 1885, 2 p.).

— Sur l'étude anthropologique des crânes d'assassins. (Avec discussion.) (*Bull. Soc. d'A.*, 1883, 33 p.).

— Les crânes des suppliciés (*Arch. de l'Anthr. crim. et sciences pénales*, 1886, 22 p.).

— Microcéphalie (*Dict. des sciences anthr.*).

— Observation d'un microcéphale vivant et de la cause probable de sa monstruosité (*Bull. Soc. d'A.*, 1895, 5 p.).

— Deuxième examen à 15 ans d'un microcéphale observé à 7 ans (*Bull. Soc. d'A.*, 1903, 4 p.).

— Sur le nain Auguste Tuaillon et sur le nanisme simple avec ou sans microcéphalie (*ibid.*, 1896, 25 p., 2 fig.).

— Observations sur quelques nains (*ibid.*, 1897, 11 p., 3 fig.).

— Observation d'un cas remarquable d'ichtyose (*ibid.*, 1898, 4 p., 4 fig.).

— Sur les modifications générales du profil encéphalique et endocranien dans le passage à l'état adulte chez l'homme et les anthropoïdes (*Bull. de la Soc. d'Anthr. de Bordeaux*, 1884, 11 p., 3 fig.).

— Mesures de 1.500 crânes des catacombes de Paris. *Travail en collaboration avec P. Broca* (*Registres du Laboratoire d'Anthropologie*, 1880).

— Sur l'indice cubique du crâne (*Ass. fr. av. sc.*, 1880, 5 p.).

— Note sur l'étude comparative du crâne et du reste du squelette (*ibid.*, 1881, 7 p.).

— Note sur les variations morphologiques du crâne suivant l'âge et la taille (*ibid.*, 1883, 4 p.).

— Sur la grandeur des principales régions du crâne dans les deux sexes et dans diverses races (*ibid.*, 1882, 16 p.).

— Sur l'interprétation du poids du crâne et des caractères qui s'y rattachent (*Bull. Soc. d'A.*, 1881, 6 p.).

— Etude sur le prognathisme et sa mesure (*Matériaux p. l'hist. nat. de l'homme*, t. XXI, 1887, 6 p.).

— Etude craniométrique sur la plagiocéphalie (*Bull. Soc. d'A.*, 1883, 17 p., 1 fig.).

— Dissociation de l'exocrâne en lamelles stratifiées sur un crâne humain adulte (*ibid.*, 1892, 1 p.).

— Note sur une variété inédite d'os wormiens (*ibid.*, 1886, 3 p., 1 fig.).

— Craniologie, maxillaire, prognathisme, plagiocéphalie, sutures, os wormiens (*Dict. des sciences anthr.*).

— Essai d'anthropologie artistique sur le profil grec (*Matériaux p. l'hist. nat. de l'homme*, t. XX, 1886, 6 p.).

— Aperçu de céphalométrie anthropologique (*L'inter. des biologistes.* — 2° éd. in *Année psychologique*, 1898, 34 p., 6 fig.).

— Note sur les effets d'une déformation artificielle du crâne chez un nouveau-né bolivien (*Bull. Soc. d'A.*, 1882).

— La dolichocéphalic anormale par synostose prématurée de la suture sagittale (*B. de la Soc. d'Anthr. de Lyon*, 1886, 14 p.).

— Notes sur trois cas d'idiotie congénitale et sur quatre crânes d'idiots (*Bull. Soc. d'A.*, 1884, 6 p.).

— Notes sur plusieurs idiots et imbéciles de l'asile de Blois (*ibid.*, 1884, 4 p.).

— Note sur le crâne d'un imbécile (*ibid.*, 1885, 4 p.).

— Observations craniologiques sur trois aliénés (*ibid.*, 1886, 13 p.).

— Notes sur quelques « prodiges » humains exhibés à Paris en 1901 (*Rev. Ecole d'A.*, 1902, 8 fig.).

— Les variations ethniques et les anomalies des os nasaux dans l'espèce humaine (*Bull. Soc. d'A.*, 1893, 35 p., 19 fig.).

— Achèvement du mémoire posthume de P. Broca sur la torsion de l'humérus (*Revue d'Anthr.*, 1881, 16 p.).

— Recherches sur les proportions pondérales du squelette des membres chez l'homme et les anthropoïdes (*Ass. fr. av. sc.*, 1885, 5 p.).

— Etude sur les variations morphologiques du corps du fémur dans l'espèce humaine (*Bull. Soc. d'A.*, 1893, 33 p., 11 fig.).

— Mémoire sur la Platycnémie chez l'homme et les anthropoïdes (*Mém. Soc. d'A.*, 2ᵉ série, t. III, 1887, 80 p., 31 fig.).

— Remarques sur les changements de forme des os et en particulier sur la Platycnémie (*Arch. de Physiologie norm. et path.*, 1896, p. 522).

— La Platymérie (*Congrès internat. d'Anthrop. préhistorique*, Paris, 1889, 19 p., 6 fig.).

— Etude sur la rétroversion de la tête du tibia et sur l'attitude humaine à l'époque quaternaire (*Mém. Soc. d'A.*, 1889, 45 p., 12 fig.).

— Age, croissance, main, pied, membres, omoplate, poids (*Dict. des Sciences anthr.*).

— Notes pour la détermination de l'âge probable d'un squelette (Louis XVII, au cim. Sainte-Marguerite. Paris, Ollendorff, 1894, 4 p.).

— Sur la détermination de la taille d'après les os longs des membres (*Mém. Soc. d'A.*, 1891, 60 p.).

— Sur l'allongement momentané du corps par extension volontaire, et sur quelques autres variations intéressant l'Anthropométrie (*Ass. fr. av. sc.*, 1897, 7 p.).

— Etudes sur les rapports anthropométriques en général et sur les principales proportions du corps (*Mém. Soc. d'A.*, 1902, 200 p., 12 fig.).

— Généralités sur l'Anthropométrie (*Rev. Ecole d'A.*, 1900, 26 p.).

— Divers modes de représentation graphique des séries anthropologiques (*L'Homme*, 1885, 8 p.).

— Menstruation, sexe (*Dict. des sciences anthr.*).

— Sur quelques erreurs dynamométriques (*Bull. Soc. d'A.*, 1884, 10 p., 1 fig.).

— Considérations sur la méthode en dynamométrie physico-psychologique (*Soc. de biologie*, 1885, 11 p.).

— Méthode des moyennes (*Dict. des sciences anthr.*).

— La palpation méthodique, comme procédé d'étude des actions musculaires. (*C. R. Soc. de Biologie*, 1904, 3 p.).

— Les fonctions du muscle du fascia lata (*ibid.*, 1904, 3 p.).

— Une application de l'Anthropologie à l'art militaire : Le classement des hommes et la marche dans l'infanterie (*Rev. d'Infanterie*, Ch. Lavauzelle, édit., Paris, 1905, 98 p.).

PALÉONTOLOGIE HUMAINE, PRÉHISTOIRE, ETHNOGRAPHIE

— Discussion du « Pithecanthropus erectus » comme précurseur présumé de l'homme (*Bull. Soc. d'A.*, 1895, 35 p. avec 8 fig.).

— Deuxième étude sur le Pithecanthropus erectus (*ibid.*, 1895, 99 p., 16 fig.).

— Réponse aux objections contre le Pithecanthropus (*ibid.*, 1896, 64 p., 2 fig.).

— Le Pithecanthropus erectus et la théorie transformiste (*Rev. scient.*, 7 mars 1895, 21 col.).

— Note sur les crânes humains quaternaires de Marcilly-sur-Eure et de Bréchamps (*Bull. Soc. d'A.*, 1897, 5 p., 1 fig.).

— Les crânes et ossements néolithiques de Crécy-en-Brie (*ibid.*, 1887, 4 p.).

— Etude des crânes et ossements préhistoriques du dolmen d'Epône, dit de la Justice, Seine-et-Oise (*ibid.*, 1895, 20 p.).

— Etude des crânes et ossements humains de la sépulture néolithique dite la Cave aux Fées, à Brueil (Seine-et-Oise) (*Bull. de la Soc. des sciences nat. de la Creuse*, 1894, 43 p., 10 fig.).

— Note sur les crânes préhistoriques du musée de Grenoble (*Ass. fr. av. sc.*, 1885, 1 p.).

— Etude des ossements et crânes humains de la sépulture néolithique de Châlons-sur-Marne, *avec la collaboration de M. Pokrowsky* (*Rev. Ecole d'A.*, 1896, 34 p., 4 fig.).

— Notes sur les ossements humains de la sépulture dolménique de Presles (Seine-et-Oise) (*Bull. Soc. d'A.*, 1901, 3 p.).

— Sur les ossements humains du dolmen du Terrier de Cabut (Gironde) (*Bull. Soc. d'A.*, 1904, 4 p.).

— Notes sur les ossements humains néolithiques du dolmen de Curton et de la caverne de Fontarnaud (Gironde) (*Bull. Soc. d'A.*, 1906).

— Sur l'aspect négroïde de quelques crânes préhistoriques trouvés en France (*ibid.*, 1904, 5 p., 1 fig.).

— Crânes de vieillards, de l'époque néolithique (*ibid.*, 1904, 4 p., 2 fig.).

— Sur une erreur à éviter à propos des trépanations préhistoriques (*ibid.*, 1885, 1 p.).

— Trépanation préhistorique post-mortem (*ibid.*, 1902, 3 p.).

— Deux trépanations craniennes préhistoriques avec longue survie et déformations consécutives (*ibid.*, 1903, 14 p., 3 fig.).

— Le T sincipital. Curieuse mutilation cranienne néolithique (*ibid.*, 1895, 4 p.).

— Essai d'interprétation du T sincipital (*Ass. fr. av. sc.*, 1895, 9 p., 1 fig.).

— Sur un cas de T sincipital incomplet et sur une autre lésion énigmatique du crâne (*Bull. Soc. d'A.*, 1902, 4 p.).

— Incisions, cautérisations et trépanations craniennes de l'époque néolithique (*ibid.*, 1904, 7 p., 1 fig.).

— Les marques sincipitales néolithiques considérées comme reliant la chirurgie ancienne classique à la chirurgie préhistorique (*Rev. Ecole d'A.*, 1903, 6 p.).

— La prétendue lésion syphilitique du crâne préhistorique de Bray-sur-Seine (*Bull. Soc. d'A.*, 1906, 3 p.).

— Note sur un squelette de l'âge du bronze, in op. de M. Stalin sur le marais de Presles (Oise) (*L'homme préhistorique*, 1903, n° 7, 3 p.).

— Note sur un squelette humain de l'époque gallo-romaine (*Bull. Soc. d'A.*, 1892, 2 p.).

— Sur l'origine et la nature des vitrifications de certains tumulus et enceintes fortifiées (*ibid.*, 1884, 2 p., et *Bull. de la Soc. des sciences nat. de la Creuse*, 6 p.).

— Etude des crânes et ossements humains de l'époque mérovingienne trouvés à Andrésy (*Ass. fr. av. sc.*, 1890, 16 p., 4 fig.).

— Note sur cinq crânes de l'époque mérovingienne (*Bull. Soc. d'A.*, 1905, 2 p.).

— Etude de squelettes antiques de Collonges, près Remigny (Bourgogne) (*ibid.*, 1897, 29 p., 3 fig.).

— Place et importance de la craniologie anthropologique (*Matériaux pour l'histoire nat. et primitive de l'homme*, t. XX, 1886, 19 p.).

— La protection des antiques sépultures et des gisements préhistoriques (*Rev. Ecole d'A.*, 1901).

— Note sur la variabilité de l'état de conservation des ossements humains (*Bull. Soc. d'A.*, 1904, 4 p.).

— Origine européenne d'une légende prétendue algonquine (*ibid.*, 1884, p. 265).

— Description de cinq crânes sénégambiens et de treize crânes mandingues (*ibid.*, 1886, 8 p.).

— Observations anthropométriques sur les Fuégiens du Jardin d'acclimatation (*ibid.*, 1881, 14 p.).

— Observations anthropométriques, etc., sur les Galibis du Jardin d'acclimatation (*ibid.*, 1882, 26 p., 2 fig.).

— Observations sur les Araucans du Jardin d'acclimatation (*ibid.*, 1883, 6 p.).

— Observations sur les Cyngalais du Jardin d'acclimatation (*ibid.*, 1883, 11 p.).

— Observations sur les Peaux-Rouges Omahas du Jardin d'acclimatation (*ibid.*, 1885, 30 p.).

— La taille des conscrits parisiens suivant les arrondissements (*ibid.*, 1887, 20 p.).

— Discours lus aux obsèques de Charles Letourneau (*Bull. Soc. d'A.*, 1902), et de Gustave Lagneau (*ibid.*, 1897).

— Notice sur Th. Chudzinski et ses travaux (*ibid.*, 1898).

— Discours et Notice sur Arsène Dumont (*Bull. Soc. d'A.*, 1902, 7 p.).

— Rapport sur l'état de la Société d'Anthropologie en 1901 (*ibid.*, 1902, 14 p.).

— L'Anthropologie à l'Exposition universelle de Saint-Louis, U. S. A., en 1904 (*Rev. de l'Ecole d'A.*, 1904, 6 p.).

— Environ 200 articles : comptes rendus, enseignement, revues critiques, discussions et rapports dans la *Revue d'Anthropologie* (de 1880 à 1889), la *Revue scientifique*, la *Revue philosophique*, la *Revue générale des sciences*, l'*Homme*, les *Bulletins de la Société d'Anthropologie*, la *Revue de l'Ecole d'Anthropologie*, etc.

LISTE

DES TRAVAUX ANTHROPOLOGIQUES

De M. Adrien de MORTILLET

PRÉHISTOIRE

— Musée préhistorique, album de 100 planches. (En coll. avec G. de Mortillet.) Paris, C. Reinwald, 1881.

— Première décade paléoethnologique (*Matériaux pour l'histoire de l'homme*, 1881).

— Deuxième décade paléoethnologique (*Matériaux pour l'histoire de l'homme*, 1882).

— Les monuments mégalithiques de la Corse (*Ass. franç. pour l'avanc. des sc.*, Congrès de Rouen, 1883).

— Faux des Cavernes de Pologne (*L'Homme*, 1884).

— Note sur quelques silex taillés de l'Inde (*L'Homme*, 1884).

— Musée historique de Moscou (*L'Homme*, 1884).

— Statuettes gallo-romaines du centre de la France (*L'Homme*, 1884).

— L'époque de la Madeleine en Russie (*L'Homme*, 1884).

— La paléoethnologie à l'Exposition de Rouen (*L'Homme*, 1884).

— Silex solutréens de l'Aube et de l'Yonne (*L'Homme*, 1884).

— L'anthropologie à l'Exposition de géographie de Toulouse (*L'Homme*, 1884).

— Exposition de l'Union centrale des arts décoratifs (*L'Homme*, 1884).

— Pointes solutréennes à pédoncule (*L'Homme*, 1884).

— Cachette de fondeur du Haut-Mesnil, Calvados (*L'Homme*, 1884).

— Trouvaille hongroise de l'époque larnaudienne (*L'Homme*, 1885).

— La Cateïa (*L'Homme*, 1885).

— Petits silex taillés d'Hédouville, Seine-et-Oise (*L'Homme*, 1885).

— Les procédés de taille de l'obsidienne aux époques préhistoriques (*Ass. franç. pour l'avanc. des sc.*, Congrès de Nancy, 1886).

— Note sur les dolmens de la province de Drenthe, Pays-Bas (*L'Homme*, 1886).

— Le solutréen en Italie (*L'Homme*, 1887).

— Les gravures lapounes et magdaléniennes (*L'Homme*, 1887).

— Hache en pierre de la Guadeloupe (*Soc. d'anthrop. Paris*, 20 janv. 1887).

— Silex taillés des bords de l'Epte (*Soc. anthropologie Paris*, 16 juin 1887).

— Cimetière ancien près de Biskra, Algérie (*Soc. anthrop. Paris*, 20 déc. 1888).

— Sur un tintinnabulum péruvien (*Soc. anthrop. Paris*, 18 octobre 1888).

— L'allée couverte de Dampont, commune d'Us, Seine-et-Oise (*Soc. anthrop. Paris*, 2 mai 1889).

— Silex tertiaires, démonstration de leur taille intentionnelle (*Congrès internat. d'anthr. et d'arch. préhistoriques*, Paris, 1889).

— Résultats des fouilles de la Cave-aux-Fées de Brueil, Seine-et-Oise (*Ass. franç. pour l'avanc. des sc.*, Congrès de Paris, 1889).

— Les foyers néolithiques de Cormeilles-en-Parisis, Seine-et-Oise (*Soc. anthrop. Paris*, 17 juill. 1890).

— La grotte de Pont de Veja, Véronais (*Ass. franç. pour l'avanc. des sc.*, Congrès de Limoges, 1890).

— Les époques chelléenne et moustérienne en Italie (*Ass. franç. pour l'avanc. des sc.*, Congrès de Limoges, 1890).

— Fouilles du grand abri des Scalucce, à Breonio, Italie (*Ass. franç. pour l'avanc. des sc.*, Congrès de Limoges, 1890).

— Statues primitives de l'Aveyron et de l'Hérault (*Soc. anthrop. Paris*, 16 juill. 1891).

— L'industrie humaine pendant les temps quaternaires en Italie (*Revue de l'École d'anthrop.*, 1891).

— Les propulseurs à crochet modernes et préhistoriques (*Revue de l'Ecole d'anthrop.*, 1891).

— Sépultures gauloises à Argenteuil, Seine-et-Oise (*Soc. anthrop. Paris*, 15 déc. 1892).

— Évolution de la hache en bronze en Italie (*Revue de l'École d'anthrop.*, 1892).

— Statuette hallstattienne (*Revue de l'École d'anthrop.*, 1892).

— Trouvaille de Kuffarn, Autriche (*Revue de l'École d'anthrop.*, 1892).

— Rapport sur les monuments mégalithiques de la Corse (*Nouvelles Archives des missions scientifiques*, 1893).

— Inventaire de la Collection du Dr Prunières (*Soc. anthrop. Paris*, 1893).

— Figures gravées et sculptées sur des monuments mégalithiques des environs de Paris (*Soc. anthrop. Paris*, 19 oct. 1893).

— Les torques ou colliers rigides (*Revue de l'École d'anthrop.*, 1893).

— Menhirs sculptés de l'Hérault (*Rev. de l'École d'anthrop.*, 1893).

— Les monuments mégalithiques du Calvados (*Ass. franç. pour l'avanc. des sc.*, Congrès de Caen, 1894).

— Les figures sculptées sur les monuments mégalithiques de France (*Rev. de l'École d'anthrop.*, 1894).

— Silex taillés des tufs de la Celle-sous-Moret, Seine-et-Marne. En coll. avec E. Collin et Reynier (*Soc. anthrop. Paris*, 17 oct. 1895).

— Excursions de 1895 (*Rev. de l'École d'anthrop.*, 1895).

— Statuette en ivoire de la grotte du Pape, à Brassempouy, Landes (*Rev. de l'École d'anthrop.*, 1895).

— Découverte de silex taillés dans les tufs de la Celle-sous-Moret, Seine-et-Marne. En coll. avec E. Collin et Reynier (*Rev. de l'École d'anthrop.*, 1895).

— Les petits silex taillés à contours géométriques trouvés en Europe, Asie et Afrique (*Rev. de l'École d'anthrop.*, 1896).

— Les monuments mégalithiques christianisés (*Rev. de l'École d'anthrop.*, 1897).

— Le dolmen de Grah' Niol, à Arzon, Morbihan (*Rev. de l'École d'anthrop.*, 1897).

— Pointes de flèches de Saône-et-Loire (*Soc. anthrop. Paris*, 17 nov. 1898).

— Les monuments mégalithiques du Pas-de-Calais (*Ass. franç. pour l'avanc. des sc.*, Congrès de Boulogne-sur-Mer, 1899).

— Vase en pierre ollaire de l'époque mérovingienne (*Soc. anthrop. Paris*, 19 janv. 1899).

— Campigny et le Campignien (*Soc. anthrop. Paris*, 19 janv. 1899).

— Cippe découvert dans le département de l'Aude (*Soc. anthrop. Paris*, 27 avril 1899).

— Grande hache polie en diorite trouvée dans l'Orne (*Soc. anthrop. Paris*, 15 juin 1899).

— Le Préhistorique. Origine et antiquité de l'homme. 3e édition. Paris, Schleicher frères, 1900. (En coll. avec G. de Mortillet.)

— Exposition universelle de 1900. Catalogue de l'Exposition de la Société d'anthropologie de Paris, 1900.

— Distribution géographique des dolmens et des menhirs en France (*Rev. de l'École d'anthrop.*, 1901).

— Recherches dans les alluvions tortoniennes du Puy-Courny, Cantal (*Ass. franç. pour l'avanc. des sc.*, Congrès d'Ajaccio, 1901).

— Supports de vases néolithiques (*Rev. de l'École d'anthrop.*, 1901).

— Les monuments mégalithiques du département du Nord (*Ass. franç. pour l'avanc. des sc.*, Congrès de Montauban, 1902).

— L'or en France aux temps préhistoriques et protohistoriques (*Rev. de l'École d'anthrop.*, 1902).

— L'argent aux temps protohistoriques en Europe (*Rev. de l'École d'anthr.*, 1903).

— Les silex taillés trouvés dans les cimetières mérovingiens (*Rev. de l'École d'anthrop.*, 1903).

— Sur quelques figures peintes et gravées des grottes des environs des Eyzies (*L'Homme préhistorique*, 1903).

— Musée préhistorique. 2o édition, revue et complétée. Album de 105 planches. (En coll. avec G. de Mortillet). Paris, Schleicher frères, 1903.

— Le plomb aux temps protohistoriques (*L'Homme préhistorique*, 1903).

— Les tumulus (*Rev. de l'École d'anthrop.*, 1904).

— Sur un bandeau en or avec figures scythes, découvert dans un kourgan de la Russie méridionale. En coll. avec A. Miller. (*L'Homme préhistorique*, 1904).

— Le dolmen de Draguignan, Var (*L'Homme préhistorique*, 1904).

— Les tumulus du bronze et du fer en France (*Rev. de l'École d'anthrop.*, 1905).

— Grottes à peintures de l'Amérique du Sud (*Rev. de l'École d'anthrop.*, 1905).

— La trouvaille morgienne de Glomel, Côtes-du-Nord (*Rev. de l'École d'anthrop.*, 1905).

— Les monuments mégalithiques de la Lozère. Paris, Schleicher frères, 1905.

— Palafittes du lac de Clairvaux, Jura (*L'Homme préhistorique*, 1905).

— Statuette en or trouvée en Colombie (*L'Homme préhistorique*, 1905).

— Le bronze dans l'Amérique du Sud avant l'arrivée des Européens (*Congrès Préhistorique de France*. Session de Périgueux, 1905).

— Instruments en schiste trouvés en Bolivie (*Congrès Préhistorique de France*. Session de Périgueux, 1905).

— Collaboration au « Manuel de Recherches préhistoriques », publié par la Société préhistorique de France. Paris, Schleicher frères, 1905.

— Les polissoirs de Villemaur, Aube (*L'Homme préhistorique*, 1906).

— Le grand menhir de Glomel, Côtes-du-Nord (*Rev. de l'École d'anthrop.*, 1906).

— Palafittes du lac de Chalain, Jura (*L'Homme préhistorique*, 1906).

— Cachette de l'âge du bronze de Porcieu-Amblagnieu, Isère (*L'Homme préhistorique*, 1906).

— La Pierre-Folle de Bournand et les dolmens de la Vienne (*Rev. de l'École d'anthrop.*, 1906).

— L'allée couverte de Coppière, Seine-et-Oise (*Rev. de l'École d'anthrop.*, 1906).

— Camps et enceintes de France (*L'Homme préhistorique*, 1906).

— Les os utilisés de la période moustérienne. Station de la Quina, Charente (*L'Homme préhistorique*, 1906).

— Le niveau d'Aurignac et la grotte du Placard (*Ass. franç. pour l'avanc. des sc.*, Congrès de Lyon, 1906).

— La grotte du Placard (Charente) et les diverses industries qu'elle a livrées (*Congrès Préhistorique de France*. Session de Vannes, 1906).

ETHNOGRAPHIE, FOLK-LORE, ETC.

— Exposition des Collections de l'Expédition du Cap Horn (*L'Homme*, 1884).

— Muselières pour femmes (*L'Homme*, 1884).

— Le Tchakaram, disque en fer des Akalis (*L'Homme*, 1885).

— Le Boumerang (*Dictionnaire des sciences anthropologiques*).

— La circoncision en Tunisie (*Soc. anthrop. Paris*, 6 déc. 1900).

— Rubans de Saint-Amable (*Soc. anthrop. Paris*, 17 nov. 1887).

— La rage, Saint-Hubert et Pasteur (*L'Homme*, 1887).

— Vœux à des arbres et à des buissons. Etoffes et papiers votifs (*Soc. anthrop. Paris*, 21 février 1889).

— Articles sur les animaux domestiques (*Dictionnaire des sciences anthropologiques*).

— Chat sans queue de l'ile de Man (*Soc. anthrop. Paris*, 5 janv. 1893).

— La Princesse Paulina, naine (*Soc. anthrop. Paris*, 4 juin 1885).

— Jeune hermaphrodite (*Soc. anthrop. Paris*, 5 nov. 1885).

— Recherches sur Lamarck (*L'Homme*, 1887).

— Les populations indigènes de Madagascar (*Congrès colonial français*, Paris, 1906).

LISTE

DES TRAVAUX ANTHROPOLOGIQUES

De M. Gabriel de MORTILLET

1851. — Considérations sur la loi d'appropriation (*Bull. Soc. d'hist. nat. de Savoie*, p. 111-122).

1852. — Indicateur descriptif du Musée d'histoire naturelle et du Musée des antiques de la ville de Genève (in-8°, 30 p.).

1856. — Note sur la voie romaine qui traversait Passy en Faucigny (*C. R. Réunion Soc. savois. d'hist. et d'archéologie* tenue à Annecy. Août, p. 17-22).

— Note sur la mortalité à Chambéry et à Annecy pendant le commencement de 1856 (*Bull. Assoc. Florimont.*, 4 p.).

1860. — Sur les plus anciennes traces de l'homme dans les lacs et les tourbières de Lombardie (*Bull. Soc. Ital. des sc. nat. de Milan*, t. II, 4 p.).

— Carte des anciens glaciers du versant italien des Alpes (*Ibid.*, t. III, 40 p. in-8°, grande carte).

— Les habitations lacustres en Lombardie (*Rev. Sav.*, n° 9).

1862. — L'homme fossile (*Ibid.*, n° 4).

1863. — Sur la théorie de l'affouillement glaciaire (*Bull. Soc. Ital. des sc. nat. Milan*, t. V, 20 p., 4 coupes, 1 carte).

— La terre avant le déluge, de Louis Figuier (*Rev. Sav.*, n° 1).

— Existence de l'homme pendant l'époque glaciaire (*Bull. Soc. géol. de Fr.*, t. XXI, 2e série, p. 104. — *Rev. Sav.*, n° 12).

1864. — *Matériaux pour l'histoire positive et philosophique de l'homme*, fondés fin 1864, jusqu'en 1868, 4 vol. in-8° (Revue continuée jusqu'en 1889 par Emile Cartailhac, Trutat et Chantre).

— Silex travaillés de la vallée de la Claise (Indre-et-Loire) (*Journal d'Indre-et-Loire*, 18 septembre; *Matériaux*, p. 25-27).

— Chroniques préhistoriques (*Matériaux*, p. 9, 81, 125, 185, 241, 297, 345, 389, 449, 493, 537).

— Géologie des environs de Rome (*Bull. Soc. des Sc. nat. Milan*, t. VI, p. 530-538).

— Epoque quaternaire dans la vallée du Pô (*Bull. Soc. géol. de Fr.*, t. XXII, 2e série, p. 138-151, 1 fig.). — Note additionnelle sur la vallée du Pô (p. 177-180, 1 pl.)

1865. — Les mystifiés de l'Académie des sciences (Défi adressé à MM. Decaisne et Elie de Beaumont) (Paris, in-8°, 14 p.).

— Haches en néphrite de la Suisse (*C. R. Acad. des Sciences*, Paris, t. LX, p. 83; *Matériaux*, t. I, p. 231-233).

— L'industrie des pierres à fusil et les silex taillés du Grand Pressigny (*Bull. Soc. géol. de Fr.*, t. XXII, 2e série, p. 402-404).

— Age des débris d'Elephas primigenius trouvés près de Thenay (Ain) (*Ibid.*, p. 305-309, 2 fig.).

— Crânes Gallo-Romains de Pringy (*Rev. Sav.*, n° 4).

— Collection anté-historique de M. le duc de Luynes au château de Dampierre (*Matériaux*, t. I, p. 502-510).

— Silex taillés du Grand Pressigny (*Ibid.*, p. 374-376).

— Les études anté-historiques en Russie (*Ibid.*, p. 461-465, 6 fig.).

— Discussion sur les silex taillés. Réponse à la lettre de M. B. Gastaldi (*Ibid.*, p. 401-404, 1 fig.).

— Les terramares du Reggianais, passage des époques anté-historiques aux temps historiques (*Revue Archéol.*, t. XII, p. 112-123).

— Sépultures anciennes du plateau de Somma (Lombardie) (*Ibid.*, t. XII, p. 453-468, 5 fig. ; Suite dans le t. XIII, 1866, p. 50-58, 3 fig.).

— Crânes des sépultures de Tharros (*Bull. Soc. Anthrop. de Paris*, t. VI, p. 102-103).

— Crânes d'Annecy (*Ibid.*, p. 189-190).

— Silex taillés du Grand Pressigny (*Ibid.*, p. 201-204).

— Monuments de Sesto Calende, près du lac Majeur (*Ibid.*, p. 375-376).

— Résumé du mémoire de M. Cocchi sur des restes humains et des objets préhistoriques récoltés en Toscane (*Ibid.*, p. 712-714).

1866. — Le signe de la croix avant le Christianisme (Paris, in-8°, 183 p., 117 fig.).

— Procès-verbal du Congrès international paléoethnologique de Neuchâtel (Suisse) (*Actes Soc. helvétique des Sc. nat.*, Neuchâtel, p. 122-186, 16 fig. ; *Matériaux*, t. II, p. 469-528).

— Note sur l'âge des diverses haches en pierre (*Rev. arch.*, t. XIII, p. 449-452, 4 fig.).

— Projet de classification des poignards et épées en bronze (anonyme) (*Ibid.*, p. 180-185, 1 pl.).

— Projet de classification des haches en bronze (anonyme) (*Ibid.*, p. 59-62, 2 pl.).

— Recherches sur une série d'anneaux d'une forme particulière (*Ibid.*, t. XIV, p. 417-422, 6 fig.).

— Chronologie gauloise (*Moniteur de l'Archéologue*, t. I, 2e série, p. 11-16).

— Des haches en silex au point de vue de la détermination des terrains (*Bull. Soc. géol. de Fr.*, t. XXIII, 2e série, p. 381-385, 4 fig. ; *Matériaux*, t. II, p. 357-361).

— Collection anté-historique du Musée de l'arsenal de Turin (*Matériaux*, t. II, p. 90-92).

— L'homme singe perfectionné (*Libre Pensée*, n° 3, p. 23-24).

— Le signe de la croix avant le Christianisme (*Libre Pensée*, n° 7, p. 53).

— Age de la pierre à Choisy-le-Roi et Villeneuve-Saint-Georges (*Matériaux*, t. II, p. 459-462, 1 fig.).

— Collection de M. Combes à Funnel (*Ibid.*, p. 224-225).

— Haches en bronze (*Ibid.*, t. II, p. 219-224).

— Exposition anté-historique de M. Charvet (*Ibid.*, p. 57-60).

— Le signe de la croix avant le Christianisme (*Bull. Soc. d'anthrop. de Paris*, p. 556-558).

— Classification des haches en pierre (*Ibid.*, p. 211-214, 3 fig.).

— Quelques considérations sur l'espèce (*Ibid.*, p. 405-411).

— Quaternaire du Champ-de-Mars à Paris (*Bull. Soc. géol. de France*, t. XXIII, 2° série, p. 386-387, 1 fig.).

— A propos des découvertes de Saint-Etienne-au-Temple (*Revue Savoisienne*, n° 6).

1867. — Ce que vaut le grand argument contre le matérialisme (*La Pensée Nouvelle*, n° 6, p. 45).

— L'homme fossile (*Ibid.*, n° 12, p. 95-96).

— Origine de la navigation et de la pêche (Paris, in-8°, 48 p., 38 fig.).

— Première époque du fer (*Congrès intern. préhist. de Paris*, p. 286-289, 3 fig.).

— Objets préhistoriques de Portugal (*Ibid.*, p. 31-33).

— Lettre à propos de la croix avant le Christianisme, et de Toulouse cité lacustre (*Rev. archéol. du Midi*, p. 196-197).

— Archéologie préhistorique à l'Exposition (*Rev. Sav.*, p. 59-60).

— Les habitations lacustres du lac du Bourget, à propos de la croix (*Ibid.*, n° 1, p. 8-9).

— Promenades préhistoriques à l'Exposition Universelle (*Matériaux*, t. III, p. 181-283, 285-368. Tirage à part, in-8°, 188 p., 62 fig.).

— Nécrologie de A. Morlot (*Ibid.*, p. 179-180).

— La mâchoire de la Naulette (*Bull. Soc. d'anthrop.*, p. 431-432).

— L'homme dans les temps géologiques (*Ibid.*, p. 658-662).

— Quelques mots sur l'époque glaciaire (*Bull. Soc. géol. de Fr.*, t. XXIV, 2° série, p. 415-417).

— L'homme dans les temps géologiques (*Ibid.*, t. XXV, p. 180-184).

— Projet de classification des bracelets en bronze (anonyme) (*Rev. Arch.*, t. XV, p. 301-304, 2 pl.).

1868. — Promenades au Musée de Saint-Germain. Catalogue (*Matériaux*, t. IV, p. 353-537. Tirage à part, in-8°, 188 p., 79 fig.).

— Crâne humain de l'Olmo (*Ibid.*, p. 302-303, 1 carte ; *Bull. Soc. d'anthr.*, p. 40-42).

— Crâne quaternaire humain d'Eguisheim et mâchoire miocène de rhinocéros entaillée (*Bull. Soc. d'anthrop.*, p. 405-408).

1869. — Chronologie préhistorique (*Matériaux*, t. I, 2° série, p. 314-317).

— Essai d'une classification des cavernes et des stations sous abri, fondée sur les produits de l'industrie humaine (*C. R. Acad. des sc.*, Paris, t. LXVIII ; *Matériaux*, p. 172-179, 10 fig.).

— Classification chronologique des cavernes de l'époque de la pierre simplement éclatée et observations sur le diluvium à cailloux brisés (*Bull. Soc. géol. de Fr.*, t. XXVI, 2ᵉ série, p. 583-587).

— Notice sur l'origine du langage (*Congrès int. préhistorique*, Copenhague, p. 285-286).

— Hache phénicienne en bronze (*Rev. Arch.*, t. XVI, p. 269-272, 1 fig.).

·— Conservation des bois lacustres (*Ibid.*, p. 296-297).

— Rapport sur le mémoire de M. Canestrini sur quelques crânes antiques du Trentin (*Bull. Soc. d'anthrop.*, p. 61-64).

1870. — Sur les silex striés du Pecq (*Bull. Soc. géol. de Fr.*, t. XXVII, 2ᵉ série, p. 697-698).

— Le transformisme et la paléontologie (*Bull. Soc. d'anthrop.*, p. 360-368).

— Rapport sur les ossements présumés humains du diluvium rouge du Grand Pressigny (*Ibid.*, p. 248-252).

1871. — Les Gaulois de Marzabotto dans l'Apennin (*Rev. Arch.*, t. XXII, p. 288-290, 1 pl.).

— Note nécrologique sur Ed. Lartet (*Revue scientifique*, p. 307-308).

— Congrès de Bologne (*Rev. Arch.*, t. XXII, p. 327-328).

— Carte des cavernes (*Bull. Soc. d'anthrop.*, p. 170-172).

— Compte rendu du 5ᵉ Congrès d'Anthropologie préhistorique, Bologne (*Ibid.*, p. 240-245).

1872. — Classification des diverses périodes de l'âge de la pierre (*Congrès int. préhistorique*. Bruxelles, p. 432-444, 1 fig., 6 pl. ; *Rev. d'Anth.*, t. I, p. 432-435, 12 fig., 1 tableau).

— Les hommes des cavernes à l'époque de la Madeleine (*Bull. Soc. d'anthrop.*, p. 489-493; *Matériaux*, t. VII, p. 232-236).

— L'art dans les temps géologiques (*Revue scientifique*).

— Indicateur de l'archéologue (*Bulletin mensuel*, fondé et dirigé en 1872-73, par G. de Mortillet, in-8º, 522 p., 147 fig. Continué par de Caix de Saint-Aymour, en 1874).

— Poteries d'une fabrication tout à fait primitive (*Bull. Soc. d'anthrop.*, p. 533-534).

— Bois incisés de Saint-Andéol (*Ibid.*, p. 527-532, 4 fig.).

1873. — Le précurseur de l'homme (*Assoc. fr. pour l'av. des sc.*, Congrès de Lyon, p. 607-613).

— Appels pour dresser la statistique des antiquités préromaines, avec tableau pour noter les trouvailles et les faits (en collab. avec E. Chantre).

— Grottes de l'Ardèche. Grecs et Carthaginois (*Bull. Soc. d'anthrop.*, p. 537-542).

— Rapport sur des silex et des notes concernant l'époque quaternaire (*Ibid.*, p. 594-596).

— Les grottes de Menton (*Ibid.*, p. 596).

— L'homme tertiaire (*Ibid.*, p. 671-675).

— Sur les sépultures de Ramasse (Ain) (*Ibid.*, p. 688-690).

— Incident de l'anneau de Solutré (*Ibid.*, p. 806-808).

1874. — Sur la non-existence d'un peuple des dolmens (*Congrès intern. vréhist.*, Stockholm, p. 252-254; *Ass. fr. av. sc.* Congrès de Lille, p. 530-532).

— L'âge du bronze en France (*Congrès intern. préhist.* Stockholm, p. 408-410).

— Les bohémiens de l'âge du bronze (*Ass. fr. av. sc.* Congrès de Lille, p. 537-539).

— Le trésor de Priam, investigations archéologiques (*Rev. d'anthrop.*, t. III, p. 172-174).

— Sur l'origine des diverses races humaines (*Bull. Soc. d'anthrop.*, p. 59-61).

— Fouilles de deux nouvelles grottes à Sordes et à Thaïngen (*Ibid.*, p. 145-147).

— Sur la grotte de Lortet (*Ibid.*, p. 317).

— Nouvelles anthropologiques et préhistoriques (*Ibid.*, p. 340-343).

— Climat de l'époque quaternaire (*Ibid.*, p. 391-393).

— Théorie des âges de la pierre (*Ihid.*, p. 749-752).

1875. — Présentation de la carte préhistorique de la Loire-Inférieure (*Ass. fr. av. sc.* Congrès de Nantes, p. 942-943).

— Sur les découvertes de sépultures dans Seine-et-Marne et l'Aisne. Rôle des silex taillés à l'époque mérovingienne (*Matériaux*, p. 105-111).

— Découverte de sépultures dans Seine-et-Marne, l'Aisne et Loir-et-Cher (*Bull. Soc. d'anthr.*, p. 93-103, 1 fig.).

— L'Acheuléen et le Moustérien à propos du Mont-Dol et du Bois-du-Rocher (*Matériaux*, p. 174-176, 342-344).

— Rapport sur la légende internationale des cartes préhistoriques (en collaboration avec E. Chantre (*Ibid.*, supplément, 27 p.).

— Réponse à un point du mémoire de M. Sirodot sur les fouilles du Mont-Dol (*C. R. Soc. d'Emul. Côtes-du-Nord*, 4 p.).

— Classification des fibules (*Musée archéologique*, p. 9-15, 6 fig.).

— Autel chrétien du IVᵉ siècle, trouvé dans l'Ardèche (*Ibid.*, p. 108-111, 3 fig.).

— La géographie archéologique à l'Exposition internationale de Géographie (*Revué scientifique*, nᵒ 5).

— Les études préhistoriques devant l'Orthodoxie (*Rev. d'anthr.*, t. IV, 16 p.).

— Origine du bronze. Question déjà posée au Congrès de Lille, 1874 (*Ibid.*, 16 p., 1 pl., 4 fig.; *Matériaux*, t. X, 2ᵉ série, p. 459-463, 3 fig.).

— Cercles tracés sur un fragment de crâne humain (*Bull. Soc. d'anthr.*, p. 14-16).

— De la trépanation au dolmen de Bougon (Deux-Sèvres) (*Ibid.*, p. 316).

— Prétendu antagonisme entre le renne et le bœuf (*Ibid.*, p. 512-514).

— Sur l'âge du bronze (*Ibid.*, p. 593-595).

1876. — Tableau archéologique de la Gaule. Une planche in-folio. —

Carte de la France aux temps préhistoriques (*Nouvelle géographie univ. d'Elisée Reclus*, t. II).

— Fonderie de Larnaud (Jura) (Extrait des Études paléoethnologiques dans le bassin du Rhône, âge du bronze, d'Ernest Chantre, in-4°, 39 p., 8 fig.).

— Revues préhistoriques (*Rev. d'anthr.*, t. V, p. 103-119, 299-316, 494-505, 675-689).

— Charles Lyell, nécrologie (*Ibid.*, p. 183-184).

— Contribution à l'histoire des superstitions; amulettes gauloises et gallo-romaines (*Ass. fr. av. sc.* Congrès de Clermont-Ferrand, p. 568-569; *Rev. d'anthr.*, p. 577-588, 13 fig.).

— Superposition du solutréen au moustérien à Thorigné (Mayenne) (*Matériaux*, p. 164-167, 1 fig.).

— Simple observation sur la réponse de M. l'abbé Maillard (*Ibid.*, p. 289-291).

— Tableau de la France préhistorique (*Ibid.*, p. 318-319, 545).

— Sommets de canne à anneaux mobiles (*Bull. Soc. d'anthrop.*, p. 59-62, 2 fig.).

— Station de Thorigné-en-Charnie (*Ibid.*, p. 77-80).

— Album des cimetières de la Marne (*Ibid.*, p. 124-125).

— Sur la conchyliologie des cavernes (*Ibid.*, p. 184-185).

— Le cimetière d'Ancon (Pérou) (*Ibid.*, 187-188).

— La France aux temps préhistoriques (*Ibid.*, p. 271-275).

— Discours aux obsèques de M. Assézat (*Ibid.*, p. 382-383).

— Preuves de l'antiquité des haches acheuléennes (*Ibid.*, p. 419-420).

— Sur les fouilles du port de Saint-Nazaire (*Ibid.*, p. 471-472).

— La science catholique (4 articles. *Le XIX° siècle*, 14 janvier, 28 février, 15 mars, 13 juin).

1877. — Marques de tuiles et de briques du Musée de Saint-Germain (*Musée Archéologique*, p. 36-46, 12 fig.).

— Revues préhistoriques (*Rev. d'anthr.*, t. VI, p. 114-131, 493-497, 696-709).

— L'art dans les temps géologiques (*Revue scientifique*, n° 38, p. 888-892).

— Critique du chronomètre de Penhouët (Loire-Inférieure) (*Bull. Soc. géol. de Fr.*, t. VI, 3° série, p. 76-81 ; *Revue scientifique*, p. 248).

— Origine de la jadéite (*Bull. Soc. géol.*, p. 38-39).

— Race humaine et chirurgie religieuse de l'époque des dolmens (*Matériaux*, t. VIII, 2° série, p. 151-166).

— Division des alluvions quaternaires en deux grandes périodes (*Bull. Soc. d'anthrop.*, p. 48-51).

— Origine du fer (*Ibid.*, p. 338-341).

— Le cimetière d'Ancon au Pérou (*La Nature*, 31 mars).

— Exposition universelle de 1878. Le palais du Trocadéro (*La Nature*).

1878. — Incisions sur des os de cétacés tertiaires (*Congrès intern. anthr.*, Paris, p. 231-233).

— Découverte de l'Amérique aux temps préhistoriques (*Ibid.*, p. 267-269).

— Rapport sur la Paléoethnologie. Temps géologiques (*Ibid.*, p. 47-51 ; *Rev. d'anthr.*, t. I, 2ᵉ série, p. 722-726).

— Revues préhistoriques (*Ibid.*, p. 90-103, 286-299).

— Le chronomètre du bassin de Penhouët à Saint-Nazaire, réduit à sa simple valeur (*Ibid.*, p. 66-74).

— Le chronomètre préhistorique de Saint-Nazaire. Lettres de Kerviller et de Mortillet (*Rev. scientifique*).

— Détermination exacte de la position du solutréen (*Bull. Soc. d'anthr.*, p. 32-34; *Matériaux*, p. 15-17).

— Les sciences anthropologiques à l'Exposition de 1878 (*Bull. Soc. d'anthr.*, p. 54-56).

— L'Exposition et le Congrès d'anthropologie (*Ibid.*, p. 185-186).

— Populations qui se sont successivement établies en France (*Ibid.*, p. 364-369).

, — Silex taillés de l'époque tertiaire du Portugal (*Ibid.*, p. 428-429).

— Les critiques de l'Anthropologie (*Revue scientifique*, nᵒ 16, p. 361-364).

1879. — Potiers allobroges ou les sigles figulins étudiés par les méthodes de l'histoire naturelle (*Revue Savoisienne*, nᵒˢ 4, 5, 6, 7 et 8. Tirage à part, 36 p. in-4ᵒ, 2 pl.).

— L'homme quaternaire à l'Exposition (*Rev. d'anthrop.*, t. II, 2ᵉ série, p. 114-118).

— Fouilles des dolmens de Montaubert et de Noguies (Aveyron) (*Matériaux*, t. X, 2ᵉ série, p. 409-424).

— Origine des animaux domestiques (*Bull. Soc. d'anthr.*, p. 232-240; *Matériaux*, p. 227-234).

— Sur les fouilles du tumulus d'Apremont (Haute-Saône) (*Bull. Soc. d'anthr.*, p. 674).

— Parenté des Francs et des Burgondes, leur origine (*Ibid.*, p. 701-706)..

— Exposition et Congrès anthropologique de Moscou (*Revue scientifique*, nᵒˢ 18 et 21, p. 423-426, 488-493).

— Congrès internationaux d'anthropologie (*Revue scientifique*, nᵒ 31).

— Descendance de l'homme (*La science politique*, mars, p. 205-210).

— Origines de l'homme (*Ibid.*, p. 376-383).

1880. — Silex taillés tertiaires trouvés à Otta (Portugal) (*Congrès intern. anthr.*, Lisbonne, p. 94-96).

— Classification et chronologie des haches en bronze (*Matériaux*, t. XI, 2ᵉ série, p. 441-453).

— Le précurseur de l'homme et les singes fossiles (*Revue scientifique*, nᵒ 48, p. 1135-1141).

— Congrès international d'anthropologie préhistorique de Lisbonne (*Bull. Soc. d'anthr.*, p. 544-545).

— Rapport sur la grotte des Près-Rouï (*Ibid.*, p. 699-700).

1881. — Le Musée préhistorique. Album de 100 planches gr. in-8ᵒ, 1269 fig. par A. de Mortillet.

— Classification et chronologie des haches en bronze (*Rev. d'anthr.*, t. IV, p. 61-72, 8 fig.).

— Revue préhistorique (*Ibid.*, p. 306-309).

— Importation de la néphrite et du bronze (*Matériaux*, t. XII, 2º série, p. 257-265, 11 fig.).

— Cachette de bronze de Fouilloy (Oise) (*Ibid.*, p. 7-15, 18 fig.).

— Note sur l'albinisme des mammifères (*Bull. Soc. ital. sc. nat.*, t. XXIV).

— Origine de l'homme, époque tertiaire (*Rev. Savois.*, nº 1).

— Sur les silex prétendus préhistoriques de Beauvais (*Bull. Soc. d'anthr.*, p. 102-103).

— L'ambre (*Ibid.*, p. 264-269).

— Casse-tête naviforme (*Ibid.*, p. 309-312).

1882. — Revue préhistorique (*Rev. d'anthr.*, t. V, 2º série, p. 326-330).

— Cachette de bronze de Sucy (*Matériaux*, t. XIII, 2º série, p. 266-270, 8 fig.).

— Age du crâne d'Engis (*Bull. Soc. d'anthr.*, p. 22-26).

— La trépanation préhistorique (*Ibid.*, p. 143-146, 2 fig.).

— Conservation des monuments mégalithiques (*Ibid.*, p. 417-419).

1883. — Le Préhistorique, antiquité de l'homme (1re édit., 642 p., 64 fig. ; 1885, 2º édit., 658 p., 65 fig. ; 1900, 3e édit., 709 p., 121 fig., par Gabriel et Adrien de Mortillet).

— Revue préhistorique (*Rev. d'anthr.*, t. VI, 2º série, p. 506-509).

— Homme à six mamelles (*Bull. Soc. d'anthrop.*, p. 458-459).

— Le fer en Egypte (*Ibid.*, p. 808-813).

— Silex de Thenay (*Ibid.*, p. 852-853, 1 fig.).

— Les Groënlandais descendants des Magdaléniens (*Ibid.*, p. 868-870).

1884. — *L'Homme*, journal des sciences anthropologiques, fondé et publié par G. de Mortillet, avec la collaboration de MM. Bordier, Mathias Duval, Girard de Rialle, Abel Hovelacque, Manouvrier, Paul Sébillot, Thulié, etc.; 4 années : 1884-85-86-87, gr. in-8º.

— Dans l'*Homme*, 1re année : Silex tertiaires taillés, p. 14-16, 1 fig. ; Crâne néanderthaloïde de Marcilly-sur-Eure, p. 48-50, 1 fig. ; Nécrologie, Sven Nilsson, p. 50-52, portrait; Nécrologie, Louis Leguay, p. 111-113, portrait ; Mélange des populations, p. 204-206 ; Note sur le gisement de Montreuil, p. 268 ; Colonisation de l'Algérie, p. 395-397 ; Envahissement de la mer sur les côtes du Morbihan, p. 421-424 ; Le Morgien et le Larnaudien en Bretagne, p. 481-489, 7 fig. ; L'Antisémitisme, p. 522-528 ; Le précurseur de l'homme, p. 545-554, 8 fig.

— Lettre sur les silex de Thenay. in *les silex de Thenay*, par Ch. Bouchet, in-8º.

— Nègres et civilisation égyptienne (*Matériaux*, t. I, 3e série, p. 113-120).

— Crâne de la race de Neanderthal (Marcilly-sur-Eure) (*Bull. Soc. d'anthr.*, p. 10-12).

1885. — Dans l'*Homme*, 2º année : — Question dite de l'homme tertiaire, p. 65-73, 2 coupes. — Nécrologie, Edmond du Sommerard, p. 114-115.

— Galerie de paléontologie du Muséum de Paris, p. 200-205, 1 plan. — Silex tertiaires intentionnellement taillés, p. 289-299. — Origines de la métallurgie, p. 361-368, 4 fig. — Conservation des monuments mégalithiques, p. 417-424, 9 fig. — L'Isère préhistorique, p. 461-470, 1 carte. — Faux paléoethnologiques, p. 513-526, 14 fig. — Observations sur la pilosité, p. 659-660.

— Notice sur une cachette d'objets en bronze (*Commission des Antiquités et des Arts de Seine-et-Oise*, t. V, 5 pages).

— Silex tertiaires intentionnellement taillés (*Matériaux*, t. II, 3° série, p. 252-263).

— Position de la question tertiaire au point de vue anthropologique (*Ass. fr. av. sc.*, Congrès de Grenoble, p. 154-155).

— Le précurseur de l'homme (*Bull. Soc. d'anthr.*, p. 139-144).

1886. — Dans l'*Homme*, 3° année : — Nécrologie, Giuseppe Ponzi, p. 82-83. — Nécrologie, G. Chierici, p. 146-150, 3 fig. — Les époques paléolithiques en Italie et Breonio, p. 385-394, 3 fig. — Question de Breonio, p. 577-582, 2 fig. — Nouveau caveau funéraire dolménique de Crécy (Seine-et-Marne), p. 705-712, 15 fig.

— Origine de la fabrication du verre (*Bull. Soc. d'anthr.*, p. 261-263).

— Caveau funéraire dolménique de Crécy-en-Vexin (*ibid.*, p. 755-760).

1887. — Dans l'*Homme*, 4° année : — Lamarck, p. 1-8, 2 fig. — Ornement de poitrine de l'âge du bronze, p. 368-370, 1 fig. — Décentralisation, p. 385-394. — La statue de Broca, p. 449-455. — L'église et la science, p. 609-614.

— La pénalité au point de vue anthropologique (*Ass. fr. av. Sc.*, Congrès de Toulouse, p. 280).

1888. — Légende sur une grotte de l'Italie du sud (*Revue trad. popul.*, p. 618-619).

— Les sépultures de Solutré (*Bull. Soc. d'anthr.*, Lyon, p. 70-75).

— Anthropologie mythique (*Bull. Soc. d'anthr.*, p. 47-49).

— Les sépultures paléolithiques (*ibid.*, p. 103-113).

— Découverte protohistorique en Portugal (*ibid.*, p. 182-183).

— Menhirs mammellés de Sardaigne (*ibid.*, p. 257-259, 1 fig.).

1889. — Le chien (*Bull. Soc. d'anthr.*, p. 425-448).

— Les silex de Breonio (*ibid.*, p. 468-472).

— Faux objets français et italiens (*ibid.*, p. 500-511).

— Squelettes de Castenedolo prétendus tertiaires (*ibid.*, p. 548-551).

1890. — Origines de la chasse, de la pêche et de l'agriculture (Paris, in-8°, 516 p., 148 fig.).

— Gisement préhistorique de Saint-Aubin (*Bull. Soc. d'anthr.*, p. 147-150).

— Mesure des mains (*ibid.*, p. 207-208).

— Les nègres de l'Algérie et de la Tunisie (*ibid.*, p. 353-358).

— Formation des variétés. Albinisme et gauchissement (*ibid.*, p. 570-580).

— Haches en pierre des environs de Smyrne (*ibid.*, p. 657-658).

1891. — Chroniques préhistoriques (*Revue de l'Ecole d'Anthropologie*, t. I, p. 20-24, 7 fig.; p. 46-49; p. 82-85, 1 coupe; p. 113-117; p. 146-151,

4 fig.; p. 177-182 ; p. 249-253 ; p. 280-284, 2 fig. ; p. 304-310 ; p. 370-374, 1 fig.).

— Empoisonnement des armes (*ibid.*, p. 97-106, 3 fig.).

— Excursion en Belgique (*ibid.*, p. 193-211, 14 fig.).

— Quaternaire en France et en Belgique (*Congrès intern. Anthr.*, Liège, p. 143-145, 1 coupe).

— Les divisions paléolithiques (*ibid.*, p. 159-166, 1 coupe).

— Sur les Gaulois, les Germains et les Francs (*ibid.*, p. 186-187).

— Moustérien des environs de Mons (*Bull. Soc. d'anthr.*, p. 565-568).

— Néolithique de Seine-et-Oise (*ibid.*, p. 648-649).

1892. — Chroniques préhistoriques (*Revue Ecole d'anthr.*, p. 43-47, 3 fig.; p. 85-90, 2 fig. ; p. 191-196, 6 fig. ; p. 238-241 ; p. 291-296, 4 fig.; p. 367 377, 11 fig.).

— Ordre de l'apparition des végétaux. — Cours d'Anthropologie préhistorique, 1891-1892.

— L'anthropopithèque (*Revue Ecole d'anthr.*,, p. 137-154).

— Anthropologie de la France (*Ass. fr. av. Sc.*, Congrès de Pau, p. 267-268).

— Sépultures des Baoussé-Roussé, près Menton (*Bull. Soc. d'anthr.*, p. 441-450).

— Fragment de mâchoire de singe fossile (*ibid.*, p. 479).

— Albums de l'École d'Anthropologie (*ibid.*, p. 499-504).

— Anthropologie de la Haute-Savoie (*ibid.*, p. 588-598).

1893. — Chroniques préhistoriques (*Revue Ecole d'anthr.*, p. 25-29; p. 90-94 ; p. 189-194 ; p. 227-231 ; p. 354-360, 5 fig.).

— Age du bronze. Tourbières et habitations lacustres (*ibid.*, p. 105-122, 6 fig., 2 cartes).

— Statues anciennes de l'Aveyron (*ibid.*, p. 316-320, 4 pl.).

— Conférence : Premiers habitants d'Autun et abri de Saint-Aubin (*Soc. hist. nat. Autun*, p. 123-141).

— Chats sans queue de l'île de Man (*Bull. Soc. d'anthr.*, p. 265-266).

— Gisement paléolithique de San Isidro (*ibid.*, p. 283-286 ; p. 398-399).

— Chelléen et moustérien de Normandie (*ibid.*, p. 339-342).

— Présentation de fusaïoles (*ibid.*, p. 461-462).

— Notes palethnologiques sur le bassin inférieur de la Seine (*ibid.*, p. 578-586).

— Couverts en bois kabyles (*ibid.*, p. 604-606).

1894. — Chroniques préhistoriques (*Revue Ecole d'anthr.*, p. 19-24; p. 123-131, 12 fig. ; p. 201-208, 3 fig. ; p. 224-229, 4 fig. ; p. 329-334, 5 fig. ; p. 368-375, 5 fig.).

— Habitations de l'âge du bronze. Terramares (*ibid.*, p. 33-47, 6 fig.).

— Congrès de Sarajevo (*ibid.*, p. 33-47, 6 fig.).

— Palethnologie et anthropologie de la Bosnie-Herzégovine (*ibid.*, p. 377-392, 10 fig.).

— Le coup de poing ou instrument primitif (*Ass. fr. av. Sc.*, Congrès de Caen, p. 756-758).

— Classification palethnologique. — Cours d'Anthropologie préhistorique, 1 feuille in-plano.

— Monuments mégalithiques des Hautes-Alpes et de l'Isère (*Bull. Soc. Dauphin. d'ethnol.* et *d'anthr.*, 4 p.).

— Alluvions de Saint Acheul (*Bull. Soc. d'anthr.*, p. 202-210).

— Cachettes de l'âge du bronze en France (*ibid.*, p. 298-340).

— Station paléolithique sous-marine du Havre (*ibid.*, p. 370-381).

— Congrès anthropologique de Sarajevo (Bosnie) (*ibid.*, p. 530-535).

— Classification palethnologique (*ibid.*, p. 616-621).

1895. — Chroniques préhistoriques (*Revue Ecole d'anthr.*, p. 30-35 ; p. 91-96 ; p. 122-129, 2 fig. ; p. 248-256, 5 fig. ; p. 343-351, 5 fig.).

— Le musée de l'Ecole en 1894 (*ibid.*, p. 221-224, 8 fig.).

— Les mottes (*ibid.*, p. 261-283, 1 fig.).

— La femme en ivoire de Brassempouy (*Ass. fr. av. Sc.*, Congrès de Bordeaux, p. 304-305).

— Photographies anthropologiques (*Bull. Soc. d'anthr.*, p. 11-12).

— Terrasse inférieure de Villefranche-sur-Saône. Industrie et faune (*ibid.*, p. 57-62, 2 fig.).

— Animal gravé sur une table de dolmen (*ibid.*, p. 231-235, 1 fig.).

— La grotte des Hoteaux (*ibid.*, p. 390-394).

1896. — Chroniques préhistoriques (*Revue Ecole d'anthr.*, p. 116-123 ; p. 194-200).

— La foi et la raison dans l'étude des sciences (*ibid.*, p. 1-14).

— Note sur les pierres percées de la Haute-Saône (*ibid.*, p. 114-116).

— Les fusaïoles en plomb (*ibid.*, p. 297-300, 2 fig.).

— Précurseur de l'homme et Pithécanthrope (*ibid.*, p. 305-317, 6 fig.).

— Dent de rhinocéros. Discussion sur la terrasse de Villefranche (*Bull. Soc. d'anthr.*, p. 37-45).

— Monuments mégalithiques classés de la Charente et de la Charente-Inférieure (*ibid.*, p. 119-130).

— La pierre et les métaux en Egypte (*ibid.*, p. 652-653).

1897. — Formation de la Nation française (Paris, Alcan, in-8°, 336 p., 153 fig. et cartes. — 2° édit., 1900).

— Evolution quaternaire de la pierre (*Revue Ecole d'anthr.*, p. 18-26, 6 fig.).

— Les boissons fermentées (*ibid.*, p. 257-278).

— Antiquité de l'homme (*ibid.*, p. 347-349. — *Ass. fr. av. Sc.*, Congrès de St-Etienne, p. 328-330).

— Instinct et raisonnement (*Bull. Soc. d'anthr.*, p. 439-442).

— L'Atlantide (*ibid.*, p. 447-451).

1898. — Grottes ornées de gravures et de peintures (*Revue Ecole d'anthr.*, p. 20-27, 5 fig.).

— Photographies anthropologiques. Le nu (*ibid.*, p. 105-108).

— Le préhistorique suisse (*ibid.*, p. 137-158, 4 fig.).

— Age du bronze en Belgique (*ibid.*, p. 280-284, 4 fig.).

— Sur une figurine trouvée à Quilly, Loire-Inférieure (*Ass. fr. av. Sc.,* Congrès de Nantes, p. 182).

— Statuette fausse des Baoussé-Roussé (*Bull. Soc. d'anthr.,* p. 146-152).

La liste complète des travaux de Gabriel de Mortillet a été publiée par son- fils, M. Paul de Mortillet, dans les *Bulletins de la Société d'anthropologie de Paris,* 1901, p. 448-464.

LISTE

DES TRAVAUX ANTHROPOLOGIQUES

De M. le Dr PAPILLAULT

ANTHROPOLOGIE BIOLOGIQUE

Note sur les crânes de Vellèches (Vienne) (*Bull. Soc. anthrop. de Paris*, 1894, p. 472).

Anomalie héréditaire dans la dentition (*ibid.*, 1896, p. 492).

Crânes du dolmen de Madracen, près Batna (en collaboration avec Letourneau) (*ibid.*, p. 347).

La suture métopique et ses rapports avec la morphologie cranienne; avec figures. Thèse de Doctorat en médecine (*Mémoires Soc. anthrop. Paris*, 1896. Résumé dans *Rev. Ecole anthrop. Paris*, mars 1896).

Le Transformisme et son interprétation en craniologie. Conférence annuelle transformiste (*Bull. Soc. anthrop. Paris*, 1897, p. 377).

Sur les populations de l'Aurès (notes rédigées d'après les observations anthropométriques de Mme Chellier, docteur en médecine) (*ibid.*, 1897, p. 537).

Os longs des Kourganes sibériens (*ibid.*, 1898, p. 109).

Variations numériques des vertèbres lombaires chez l'homme, avec figures (*ibid.*, 1898, p. 198).

Étude morphologique de la base du crâne, avec figures (*ibid.*, 1898, p. 337).

Squelette d'Eugène Véron (*ibid.*, 1898, p. 493).

Quelques lois touchant la croissance et la beauté du visage humain. Conférence annuelle Broca (*ibid.*, 1899, p. 221).

Mode de croissance chez un géant, avec figures (*ibid.*, 1899, p. 427).

Ontogénèse et phylogénèse du crâne humain, avec figures (*Revue Ecole anthr. Paris*, 1899, p. 106).

Etude psycho-physiologique, médico-légale et anatomique sur Vacher (en collaboration avec J.-V. Laborde, Manouvrier et Gellé), avec figures. Paris, Schleicher frères, 1900.

Sur un crâne trigonocéphale, avec figures (*Bull. Soc. anthr. Paris*, 1900, p. 62).

Sur les angles de la base du crâne, avec fig. (*Comptes rendus du Congrès intern. d'anthrop. et d'archéol. préhist.*, XIIe session, 1900). Paris, Masson.

Sur l'oblitération prématurée des sutures craniennes (*Bull. Soc. anthr. Paris*, 1900, p. 61).

Sur la persistance des races. A propos de la femme d'Auvernier (*ibid.*, 1901, p. 65).

Essai sur les modifications fonctionnelles du squelette, avec figures (*Rev. Ecole anthr. Paris*, 1901, p. 66).

Genèse et connexions de quelques muscles de la mimique (*ibid.*, 1901, p. 202).

L'Homme moyen à Paris. Variations suivant le sexe et suivant la taille (Recherches anthropométriques sur 200 cadavres) (*Bull. Soc. anthr.*, 1902, p. 393).

Le cerveau de Laborde (*ibid.*, 1903, p. 422).

Les sillons du lobe frontal et leurs homologies (*Rev. Ecole anthrop.*, 1903, p. 177).

Le Pithécanthrope (*Le Petit Temps*, 20 juin 1905).

Crânes d'Abydos (*Bull. Soc. anthrop.*, 1905, p. 261).

Contribution à l'étude des crânes négroïdes (*ibid.*, 1905, p. 554).

L'identification de l'amiral J.-Paul Jones, Rapport lu devant l'ambassade américaine, et publié par la Commission du Vieux-Paris, 1905.

L'identification de l'amiral J.-P. Jones et son autopsie 113 ans après sa mort, en collaboration avec le Dr Capitan (*Bull. Soc. anthr. Paris*, 1905, p. 363).

La forme du thorax chez les Hovas et chez les nègres africains et malgaches. Contribution à l'étude de l'indice thoracique (*Rev. Ecole anthrop. Paris*, 1906, p. 63).

Rapport sur l'unification des mesures anthropométriques (*Congrès d'anthropologie et d'archéologie préhistoriques*, Monaco, 1906).

La toise horizontale, sa supériorité sur les toises verticales en anthropométrie (*Congrès d'Anthropologie préhistorique*, Monaco, 1906).

ANTHROPOLOGIE SOCIOLOGIQUE

Essai d'Etude anthropologique sur V. Hugo (*Rev. de Psychiatrie*, 1898).

Les Fonctions sociales des deux sexes, démontrées par la Biologie (*Bulletin de la Société d'Études féminines*, Paris, 1898, p. 15).

Les facteurs et les résultats biologiques de la sociabilité. 1er Rapport présenté au Congrès international pour l'Education sociale de 1900. (*Comptes rendus du Congrès*). Paul Lemaire, Paris, 1901.

Différence de méthode entre les œuvres confessionnelles et les œuvres solidaristes. 2e Rapport présenté au Congrès international pour l'Education sociale de 1900 (*Comptes rendus du Congrès*). Paul Lemaire, Paris, 1900.

Quelques conditions anatomiques de la Sociabilité chez les Primates et chez l'Homme (*Revue de l'Ecole d'anthrop. Paris,* 1902, p. 89).

Méthodes générales de sociologie. Application aux Australiens (*ibid.,* p. 245).

Sur les Idées religieuses des Tchouktchis (discussion) (*Bull. Soc. anthr.,* 1904, p. 354).

Sur l'origine des Sciences et de la Religion (discussion) (*ibid.,* 1906, p. 196).

Contribution à l'étude biosociale des Malgaches (Congrès colonial). Paris, 1906.

Les associations de jeunes gens chez les Turcomans (*Revue de l'Ecole d'anthr.,* 1906).

DIVERS

Rapports sur le prix Godard à la Société d'anthropologie (*Bull. Soc. d'anthr. Paris,* 1897 et 1899).

Rapport sur le prix Fauvelle (La philosophie de Durand (De Gros) (*ibid.,* 1899.)

Rapport sur le prix Broca (*ibid.,* p. 363).

A propos de la Télégonie (*ibid.,* 1900, p. 33).

En préparation : *Anthropologie générale,* 1 vol., chez Doin, éd.

LISTE

DES TRAVAUX ANTHROPOLOGIQUES

De M. le Dr RABAUD

PRINCIPAUX TRAVAUX

— Embryologie des Omphalocéphales (*Journal de l'anatomie et de la physiologie*, 1898).

— Atlas d'histologie normale (Carré et Naud, 1899).

— Anomalie symétrique héréditaire des deux mains (*Journal de médecine et de chirurgie*, 1900).

— Etude embryologique de l'ourentérie (*Journ. de l'anat.*, 1900).

— Genèse des spina-bifida (*Archives génér. de méd.*, 1901).

— Embryon sternopage (*Bibliographie anatom.*, 1901).

— L'arrêt et l'excès de développement (*Bull. scient. de France et de Belgique* de Giard, 1901).

— Déterminisme expérimental et individualité du germe (*Revue de l'Ecole d'anthrop.*, 1901).

— La théorie tératologique de la formation des tumeurs (*Arch. génér. de méd.*, 1901).

— Etude anatomique et tératologique d'un fœtus atteint d'anomalies multiples (*Bibliogr. anat.*, 1901).

— Recherches embryologiques sur les cyclocéphaliens (*Journ. de l'anat.*, 1901-1902).

— Etats pathologiques et états tératologiques (*Bull. de la Soc. philomathique*, 1902).

— Essai sur la symélie embryonnaire (*id.*, 1903).

— L'union des parties similaires (*Bull. scient. de France et de Belgique* de Giard, 1903).

— L'atavisme et les phénomènes tératologiques (*Bull. Soc. d'anthrop. de Paris*, 1903).

— Anormaux et dégénérés (*Revue de psychiâtrie*, 1903).

— Anthropologie générale et biologie générale (*Revue Ecole d'anthrop.*, 1903).

— Fœtus humain paracéphalien hémiacéphale (*Journ. de l'anat.*, 1903).

— Sur une forme rare d'hémimélie radiale intercalaire (*Nouvelle Iconographie de la Salpêtrière*, 1903).

— Stigmates anatomiques de la dégénérescence mentale (*Revue Ecole d'anthrop.*, 1904).

— Les corrélations embryonnaires (*Revue des Idées*, 1904).

— Evolution des idées en tératologie (*Revue scientifique*, 1904).

— Etude anatomique et considérations morphogéniques sur un exencéphalien proencéphale (*Bibliogr. anat.*, 1904).

— La brièveté primitive de l'œsophage et l'ectopie intra-thoracique de l'estomac et du foie (*Bull. soc. philom.*, 1904).

— Pathogénie de la pseudencéphalie et de l'anencéphalie (*Nouv. Iconogr. de la Salp.*, 1905).

— L'amnios et les productions congénitales (*Arch. génér. de méd.*, 1905).

— Le génie et la folie (*Revue Ecole d'anthrop.*, 1905).

— Le génie et les théories de M. Lombroso (*Revue des Idées*, 1905).

— Hérédité et dégénérescence (*Journal de psychol.*, 1905).

— La forme du crâne et le développement du cerveau (*Revue Ecole d'anthrop.*, 1906).

— Un cas d'hémimélie thoracique (*id.*, 1906).

— Anomalie de la deuxième circonvolution pariétale (*id.*, 1906).

LISTE

DES TRAVAUX ANTHROPOLOGIQUES

De M. Franz SCHRADER

— Carte des Pyrénées Centrales, avec les grands massifs du versant espagnol, au 1/100.000).

— Carte générale des Pyrénées au 1/800.000. Itinéraire des Pyrénées de Joanne.

— Atlas de géographie moderne, en collaboration avec MM. Prudent et Anthoine.

— Cours d'enseignement primaire de géographie, en collaboration avec M. H. Lemonnier.

— Atlas de poche, extrait de l'Atlas de géographie moderne.

— Atlas de géographie historique, avec le concours d'une société de savants, professeurs, membres de l'Institut, etc.

— Atlas Universel de géographie, commencé par M. Vivien de Saint-Martin et en voie d'achèvement.

— Cours de géographie pour les classes de l'enseignement secondaire, en collaboration avec M. L. Gallouédec.

— Atlas classique de géographie, à l'usage des lycées et collèges ; en collaboration avec M. L. Gallouédec.

— Diverses études relatives à la physique du globe et à la contexture des montagnes ; aux Comptes rendus de l'Académie des sciences, dans les publications du Club Alpin Français et de la Société Ramond.

— De 1877 à 1880, nombreuses études géographiques et historiques dans le journal *la République-Française*, sous la direction scientifique d'André Lefèvre.

Revue de l'Ecole d'anthropologie :

1892. — La Chine.

1893. — Influence des formes terrestres sur le développement humain.

1894. — Les Iles du Nord-Ouest (de l'Europe).

1895. — L'Asie.

1896. — Echanges d'activité entre la Terre et l'Homme.

1897. — Conditions d'arrêt ou d'avortement de groupes humains.

1898. — Gaule et France.

1899. — Le Pôle arctique.

1900. — L'Homme devant les grands phénomènes terrestres.

1901. — L'Eau douce dans l'atmosphère.

1902. — Lois terrestres, coutumes humaines.

— Le souvenir inconscient et le rêve ancestral.

1903. — L'atmosphère; les vents alizés.

— Bracelets métalliques bulgares, de forme antérieure à l'emploi des métaux.

— Survivance de coutumes endogamiques dans la vallée de la Garonne.

1904. — Sur les conséquences physiques et historiques du retrait des anciens glaciers.

1905. — Le monde russe.

LISTE

DES TRAVAUX ANTHROPOLOGIQUES

De M. le Dr TOPINARD

— Sur les Tasmaniens (*Bull. Société d'anthrop. Paris*, 1869, p. 644 et *Mémoires*, 1ᵉ s., t. III, p. 307).

— Population indigène de Biskra (*Bull. Soc. d'anthrop.*, 1870, p. 548).

— Essai sur les races indigènes de l'Australie (*Ibid.*, 1872, p. 211).

— Nouveau craniophore (*Ibid.*, 1872, p. 862).

— Des diverses espèces de prognathisme (*Ibid.*, 1873, p. 19).

— Prognathisme maxillaire supérieur (*Ibid.*, 1873, p. 205).

— Prognathisme facial supérieur (*Ibid.*, 1873, p. 328).

— Instructions pour l'Algérie (*Ibid.*, 1873, p. 613).

— Cimetière burgonde de Ramasse (*Ibid.*, 1873, p. 684).

— Fouilles de Ramasse. In-8°, Bourg, 1874.

— La méthode en craniométrie (*Bull. Soc. d'anthrop.*, 1873, p. 851).

— Morphologie du nez (*Ibid.*, 1873, p. 947).

— Pierre Camper et l'angle dit de Camper (*Ibid.*, 1874, p. 393).

— Étude sur Pierre Camper et sur l'angle facial dit de Camper (*Revue d'anthrop.*, 1874).

— Deux microcéphales américains (*Bull. Soc. d'anthrop.*, 1874, p. 826 ; 1875, p. 36).

— Les métis australiens (*Ibid.*, 1875, p. 227).

— Des proportions générales du bassin chez l'homme et dans la série des mammifères (*Ibid.*, 1875, p. 504 et 521).

— Photographies de Néo-Calédoniens et d'Australiens (*Ibid.*, 1876, p. 8).

— L'angle pariétal de M. de Quatrefages (*Ibid.*, 1876, p. 25).

— Anthropologie, ethnologie et ethnographie (*Ibid.*, 1876, p. 199).

— La taille suivant l'âge, le sexe, l'individu, le milieu, la race (*Ibid.*, 1876, p. 418).

— La plagiocéphalie (*Ibid.*, 1876, p. 442).

— Le prétendu angle facial de Dürer (*Ibid.*, 1876, p. 549).

— Squelette humain à onze paires de côtes (*Ibid.*, 1877, p. 270).

— Apophyses styloïdes lombaires de l'homme (*Ibid.*, 1877, p. 346).

— Cas d'ectrodactylie (*Ibid.*, 1877, p. 346).

— Apophyses styloïdes vertébrales de l'homme (*Ibid.*, 1877, p. 400).

— Historique de l'anthropologie (leçon d'ouverture du cours à l'Ecole) (*Gazette médicale*, Paris, 1877).

— Des anomalies de nombre de la colonne vertébrale chez l'homme. In-8°, Paris, 1877.

— Histoire de l'anthropologie, de 1810 à 1839. In-8°, Paris, 1878.

— Sur les Parsis (*Bull. Soc. d'anthr.*, 1878, p. 60).

— L'insertion en touffes des cheveux des nègres (*Ibid.*, 1878, p. 61).

— Crânes Galtchas (*Ibid.*, 1878, p. 247, 381).

— Crânes Parsis (*Ibid.*, 1878, p. 274).

— Collections de cheveux de l'Exposition de 1878 (*Ibid.*, 1879, p. 39).

— Observations upon the methods and processes of anthropometry (*Journ. of anthrop. Institute*, nov. 1880, Londres).

— Canons et anthropométrie (Congrès de Reims, *Ass. française*, 1880).

— Les moyennes (*Bull. Soc. d'anthr.*, 1880, p. 32).

— Différents instruments d'anthropométrie (*Ibid.*, 1880, p. 269).

— Les crânes de Bollwiller (*Ibid.*, 1880, p. 569).

— Caractère des narines (*Ibid.*, 1881, p. 184).

— L'atrophie sénile (*Ibid.*, 1881, p. 232).

— Types indigènes de l'Algérie (*Ibid.*, 1881, p. 438).

— De la méthode d'observation sur le vivant (*Ibid.*, 1881, p. 517).

— Goniomètre facial (*Ibid.*, 1881, p. 616).

— Chincha de l'Equateur (*Ibid.*, 1882, p. 10).

— Mission de M. Marche aux Philippines (*Ibid.*, 1882, p. 434).

— Le poids du cerveau d'après les registres de Broca (*Revue d'anthrop.*, 1882).

— De l'indice céphalique sur le crâne et sur le vivant, d'après Broca (*Ibid.*).

— Liste des mesures et procédés craniométriques de Paul Broca (*Ibid.*).

— Essai de classification des races actuelles (*Ibid.*).

— De la notion de race en anthropologie (*Ibid.*).

— Du tronc (*ibid.*).

— L'anthropologie (Bibl. des sciences contemp. In-12, 560 p., Paris, Reinwald, 1884).

— Eléments d'anthropologie générale. In-8°, 1157 p. Paris, Delahaye, 1885.

— Mensuration des os longs et reconstitution de la taille (*Bull. Soc. d'anthr.*, 1885, p. 73).

— Hypertrophie des bosses pariétales (*Ibid.*, 1885, p. 223).

— Crâne étalon en bronze (*Ibid.*, 1885, p. 396).

— Méthode de cubage de Broca (*Ibid.*, 1885, p. 618).

— Présentation d'Australiens vivants (*Ibid.*, 1885, p. 683).

— Mensuration des crânes des grottes de Baye, d'après les registres de Broca (*Revue d'anthrop.*, 1886).

— Nomenclature quinaire de l'indice céphalique (*Bull. Soc. d'anthr.*, 1886, p. 91).

— Présentation de Boschimans vivants (*Ibid.*, 1886, p. 530).

— Carte de la couleur des yeux et des cheveux en France (*Ibid.*, 1886, p. 590).

— La grotte de Feigneux (*Ibid.*, 1887, p. 527).

— Os longs de Spy (*Ibid.*, 1888, p. 376).

— Rapport sur le prix Broca (*Ibid.*, 1888, p. 696).

— Le poids de l'encéphale (*Mémoires Soc. d'anthr.*, 2° s., t. III, p. 1).

— Essai de craniométrie, à propos du crâne de Charlotte Corday (*L'Anthropologie*, 1890).

— L'homme dans la nature. In-8°, 1891, 352 p.

— De l'évolution des molaires et prémolaires chez les primates et en particulier chez l'homme (*L'Anthropologie*, 1893, 70 p.).

— L'anthropologie aux États-Unis (*Ibid*, 1893, 52 p.).

— Quelques conclusions et applications de l'anthropologie (*Ibid.*, 40 p., 1894).

Voir aussi la *Revue d'anthropologie*, de 1872 à 1889.

LISTE

DES TRAVAUX ANTHROPOLOGIQUES

De M. ZABOROWSKI

— L'homme préhistorique (Paris, 1878, 1 vol. in-16). La septième édition de ce volume, parue en 1902, est un ouvrage presque entièrement nouveau (*Bullet. Soc. d'Anth.*, 1902, p. 836). Dans le même format et à la suite :

— L'origine du langage (1879, six éditions parues).

— Les grands singes (1881, deux éditions parues).

— Les mondes disparus (1886, trois éditions parues).

Dans *Revues scientifiques de la République française* (publiées sous la direction de Paul Bert, Paris, 1879-1883, 5 vol. in-8° avec figures) :

— Tome II : Le cerveau, les localisations cérébrales, les variations de volume du cerveau, etc. (p. 117-130).

— De l'origine de nos animaux domestiques (p. 166).

— L'âge du bronze (p. 232-245).

— Le préhistorique dans la République argentine (p. 366)

— Les Anthropoïdes. Le gorille (p. 378).

— Tome III : Des races dites germanique, gauloise et slave (p. 160).

— Le chien domestique (p. 173-185).

— Des anomalies du coccyx et de la légende des hommes à queue (p. 239).

— Tome IV (1882) : De la microcéphalie et de quelques idiots récemment observés (p. 1).

— Des plus récents travaux sur l'Asie, et notamment sur l'Asie centrale (p. 23).

— La mémoire et ses maladies (p. 58).

— Le Sahara et l'époque glaciaire. Les glaciers quaternaires, etc. (p. 139).

— Les indigènes du Nord de l'Afrique ou Berbers (p. 163).

— De quelques caractères anatomiques intermédiaires à ceux de l'homme blanc et à ceux des anthropoïdes (p. 303).

— Tome V (1883) : Des conditions actuelles, du rôle et du système à venir de l'alimentation du genre humain (p. 46).

— Sur des races en voie d'extinction (p. 56).

— Les monuments préhistoriques des États-Unis (p. 141).

— De l'origine des plantes cultivées (p. 194).

Dans *Nouvelles et curiosités scientifiques* (Paris, 1883, 1 vol. 8°).

— Les survivances du culte du feu (p. 18).

— La psychologie nouvelle, le poids du cerveau et le volume du crâne (p. 27).

— L'hérédité dans les instincts et l'intelligence (p. 107).

— Les Australiens, leurs variétés de type, leurs caractères, leur fécondité avec les Européens (p. 211).

— Le tatouage comme mutilations ethniques et en Europe chez les criminels (p. 278).

Dans la *Nouvelle Revue* : Les peuples primitifs de l'Afrique septentrionale (1883).

Dans la *Revue d'Anthropologie*, nombreux comptes rendus des travaux étrangers, et : La Circoncision, ses origines et sa répartition en Afrique et à Madagascar (1896, p. 653-675).

Dans la *Grande Encyclopédie* dont la partie anthropologique est dans la plus grande mesure l'œuvre de M. Zaborowski et où, sur son initiative, l'histoire de chaque peuple est précédée d'un exposé de son passé préhistorique et d'une détermination de ses éléments ethniques, ont le caractère de mémoires originaux, entre autres les articles suivants : *Ambre, Angleterre, Anthropologie, Anthropophagie, Arabie, Australie, Autriche, Brachycéphalie, Belgique, Cavernes, Charrue, Circoncision, Corée, Danse, Espagne, Finnois, France, Glaciaire (époque), Grèce, Habitation, Hongrie, Italie, Lacustre, Lapons, Madagascar, Menton* (grottes de), *Métallurgie, Meule, Mexique, Migrations, Mort, Musique, Négritos, Nepâl, Ostiaks, Pain, Pampa, Pays-Bas, Pêche* (préhistorique), *Perse, Pithécanthrope, Quaternaire, Russie, Sicile, Slaves, Suisse, Squelette, Tatouage, Turcs, Turkestan*.....

Dans les *Matériaux pour l'histoire naturelle de l'homme* : Les chiens domestiques de l'ancienne Egypte (1884, p. 529).

— Les chiens quaternaires et préhistoriques (1885, p. 1-28).

Dans les *Archives slaves de biologie* :

— Sur quelques crânes finnois anciens (1886).

Dans les *Comptes rendus de l'Académie des sciences* :

— Découverte de deux squelettes à Villejuif et à Thiais. Leurs caractères ethniques. Leur ancienneté d'après la méthode de M. Ad. Carnot.

Dans *La Nature* :

— Les sauvages d'Ezy (1897, p. 323).

— Villages néolithiques des bords de la Seine (avec gravures et photographies) (1898, p. 241 et p. 361).

Dans la *Revue encyclopédique* :

— Le Soudan (avec 6 photographies) (1895, p. 285).

— L'infanticide et les ensevelissements de personnes vivantes en Chine (avec portrait de l'auteur) (1896, p. 757).

— L'époque néolithique dans l'ancienne Egypte (avec 6 gravures) (1900, p. 141).

— Types divers de Malgaches (avec 17 photographies) (1900, p. 841).

— Les Aïnos (enfants des loups et des ours) (avec 5 photographies) (1901, p. 361).

— Le Yunnan; sa population (avec 7 gravures, piège à puces) (1902, p. 361).

Dans la *Revue scientifique* :

— L'homme tertiaire (1885, 2° semestre, p. 426).

— La taille en Savoie. Les chemins de fer et l'accroissement de la taille (1892, 2° semestre, p. 302).

— Le crime et les criminels à Paris (1893).

— Les populations de l'Indo-Chine. Les Tsiams (1895).

— Les Hovas et le peuplement de Madagascar (1899, 1er semestre, p. 673).

— Origines africaines des civilisations de l'ancienne Egypte (1899, 1er semestre, p. 289).

— Origine des populations anciennes et actuelles de la Russie méridionale et du Caucase (1901, 2° semestre, p. 385).

— Le Centre-Asie et les origines aryennes (1902, 2e semestre, p. 705).

— Origine européenne des Aryens de l'Asie (1904, 1er semestre, p. 1).

— Premières origines des Ombro-Latins et du peuple de Rome (1905, 1er semestre, p. 193).

Dans les ouvrages collectifs :

— *La Hollande* : Origines du peuple hollandais (p. 26-40).

— *L'Italie* : Les races de l'Italie (p. 49-76).

— *Le Portugal* : La race (p. 33-45).

— *Les colonies françaises* : Les populations : au Sénégal (I, p. 547-559) ; dans la Guinée (I, p. 650-653) ; à la Côte d'Ivoire (I, p. 689-691) ; au Dahomey (I, p. 729-734) ; au Congo (II, p. 21-30) ; à Madagascar (II, p. 91-114) ; à la Réunion (II, p. 214-216).

Dans les Congrès de l'Association française pour l'avancement des sciences :

— Les hommes à queue. Derniers travaux. Etat de la question (La Rochelle, 1882, p. 615).

— Quelques crânes finnois anciens. Les peuples finnois actuels et les origines finnoises (Grenoble, 1885, p. 551).

— Le cheval domestique en Europe et les protoaryens (Angers, 1903, p. 845).

— Comment est résolue la question d'origine des peuples aryens de l'Asie (Angers, 1903, p. 882).

— Origine des animaux domestiques (Grenoble, 1904, p. 1034).

Dans les *Bulletins* de la Société d'anthropologie de Paris :

— Sur cinq crânes d'Hakkas, huit crânes chinois de Canton et de Kouldja (1879, p. 557).

— Sur seize crânes d'un tombeau grec d'Asie Mineure (1881, p. 234).

— Chiens tertiaires. Origine des canidés (1883, p. 870).

— Ancienneté du dingo en Australie (1884, p. 461).

— Fouilles des cavernes de Cracovie (1880, p. 558 ; 1884, p. 473 ; 1885, p. 469).

— Crâne de Villejuif (1892, p. 470).

— Disparité et avenir des races humaines (9e conférence Broca, 1892, p. 470).

— La mika-opération (1893, p. 165).

— Squelettes de Thiais et de Villejuif. Analyses d'ossements préhistoriques (1893, p. 181 et 308).

— Les plantes cultivées de l'Afrique noire. Les Sabangas (1893, p. 508).

— Station paléolithique du chemin de Carcaux près Fouras (Charente-Inférieure) (1893, p. 780).

— Crânes de Rochefort. Les Blonds et les proto-caucasiens (1894, p. 81 et 357).

— La circoncision et l'excision comme pratiques d'initiation. La circoncision chez les juifs et au Soudan (1894, p. 81 et 1897, p. 164).

— Second squelette de Thiais et mâchoire de Carcaux (1894, p. 461, 574).

— Du Dniestre à la Caspienne (Préhistorique et ethnographie) (1895, p. 116, 297 ; 1896, p. 81).

— Les sauvages de l'Indo-Chine (1895, p. 198).

— Origines de la civilisation égyptienne. Races préhistoriques de l'Ancienne Egypte (1896, p. 653 ; 1898, p. 597).

— Les hommes à queue (1897, p. 28).

— De l'origine des Cambodgiens (1897, p. 38).

— Malgaches, Nias et Dravidiens (1897, p. 84).

— Choses d'Algérie ; de l'assimilation des indigènes algériens (1897, p. 135, 490, 596).

— Villages néolithiques de Choisy-le-Roi (1897, p. 403).

— Le T sincipital (1897, p. 501).

— Kourganes de la Sibérie occidentale. Leur âge. Crânes ostiaks (1898, p. 73).

— Poteries peintes des bords du Dniestre et du Dniepre (1898, 236).

— Huns, Ougres, Ouïgours. Inscriptions de l'Ienisséi et de l'Orkhon (1898, p. 171).

— La souche blonde en Europe (1898, p. 477).

— L'homo Néanderthaliensis et le crâne d'Eguisheim (1899, p. 283).

— Restes humains de station lacustre de l'âge du bronze, en Suisse (1899, p. 548).

— Sur l'origine des Malgaches (1899, p. 549).

— Contribution à l'ethnologie ancienne et moderne du Caucase (1899, p. 585).

— Galtchas, Savoyards, Sartes et Uzbègues (1899, p. 698).

— Les Slaves de race et leurs origines (1900, p. 69).

— De l'origine des anciens Egyptiens (1900, p. 212).

— Les Portugais, d'après des photographies (1900, p. 231).

— Mensuration de Tonkinois. Les dolichocéphales chinois de l'Indo-Chine, crânes tonkinois et annamites (1900, p. 319).

— Industrie égéenne sur le Dniestre. Crânes de Kourganes préhistoriques : Scythes, Drevlanes, Polanes.

— Le feu sacré chez les Slaves contemporains (1900, p. 530).

— La Chine et les Chinois (conférence Broca, 1900, p. 544).

— De l'influence de l'ancienne civilisation égyptienne dans l'Afrique occidentale (1901, p. 323).

— Sur les Aïnos (1901, p. 441).

— Photographies d'un jeune gorille et d'indigènes du Gabon (1901, p. 518).

— Crânes anciens et modernes de la Russie méridionale et du Caucase (1901, p. 640).

— Présence d'un chameau dans une grotte néolithique du sud de l'Italie (1903, p. 557).

— Crâne néanderthaloïde d'une caverne néolithique des environs d'Ojcow (Cracovie) (1903, p. 564).

— La céréale protoaryenne (1904, p. 87).

— Races de la primitive Egypte (1904, p. 600).

— L'âge des sépultures néolithiques de Chamblandes en caisses de pierre à squelettes repliés (1904, p. 610).

— Origines des Slaves (1904, p. 671).

— La taille des chevaux chez les Germains et dans l'Europe préhistorique (1906, p. 6).

— Les Gaulois. L'industrie de la Tène. Les Bastarnes (1906, p. 34).

Dans la *Revue de l'Ecole d'Anthropologie* :

— Origine et caractères des Hovas (1897, p. 33).

— Les Aryens : recherches sur les origines, état de la question de langue et de race (1898, p. 37).

— Trois crânes de Kourganes des environs de Tomsk (1898, p. 353).

— La période néolithique dans l'Afrique du nord (1899, p. 41).

— L'étirement du lobe des oreilles dans le sud de l'Inde (1899, p. 353).

— De l'influence de l'ancienne civilisation égyptienne dans l'Afrique occidentale (1901, p. 197).

— La patrie originaire des Aryens d'après O. Schrader (1903, p. 253, 301, 382).

— Compte rendu des travaux anthropologiques du congrès d'Angers de l'Association française pour l'avancement des sciences (1903, p. 341).

— Les protoaryens ont-ils connu les métaux (1904, p. 207)?

— L'autochtonisme des Slaves en Europe. Ses premiers défenseurs (1905, p. 3).

— Les Lolos et les populations du sud de la Chine, d'après les ouvrages chinois (1905, p. 86).

— Deux crânes néanderthaloïdes (1905, p. 125).

— Le commerce et les noms de l'ambre, anciennement (1905, p. 204).

— Derniers travaux sur l'anthropologie des Finlandais (1905, p. 415).

— Pénétration des Slaves et transformation céphalique en Bohême et sur la Vistule (1906, p. 1).

TABLE DES MATIÈRES

CHAIRES ET ENSEIGNEMENT

INDEX DES TRAVAUX ANTHROPOLOGIQUES
DES PROFESSEURS DE L'ÉCOLE